中国青年发展报告

（2017-2018）

邓希泉　主编

光明日报出版社

图书在版编目（CIP）数据

中国青年发展报告. 2017-2018 / 邓希泉主编. -- 北京：光明日报出版社，2021. 9

ISBN 978-7-5194-6330-4

Ⅰ. ①中… Ⅱ. ①邓… Ⅲ. ①青年—研究报告—中国—2017-2018 Ⅳ. ①D669. 5

中国版本图书馆 CIP 数据核字（2021）第 185287 号

中国青年发展报告（2017-2018）

ZHONGGUO QINGNIAN FAZHAN BAOGAO（2017-2018）

主　　编：邓希泉

责任编辑：宋　悦　　　　责任校对：陈永娟

封面设计：中联华文　　　责任印制：曹　净

出版发行：光明日报出版社

地　　址：北京市西城区永安路 106 号，100050

电　　话：010-63169890（咨询），010-63131930（邮购）

传　　真：010-63131930

网　　址：http://book.gmw.cn

E - mail：gmrbcbs@gmw.cn

法律顾问：北京市兰台律师事务所龚柳方律师

印　　刷：三河市华东印刷有限公司

装　　订：三河市华东印刷有限公司

本书如有破损、缺页、装订错误，请与本社联系调换，电话：010-63131930

开　　本：170mm×240mm

字　　数：350 千字　　　　印　　张：19. 5

版　　次：2022 年 1 月第 1 版　　印　　次：2022 年 1 月第 1 次印刷

书　　号：ISBN 978-7-5194-6330-4

定　　价：85. 00 元

目　录
CONTENTS

第一篇 01

青年发展总报告

中国青年人口和青年发展统计报告（2017）

邓希泉 李倢 陈庆梅*

摘 要："中国青年人口和青年发展统计报告（2017）"以《中长期青年发展规划（2016—2025年）》的青年发展领域为依据，以中国14~35岁青年2015年度发展状况为主要对象，根据《中国统计年鉴（2016）》《中国教育统计年鉴2016》《中国人口和就业统计年鉴（2016）》《中国卫生和计划生育统计年鉴（2016）》《中国法律年鉴2016》，以及《中国残疾人事业统计年鉴2016》等全国数据的综合分析研究形成，涵盖青年人口、青年教育、青年健康、青年婚姻、青年就业、青年政治参与、维护青少年合法权益、预防青少年违法犯罪、青年社会保障（残疾青年发展）、青年留学、女性青年和少数民族青年共12个方面。

关键词：青年人口；青年发展；统计报告

一、青年人口

（一）全国人口状况

全国人口总数低幅增加，人口性别比持续降低，常住人口城镇化率持续提升。统计数据显示，2015年年底，全国总人口为137462万，比上年增加680万人；男性70414万人，占比为51.22%，比上年增加335万人；女性67048万人，占比为48.78%，比上年增加345万人。近年来，男性人口占比持续减少，女性人口占比持续提升，2005年以来全国人口性别比持续走低。从城乡人口分布看，城镇77116万人，比上年增加2200万人；占比为56.10%，比上年提高1.33个

* 邓希泉，中国青少年研究中心青年发展研究所、研究员、博士，主要研究领域为青年本体、青年现象、青年发展理论、马克思主义青年观；李倢，中国青少年研究中心青年发展研究所助理研究员，博士，主要研究领域为青年发展研究、青年社会流动研究、青年参与研究；陈庆梅，北京市中科启元学校教师，主要研究领域为青少年思想政治教育、青年政治参与、青年社会学。

百分点；乡村 60346 万人，比上年减少 1520 万人，占比为 43.90%。

（二）青年人口状况

青年人口总数和占比继续呈双下降态势，女青年人口降幅略高于男青年。根据对 2015 年全国 1.55%的抽样数据未经加权的估算（以下同），14~35 岁的青年人口占全国总人口的 31.92%，比上年降低 0.55 个百分点；青年人口约为 43872 万人，比上年减少 532 万人。表明青年人口数量及其在全国总人口中的比重，都在持续走低。

男青年约为 22620 万人，比上年减少 232 万人；占青年人口的 51.56%，比上年提高 0.09 个百分点；占全国男性人口的 32.12%，比上年降低 0.49 个百分点。女青年约为 21252 万人，比上年减少 300 万人；占青年人口的 48.44%，比上年降低 0.09 个百分点；占全国女性人口的 31.7%，比上年降低 0.61 个百分点。男青年比女青年多 1368 万人，差额比上年增加 68 万人，男青年和女青年的人口数量差仍保持基本平衡。

（三）青年的城乡分布

青年城镇化水平继续提高，高于社会总体水平，女青年的城镇化程度较男青年有微弱优势。数据显示，城镇青年约为 26759 万人，比上年增加 202 万人；占青年人口的 60.99%，比上年提高 1.19 个个百分点；占城镇人口的 34.7%，比上年降低 0.39 个百分点。乡村青年约为 17113 万人，比上年减少 734 万人；占青年人口的 39.01%，比上年降低 1.19 百分点；占乡村人口的 28.36%，比上年降低 0.85 个百分点。城镇青年比乡村青年多 9646 万人，差额比上年增加 936 万人。青年城乡分布现状表明青年城镇化水平继续提高，青年城镇化率高于全社会的总体水平。

城镇男青年约为 13785 万人，比上年增加 262 万人；占城镇青年的 51.52%，比上年提高 0.60 个百分点；占城镇男性人口的 34.9%，比上年降低 0.16 个百分点。乡村男青年约为 8835 万人，比上年减少 495 万人；占乡村青年的 51.62%，比上年降低 0.65 个百分点；占乡村男性人口的 28.58%，比上年降低 1.04 个百分点。城镇男青年比乡村男青年多 4950 万人，差额比上年增加 757 万人。城镇男青年占男青年的 60.94%，比上年提高 1.77 个百分点。

城镇女青年约为 12973 万人，比上年减少 60 万人；占城镇青年的 48.48%，比上年降低 0.60 个百分点；占城镇女性人口的 34.49%，比上年降低 0.64 个百分点。乡村女青年约为 8279 万人，比上年减少 240 万人；占乡村青年的 48.38%，比上年提高 0.65 个百分点；占乡村女性人口的 28.13%，比上年降低

0.64个百分点。城镇女青年比乡村女青年多4694万人，差额比上年增加180万人。城镇女青年占女青年的比例为61.04%，比上年提高0.57个百分点。从城镇化的性别比较看，女青年的城镇化率比男青年的高出0.10个百分点，表明女青年的城镇化程度较男青年有微弱优势。

（四）青年性别比

数据显示，2016年青年性别比为106.44，比上年提高0.40；比全国1.55%抽样调查推算的总人口性别比（105.02）高1.42。在城镇青年人口中，男青年比女青年多812万人，比上年增加323万人；性别比为106.26，比上年提高2.50。在乡村青年人口中，男青年比女青年多556万人，比上年减少255万人；性别比为106.71，比上年减少2.80。乡村青年性别比仍稍高于城镇青年。

二、青年教育

（一）青年接受高等教育情况

全国各类高等教育总规模不断提升，高等教育毛入学率稳步增长，高等教育继续全面稳定发展。从近年情况看，我国每十万人口中高等教育平均在校生数一直维持稳定较快增长，2006年以来维持在100人以内的年增长数。2015年，每十万人口中高等教育平均在校生数为2524人，比上年增加36人，表明我国青年所享有的高等教育水平不断提升。与此同时，高等教育继续全面稳定发展，全国各类高等教育总规模为3647万人，比上年增加88万人；高等教育毛入学率为40.0%，比上年提高2.5个百分点。普通高等教育本专科在校生2625.3万人，比上年增加77.6万人。在学研究生191.1万人，比上年增加6.4万人；其中，在学博士生32.7万人，比上年增加1.4万人；在学硕士生158.4万人，比上年增加5.0万人。

（二）青年接受高中教育情况

从规模看，高中阶段教育呈现收窄的趋势，但高中升高等教育的升学率达到新峰值。统计数据显示，全国高中阶段教育（包括普通高中、成人高中、中等职业学校）在校学生规模为4037.7万人，比上年减少133.0万人。其中，普通高中在校生为2374.4万人，比上年减少26.1万人。普通高中在校生规模在2007年达到历史峰值2522.4万人，此后不断下降，经历2011年和2012年的短暂小幅回升后，又进入下降轨道。中等职业教育在校生1656.7万人，比上年减少98.6万人。中等职业在校生规模在2010年达到历史峰值的2238.5万人，此后便一直下降。正因为如此，每十万人口中高中阶段平均在校生数在2010年达到历史最高值3504人，此后便逐年下降，2015年降为2965人，比上年减少135人。同时，高中升高等教育的升学率经历“上升—下降—再上升”的“N”型发展过程。21世纪以来，高中升高等教育的升学率从1999年的63.8%猛增至2000年的73.2%，2002年达到历史上第一个峰值（83.5%），2007年下降至70.3%，此后不断小幅提升，2015年达到新的峰值（92.5%），比上年提高2.3个百分点。

三、青年健康

（一）青年死亡率情况

2015年，城市居民死亡率为621.56/10万，比上年提高5.21个十万分点；其中，15~19岁、20~24岁、25~29岁和30~34岁四个年龄段城市青年的死亡率分别为23.44/10万、24.08/10万、44.47/10万和59.21/10万，比上年分别降低3.63个、2.65个、0.24个和2.38个十万分点。

城市男性居民死亡率为711.79/10万，其中，15~19岁、20~24岁、25~29岁和30~34岁四个年龄段城市男青年的死亡率分别为32.40/10万、34.06/10万、62.23/10万和80.05/10万；城市女性居民死亡率为529.40/10万，其中，15~19岁、20~24岁、25~29岁和30~34岁四个年龄段城市女青年的死亡率分别为13.85/10万、13.82/10万、27.28/10万和37.63/10万。

乡村居民死亡率为662.95/10万，比上年提高0.12个十万分点；15~19岁、20~24岁、25~29岁和30~34岁四个年龄段乡村青年的死亡率分别为37.41/10万、35.12/10万、68.79/10万和92.51/10万，比上年分别降低2.91个、8.08个、3.16个和5.91个十万分点。农村男性居民死亡率为759.88/10万，其中，15~19岁、20~24岁、25~29岁和30~34岁四个年龄段农村男青年的死亡率分别为51.60/10万、50.62/10万、98.69/10万和132.7/10万；农村女性居民死亡率为562.48/10万，其中，15~19岁、20~24岁、25~29岁和30~34岁四个年龄段农村女青年的死亡率分别为21.43/10万、19.57/10万、38.15/10万和52.08/10万。

从青年死亡的总体状况、城市状况和乡村状况中可以发现，青年死亡率远低于全社会总体死亡率，男青年死亡率远高于女青年死亡率，乡村青年死亡率高于城市青年死亡率，青年死亡率的性别差异大于城乡差异。

（二）青年死亡的主要原因

从全国人口的死亡情况看，“循环系统疾病”“肿瘤”和“呼吸系统疾病”

是三大主要死亡原因。在城市居民中，“循环系统疾病”“肿瘤”和“呼吸系统疾病”导致的死亡率分别为273.03/10万、165.82/10万和73.36/10万，占城市居民总死亡率的43.93%、26.68%和11.80%，共占82.41%；在农村居民中，相应的死亡率分别为306.06/10万、154.98/10万和79.96/10万，占农村居民总死亡率的46.17%、23.38%和12.06%，共占81.61%。

与全国人口死亡的主要原因不同，“损伤和中毒”“肿瘤”“循环系统疾病”是青年死亡的三大原因。具体来看，在15~19岁城市青年中，“损伤和中毒”“肿瘤”“循环系统疾病”导致的死亡率分别为12.74/10万、3.53/10万、2.30/10万，占15~19岁城市青年死亡率的54.35%、15.06%和9.81%，共占79.22%；在15~19岁农村青年中，相应的死亡率分别为21.91/10万、5.05/10万、3.04/10万，占15~19岁农村青年死亡率的58.57%、13.50%和8.13%，共占80.20%。

在20~24岁城市青年中，“损伤和中毒”“肿瘤”“循环系统疾病”导致的死亡率分别为12.70/10万、4.15/10万、2.62/10万，占20~24岁城市青年死亡率的52.74%、17.23%和10.88%，共占80.86%；在20~24岁农村青年中，相应的死亡率分别为20.63/10万、4.37/10万、4.00/10万，占20~24岁农村青年死亡率的58.74%、12.44%和11.39%，共占82.57%。

在25~29岁城市青年中，“损伤和中毒”“肿瘤”“循环系统疾病”导致的死亡率分别为21.93/10万、8.35/10万、5.60/10万，占25~29岁城市青年死亡率的49.31%、18.78%和12.59%，共占80.68%；在25~29岁农村青年中，相应的死亡率分别是37.48/10万、10.38/10万、9.26/10万，占25~29岁农村青年死亡率的54.48%、15.09%和13.46%，共占83.03%。

在30~34岁城市青年中，“损伤和中毒”“肿瘤”“循环系统疾病”导致的死亡率分别是21.88/10万、14.63/10万、10.76/10万，占30~34岁城市青年死亡率的36.95%、24.71%和18.17%，共占79.83%；在30~34岁农村青年中，相应的死亡率分别是40.83/10万、19.26/10万、16.63/10万，占30~34岁农村青年死亡率的44.14%、20.82%和17.98%，共占82.94%。由四个年龄段城乡青年死亡原因的分析中可以看出，“损伤和中毒”“肿瘤”“循环系统疾病”是青年死亡的三大原因，与全国人口死亡的主要原因有较大差异。

（三）青年自杀情况

在城市居民中，“自杀”所导致的死亡率为5.07/10万，占城市居民总死亡率的0.82%；在农村居民中，“自杀”所导致的死亡率为8.39/10万，占农村居民民总死亡率的 1. 27%。

具体来看，在 15~19 岁城市青年中，“自杀”所导致的死亡率为 1. 30/10 万，占 15~19 岁城市青年死亡率的 5. 55%；在 15~19 岁农村青年中，自杀的死亡率为 2. 81/10 万，占 15~19 岁农村青年死亡率的 7. 51%。

在 20~24 岁城市青年中，“自杀”所导致的死亡率为 1. 77/10 万，占 20~24 岁城市青年死亡率的 7. 35%；在 20~24 岁农村青年中，自杀的死亡率为 2. 88/10 万，占 20~24 岁农村青年死亡率的 8. 20%。

在 25~29 岁城市青年中，“自杀”所导致的死亡率为 3. 29/10 万，占 25~29 岁城市青年死亡率的 7. 40%；在 25~29 岁农村青年中，自杀的死亡率为 4. 63/10 万，占 25~29 岁农村青年死亡率的 6. 73%。

在 30~34 岁城市青年中，“自杀”所导致的死亡率为 2. 84/10 万，占 30~34 岁城市青年死亡率的 4. 80%；在 30~34 岁农村青年中，自杀的死亡率为 4. 77/10 万，占 30~34 岁农村青年死亡率的 5. 16%。

总体来看，农村居民的自杀死亡率高于城市居民，四个年龄阶段城乡青年的自杀死亡率分别低于城市和农村居民的自杀死亡率，但在各年龄段总死亡率中的占比却远高于自杀在城市和农村总死亡率中的占比。

四、青年婚姻

（一）青年婚姻的整体状况

在 20~35 岁青年中，未婚的比例为 39. 48%，比上年提高 1. 34 个百分点；有配偶的占 59. 12%，比上年降低 1. 30 个百分点；离婚的占 1. 29%，比上年降低 0. 04 个百分点；丧偶的占 0. 11%，与上年持平。其中，来自城市、镇和乡村青年的未婚比例分别为 46. 13%、35. 24%和 34. 91%，有配偶的分别占 52. 88%、63. 30%和 63. 26%，离婚的分别占 0. 94%、1. 35%和 1. 65%，丧偶的分别占 0. 05%、0. 11%和 0. 17%。可以看出，青年未婚比例有所提高，城市青年未婚比例明显高于镇青年和乡村青年，乡村青年的离婚比例和丧偶比例反而最高。

（二）男青年婚姻状况

在进入婚龄的 22~35 岁男青年中，未婚的占 38. 67%，比上年提高 0. 04 个百分点；有配偶的占 59. 62%，比上年提高 0. 05 个百分点；离婚的占 1. 64%，比上年降低 0. 08 个百分点；丧偶的占 0. 07%，比上年降低 0. 01 个百分点。其中，来自城市、镇和乡村男青年的未婚比例分别为 43. 43%、34. 14%和 36. 45%，有配偶的分别占 55. 58%、64. 11%和 61. 08%，离婚的分别占 0. 96%、1. 68%和

2.34%，丧偶的分别占0.03%、0.06%和0.14%。可以看出，城市男青年未婚比例明显高于镇和乡村男青年，乡村男青年的离婚比例和丧偶比例反而最高。

（三）女青年婚姻状况

在进入婚龄的20~35岁女青年中，未婚的比例为33.17%，比上年提高1.94个百分点；有配偶的占65.54%，比上年降低1.97个百分点；离婚的占1.13%，比上年提高0.02个百分点；丧偶的占0.15%，比上年提高0.01个百分点。其中，来自城市、镇和乡村女青年的未婚比例分别为41.49%、29.20%和26.66%，有配偶的分别占57.40%、69.44%和71.91%，离婚的分别占1.04%、1.19%和1.20%，丧偶的分别占0.08%、0.17%和0.22%。可以看出，城市女青年未婚比例明显高于镇和乡村女青年，乡村女青年的有配偶的比例最高，其离婚和丧偶的比例也相对偏高。

（四）大龄未婚青年状况

在30~35岁大龄男青年中，未婚比例为13.41%，比上年降低0.25个百分点；在28~35岁大龄女青年中，未婚比例为9.24%，比上年提高1.06个百分点。在大龄男青年中，城市、镇和乡村的未婚比例分别为14.90%、10.06%和13.96%，比上年分别降低0.56、提高0.09和提高0.01个百分点。在大龄女青年中，城市、镇和乡村的未婚比例分别为12.96%、6.92%和6.72%，比上年分别提高1.20个、0.92个和1.11个百分点。从中发现，大龄未婚女青年比例持续增长，城市和乡村均存在较大比例的大龄未婚男青年，城市大龄未婚女青年比例明显高于镇和乡村，即城乡均存在较大比例的大龄未婚男青年，但大龄未婚女青年则相对集中在城市。

（五）青年早婚现象

在15~21岁男青年中，早婚比例为2.15%，比上年降低0.99个百分点。在早婚的男青年中，有配偶的比例为2.11%，离婚比例为0.04%，丧偶比例为0.01%。在15~19岁女青年中，早婚比例为2.41%，比上年降低0.31个百分点。在早婚的女青年中，有配偶的比例为2.38%，离婚比例为0.03%，丧偶比例为0.01%。与上年相比，早婚现象在男女青年中均有所减少。

五、青年就业

（一）全国就业总体状况

全国16岁及以上就业人员为77451万人，比上年增加198万人。从就业人员构成看，第一产业为21919万人，比上年减少871万人；第二产业为22693万人，比上年减少406万人；第三产业为32839万人，比上年增加1475万人；第一、二、三产业占比分别为28.3%、29.3%和42.4%，分别比上年降低1.2个、降低0.6个以及提高1.8个百分点。第三产业吸纳就业人员继续增加，占比也持续扩大。

从城乡分布看，城镇就业人员为40410万人，比上年增加1100万人；乡村就业人员为37041万人，比上年减少902万人；城镇就业人员比乡村就业人员多3369万人，差额比上年增加2002万人。自2014年城镇就业人员数首次超过乡村，实现历史性跨越之后，城镇就业人数与乡村就业人数的差距逐渐拉大。

（二）青年就业总体状况

16~34岁青年占全国就业人员的35.1%，比上年增加0.2个百分点；其中，男青年占全国男性就业人员的34.7%，比上年增加0.3个百分点；女青年占全国女性就业人员的35.6%，比上年增加0.1个百分点。在城镇就业人员中，青年占39.7%，比上年增加0.3个百分点；男青年占男性就业人员的38.1%，比上年增加0.5个百分点；女青年占女性就业人员的42.0%，比上年增加0.1个百分点。从总体上看，青年就业人员在全国就业人员中所占比重、城镇青年就业人员在城镇就业人员中的比重与以往趋势不同，出现微弱上升。

（三）青年就业的高学历情况

数据显示，青年是高学历就业人员的主要力量，女青年的高学历优势更加明显。青年就业人员的大学专科、大学本科、研究生及以上的人数，分别占全国就业人员相应教育程度的56.8%、58.8%和53.6%。男青年的相应比例分别为52.6%、53.8%和47.1%，女青年的相应比例分别为62.1%、64.6%和62.6%。

（四）城镇青年平均工作时间

整体来看，城镇青年的平均工作时长有所减少，其中男青年工作时间稍长。在年龄段方面，16~19岁、20~24岁、25~29岁和30~34岁城镇就业青年周平均工作时间，分别为48.4小时、46.2小时、45.8小时和45.7小时，分别比上年降低0.9、1.5、1.4和1.3小时，但仍均高于城镇就业人员周平均工作时间（45.5小时）。四个年龄段城镇就业男青年周平均工作时间，分别为49.1小时、46.9小时、46.6小时和46.4小时，就业女青年的周平均工作时间分别为47.6小时、45.4小时、44.8小时和44.8小时。

（五）城镇青年工作超标情况

从工作时间构成看，16~19岁、20~24岁、25~29岁和30~34岁四个年龄段城镇就业青年中，周平均工作时间为41小时及以上的分别占64.6%、52.8%、48.4%和46.6%，比上年分别降低1.9个、6.8个、7.3个和6.6个百分点；男青年的相应比例分别为66.0%、55.6%、51.0%和49.3%，比上年分别降低1.5个、6.8个、8.0个和6.2个百分点；女青年的相应比例分别为62.8%、49.2%、45.1%和43.3%，比上年分别降低2.5个、7.0个、6.7个和7.2个百分点。表明大部分城镇青年的工作时间超标，但超标比重稍有下降。

（六）城镇青年失业情况

在城镇失业人员中，16~34岁城镇失业青年占53.9%，比上年提高4.9个百分点。其中，城镇失业男青年占全部男性城镇失业者的54.9%，比上年提高3.9个百分点；城镇失业女青年占全部女性城镇失业者的52.7%，比上年提高5.1个百分点。可以看出，城镇失业青年占城镇失业人员的一半以上。从失业原因看，对16~19岁的城镇失业青年来说，毕业后未工作是最主要的失业原因（49.6%），其次是其他（17.6%）和因个人原因失去工作（16.6%）。20~24岁城镇失业青年的首要失业原因是毕业后未工作（53.1%），其次是因个人原因失去工作（17.3%）和其他（12.0%）。25~29岁城镇失业青年的首要失业原因是因个人原因失去工作（33.2%），其次是毕业后未工作（20.7%）和料理家务（17.4%）。30~34岁城镇失业青年的首要失业原因是因个人原因失去工作（34.1%），其次是料理家务（26.4%）和其他（18.5%）。可以得出结论，毕业后未工作、因个人原因失去工作以及料理家务是城镇失业青年的失业主因。

（七）城镇失业青年的高学历分布

在城镇失业人员中，具有大专及以上学历的比例为25.6%，比上年提高2.2个百分点。其中，大学专科占15.2%，与上年持平；大学本科占9.9%，比上年提高2.1个百分点；研究生及以上占0.5%，比上年提高0.1个百分点。从不同年龄段的城镇失业青年看，20~24岁城镇失业青年总体以及男、女失业青年中，具有大专及以上文化程度的失业者的比例分别是49.7%、46.3%和54.5%，分别比上年提高2.8个、0.5个、6.3个百分点；在25~29岁的城镇失业青年中，相应比例分别是39.5%、37.8%和41.1%，分别比上年降低0.1个、5.6个以及提高4.0个百分点；在30~34岁年龄段，相应比例分别为29.2%、28.0%和30.2%，分别比上年降低0.2个、4.9个以及提高2.3个百分点。可以看出，城镇失业人员中有超过四分之一的大专及以上学历人员。除去16~19岁，其他各年龄段城镇失业青年中的高学历占比均大幅高出高学历在城镇失业人员中的占比，且具有年龄段越低，高学历比例越高的趋势。

六、青年政治参与

（一）青年共产党员发展状况

2016年，18~35岁青年党员为2254.4万名，比上年增加6.5万名；占党员总数的25.4%，比上年降低0.2个百分点。新发展青年党员为160.8万名，比上年减少8.5万名；占年度新发展党员总数的81.8%，比上年降低0.5个百分点。从中可以发现，青年党员约占党员总数的四分之一，新发展青年党员是年度新发展党员的主体。

（二）在校研究生中共产党员发展状况

从数量结构看，在校研究生中共青团员的数量继续增加，在校博士生中共产党员数量持续增加。在校研究生中有共产党员76.77万名，比上年减少2.67万名；占比为40.16%，比上年降低2.83个百分点；共青团员为86.20万名，比上年增加8.12万名；占比为45.10%，比上年提高2.84个百分点。其中，在校博士生有共产党员15.82万名，比上年增加0.95万名；占比为48.43%，比上年提高0.86个百分点；共青团员为7.08万名，比上年增加0.70万名；占比为21.66%，比上年提高1.27个百分点。在校硕士生中有共产党员60.95万名，比上年减少3.62万名；占比为38.46%，比上年降低3.60个百分点；共青团员为79.12万名，比上年增加7.42万名；占比为49.93%，比上年提高3.22个百分点。

（三）普通本专科在校生中共产党员发展状况

普通本专科在校生中有共产党员109.91万名，比上年减少20.26万名；占比为4.19%，比上年降低0.92个百分点；共青团员为2297.33万名，比上年增加89.46万名；占比为87.51%，比上年提高0.85个百分点。其中，在校本科生中有共产党员92.64万名，比上年减少15.64万名；占比为5.88%，比上年降低1.15个百分点；共青团员为1396.67万名，比上年增加59.25万名；占比为88.58%，比上年提高1.80个百分点。在校专科生中有共产党员17.27万名，比上年减少4.62万；占比为1.65%，比上年降低0.53个百分点；共青团员为900.65万名，比上年增加30.21万名；占比为85.89%，比上年降低0.58个百分点。可以看出，普通本专科在校生的党员发展趋势减缓，本科与专科的党员发展差别明显，本科生中共产党员的比例明显高于专科生。

七、维护青少年合法权益

（一）青少年司法保护机构建设情况

2015年，最高检成立未成年人检察工作办公室，未检机构建设取得较大进展。其中最高人民检察院专门成立未成年人检察工作办公室，出台未成年人司法保护8项措施，严惩性侵、拐卖、虐待未成年人犯罪。全国四级检察机关中共有965个独立编制的未检机构，在公诉部门下设未检工作办公室共计736个，专业办案组共计1065个。

（二）打击侵权行为与司法救助情况

全国公安机关、检察机关和司法机关通力合作，加大打击侵害青少年合法权益行为的力度，采取措施做好未成年刑事被害人的救助工作。全国检察机关全年共批捕侵害未成年人人身权利犯罪嫌疑人1.9万人，起诉2.7万人；全国共办理涉及未成年人的民事行政案件150件。针对拐骗、强迫未成年残疾人违法犯罪、贩卖婴儿、拐卖妇女等犯罪，全国公安机关积极组织开展专案打击，抓获犯罪嫌疑人200余名，解救被拐儿童80余名。在依法严惩侵害未成年人犯罪的同时，全国检察机关注重做好对未成年被害人的保护救助工作，依法保护未成年被害人的名誉权、隐私权等合法权益，全国共对未成年被害人开展心理疏导4937次；全国公安机关通过全国打拐DNA数据库找回多年前失踪被拐儿童400余名；全国司法机关共排查出服刑人员未成年子女30.1万余人，比2014年增加6%；开展帮扶3万余人次，开展各类帮扶活动共1.5万余场次。

（三）涉罪未成年人的教育、感化、挽救情况

帮教、挽救涉罪未成年人的工作水平和效果有所提升。2015年，全国未成年人不捕率超过29%，不起诉率超过11%，明显超出整体刑事案件的不捕率和不起诉率。全国检察机关落实合适成年人到场6.8万人，开展亲情会见1.3万人，对犯罪嫌疑人开展心理测试0.5万人次，决定附条件不起诉3779人，提供法律援助7万人，进行犯罪记录封存4万人，在审查起诉环节共开展社会调查9454次。

八、预防青少年违法犯罪

（一）工读学校建设情况

2015年，全国工读学校共有86所，比上年增加7所，增幅为8.86%；共有337个班级，比上年减少31个，降幅为8.42%。共有教职工数3017人，比上年

增加 197 人；女性教职工 1057 人，比上年增加 47 人；女性教职工占比为 35.03%，比上年降低 0.78 个百分点；专任教师 2077 人，比上年增加 177 人；女性专任教师 831 人，比上年增加 95 人；女性专任教师占比为 40.01%，比上年提高 1.27 个百分点。可以看出，工读学校数量有所增加，班级数有所减少，教职工数和专任教师数有所增加，女性教职工占比约有降低，女性专任教师数呈现小幅攀升趋势。

（二）工读学校学生情况

工读学校中，男学生占绝大多数，在校学生人数有所减少，入校学生人数有所增加，离校人数大幅增加。2015 年，工读学校在校生为 7920 人，比上年减少 574 人，降幅为 6.76%；在校女生数为 978 人，比上年减少 223 人，降幅为 18.57%；在校女生占在校学生的 12.35%，比上年降低 1.79 个百分点。工读学校入校人数 3811 人，比上年增加 283 人，增幅为 8.02%；入校女生人数为 395 人，比上年减少 51 人，降幅为 11.44%；入校女生在入校学生中的占比为 10.36%，比上年降低 2.28 个百分点。工读学校的离校人数为 4141 人，比上年增加 1141 人，增幅为 38.03%；离校女生为 586 人，比上年增加 127 人，增幅为 26.67%；离校女生在离校学生中占比为 14.15%，比上年降低 1.15 个百分点。

（三）青少年罪犯总体情况

2015 年，全国各级人民法院审理刑事案件共涉及青少年罪犯人数为 23.63 万人，比上年减少 1.32 万人，呈继续下降态势；青少年罪犯人数在刑事罪犯人数中占比为 19.20%，比上年降低 1.90 个百分点，再创历史新低。从总体上看，青少年犯罪现象虽然经历几次起伏和反复，目前基本形成不断好转的发展趋势。自从 2009 年以来，青少年犯罪问题不断得到有效遏制，青少年犯罪现象步入制度性缓解的良性轨道。尤其是十八大以来，青少年罪犯人数持续下降，在刑事犯罪人数中占比逐年缩小。

（四）18 岁以下未成年人罪犯情况

2015 年，18 岁以下未成年犯人数为 4.38 万人，比上年减少 0.66 万人；18 岁以下未成年犯人数在青少年犯罪人数中占比为 18.55%，比上年降低 1.65 个百分点；在刑事罪犯人数中所占比例为 3.56%，比上年降低 0.70 个百分点。18 岁以下未成年人犯罪人数及其在刑事罪犯总数中所占的比例均有所下降。总体来看，从 1990 年对青少年犯罪情况进行专项统计以来，未成年罪犯人数小幅震荡，呈上升趋势，在 2008 年达到峰值（8.89 万人）之后，近年来呈逐步下降趋势。

（五）18~25 岁青年罪犯情况

2015 年，18~25 岁青年犯罪人数为 19.25 万人，比上年减少 0.67 万人；18~25 岁青年犯罪人数在刑事罪犯总数中占比为 15.63%，比上年降低 1.19 个百分点；在青少年犯罪人数中所占比例为 81.45%，比上年提高 1.65 个百分点。可以看出，18~25 岁青年犯罪人数及其在刑事罪犯总数中所占的比例均持续下降，但在青少年犯罪人数中所占比例有所上升。

九、青年社会保障（残疾青年发展）

（一）残疾青年的高中阶段教育状况

从全国范围来看，特殊教育普通高中班（部）和残疾人中等职业学校（班）的数量大幅减少，特殊教育普通高中在校生人数约有增加，残疾人中等职业学校在校生、毕业生和获得职业资格证书的人数均大幅减少。数据显示，2015 年，全国共有特殊教育普通高中班（部）109 个，比上年减少 78 个。在校生 7488 人，比上年增加 261 人。其中，聋生 6191 人，比上年增加 18 人；盲生 1297 人，比上年增加 243 人。残疾人中等职业学校（班）100 个，比上年减少 97 个。在校生 8134 人，比上年减少 3537 人；毕业生 5123 人，比上年减少 2117 人；其中获得职业资格证书的有 3761 人，比上年减少 1771 人。

（二）残疾青年的高等教育状况

残疾考生达到录取分数线人数和被普通高等院校录取人数均有较大幅度增长。2015 年，全国共有 10353 名残疾考生达到录取分数线，比上年增加 2170 人；共有 8508 名残疾人被普通高等院校录取，比上年增加 644 人；本科生为 4087 人，比上年增加 198 人；其中盲人学生为 602 名，比上年增加 248 人；聋人学生为 553 人，比上年增加 47 人；肢残学生为 2576 人，比上年减少 272 人；专科（高职）学生为 4421 人，比上年增加 446 人；其中盲人学生为 592 人，比上年增加 252 人；聋人学生为 539 人，比上年增加 79 人；肢残学生为 2726 人，比上年减少 142 人。

2015 年，高等特殊教育学院残疾考生录取人数与上年持平。其中，全国高等特殊教育学院机构数为 20 个，比上年增加 2 个；共录取残疾考生 1678 名，与上年持平；其中研究生为 4 人，均为盲人学生；本科生为 666 人，比上年减少 39 名；其中盲人学生 144 人，比上年减少 52 人；聋人学生 521 人，比上年增加 12 人；专科（高职）学生 1008 人，比上年增加 35 人；其中盲人学生 152 人，比上年增加 13 人；聋人学生 641 人，比上年减少 193 人。

（三）残疾青年的就业状况

2015年，城镇新就业残疾人26.3万人，比上年减少1.5万人。其中，集中就业残疾人6.8万人，比上年减少0.8万人；按比例安排残疾人就业6.6万人，比上年减少0.4万人；公益性岗位就业1.2万人，与上年持平；个体就业及其他形式灵活就业10.4万人，比上年减少0.3万人；辅助性就业1.3万人，与上年持平。

十、青年留学

（一）出国留学与留学归国情况

2016年，我国出国留学人员和留学归国人员均呈现增长的状态。其中，出国留学人员为52.37万人，比上年增加6.39万人，与2014年度增幅4.59万人相比增加1.8万人。学成回国人员为40.91万人，比上年增加4.43万人，与2014年度增幅1.13万人相比增加3.3万人。

（二）招收外国留学生情况

我国招收外国留学生人数为12.49万人，比上年增加1.35万人；外国留学生在校生为21.43万人，比上年增加2.20万人。外国留学生主要来自亚洲、非洲和欧洲。其中，来自亚洲的为13.51万人，比上年增加1.35万人；来自非洲的为3.21万人，比上年增加0.52万人；来自欧洲的为3.0万人，比上年增加0.21万人。从经费来源看，自费的有14.28万人，比上年增加0.94万人；占比为66.63%，比上年减少2.75个百分点；中国政府资助的有5.02万人，比上年增加0.91万人；占比为23.42%，比上年增加2.03个百分点。这表明我国招收外国留学生人数有所增加，主要来自亚洲、非洲和欧洲，自费是主要的经费来源。

十一、女性青年

（一）女性青年的高等教育情况

在校女研究生有95.02万人，比上年增加4.19万人；占比为49.71%，比上年提高0.55个百分点。其中，在校女博士生有12.37万人，比上年增加0.82万人；占比为37.85%，比上年提高0.92个百分点。在校女硕士生有82.65万人，比上年增加3.37万人；占比为52.15%，比上年提高0.50个百分点。在校本专科女生共有1376.19万人，比上年增加48.44万人；占比为52.42%，比上年提高0.30个百分点。其中，在校本科女生有836.97万人，比上年增加28.49万人；占比为53.08%，比上年提高0.62个百分点。在校专科女生有539.22万人，比上年增加19.95万人；占比为51.42%，比上年降低0.17个百分点。从中可以看出，在校研究生中女青年占将近一半，在校本专科生中女生已超过一半，女性青年在高等教育方面已基本实现半边天的格局。

（二）青年妇女生育率情况

2014年11月1日至2015年10月31日，15~35岁女性生育率为48.97‰，比上年降低12.60个千分点。一孩生育率为27.26‰，比上年降低9.66个千分点；二孩生育率为18.82‰，比上年降低2.42个千分点；三孩及以上生育率为2.89‰，比上年降低0.49个千分点。其中，城市、镇和乡村女青年的生育率分别为38.45‰、52.01‰和57.73‰。从孩次生育率看，城市、镇、乡村青年女性的一孩生育率分别为25.21‰、28.09‰和28.83‰，二孩生育率分别为12.32‰、21.08‰和24.02‰，三孩及以上生育率分别为0.92‰、2.85‰和4.89‰。其中，二孩生育率、三孩及以上生育率的城乡差异尤其明显。

（三）青春期生育率（每千名15~19岁女性生育数）情况

2014年11月1日至2015年10月31日，我国青春期生育率为9.19‰，比上年降低2.03个千分点；城市、镇、乡村青春期生育率分别为2.55‰、6.55‰和15.41‰；与上年相比，城市、镇、乡村青春期生育率分别降低1.82个、2.48个和2.16个千分点。表明我国青春期生育率有所降低，青春期生育率的城乡差异明显。另据世界银行的统计，我国青春期生育率为7.26‰，比上年降低0.09个千分点。

十二、少数民族青年

（一）少数民族青年的总体情况

根据2010年全国第六次人口普查数据显示，少数民族青年占全国青年比重高于少数民族占全国人口的平均比重。汉族人口占91.51%，各少数民族人口占8.49%，少数民族人口为13379万人。汉族青年占90.98%，少数民族青年占9.02%，少数民族青年人口为4174万人，其中，少数民族男青年为2123万人，少数民族女青年为2051万人，男青年比女青年多72万人，性别比为103.55。

（二）少数民族青年的高等教育情况

在校研究生中少数民族有10.97万人，比上年增加0.50万人；占比为5.74%，比上年提高0.07个百分点。其中，在校博士生中少数民族有1.89万人，比上年增加0.18万人；占比为5.80%，比上年提高0.33个百分点。在校硕士生中少数民族有9.08万人，比上年增加0.32万人；占比为5.73%，比上年提高0.02个百分点。在校本专科生中少数民族有214.29万人，比上年增加15.06万人；占比为8.16%，比上年提高0.34个百分点。其中，在校本科生中少数民族有134.92万人，比上年增加8.53万人；占比为8.56%，比上年提高0.36个百分点。在校专科生中少数民族有79.37万人，比上年增加6.53万人；占比为7.57%，比上年提高0.33个百分点。少数民族研究生和少数民族本专科生各自所占比例，均低于少数民族青年所占全国青年的比重，也均低于少数民族人口占全国人口的比重，但这种差距正在不断缩小，尤其是在校本专科生中少数民族占比不断接近少数民族在全国人口中的比重，在校本科生中少数民族占比初次超过少数民族在全国人口中的比重。可以说，少数民族青年在高等教育方面的平等地位日益明显，但离少数民族青年在青年中的占比还有一定的差距。

第二篇 02

重点青年群体发展报告

象牙塔顶端的烟火气：我国博士生发展报告

郭元凯　邓希泉*

摘　要：2015 年中国青少年研究中心在 10 个省份 30 多家培养单位进行的“我国博士生发展状况调查”数据、2019 年《Nature》杂志“全球第五次博士生调查”的中国大陆博士生调查数据，以及相关综合数据共同表明，当前博士生的发展状况整体较好，但存在学业满意度整体不高、心理健康问题凸显、平等健康的师生关系尚未全面形成、工作与生活难以平衡等问题，建议从深化博士生培养制度、创新博士生培养模式、建立健全博士生利益保障机制、关注博士生心理健康、培育新型师生关系等方面促进博士生发展。

关键词：博士生；青年发展；高校

博士研究生教育是国民教育序列的最高等级，是高层次创新人才培养的主要渠道。博士研究生培养不仅反映了国家高等教育水平和科研水平，同时影响着国家的知识创新和整体学术能力。从 1980 年国家建立起学位与研究生教育制度开始，我国的博士生教育已经走过 40 年历程。根据教育部《2019 年全国教育事业发展统计公报》数据显示：2019 年全国共招收博士生 10.52 万人，首次突破 10 万；截至 2019 年年底，全国在学博士生 42.42 万人，比上年增加 3.37 万，突破 40 万大关。我国已经跨入博士研究生教育大国行列。

随着研究生教育的快速发展，提高博士生教育质量和更好地促进博士生发展，就成为我国高等教育高质量发展的核心议题。博士生培养和博士生发展涉及方方面面，如招生评价机制、课程体系、培养模式、学籍管理、交流合作、教育资源配置，等等。“在新的历史时期，要深化博士研究生教育综合改革，需

* 郭元凯，中国青少年研究中心青年发展研究所负责人，助理研究员、博士，主要研究领域为青年发展、青年政策；邓希泉，中国青少年研究中心青年发展研究所研究员、博士，主要研究领域为青年本体、青年现象、青年发展理论、马克思主义青年观。

要探索新形势下博士研究生教育内涵发展的新模式和新路子，通过深化改革，着力破除制约博士研究生教育质量提高的体制机制障碍。”① 在读博士生的学习、生活及思想状况，是影响博士研究生培养质量的重要因素。全面了解博士生的生活现状、学习状态、健康水平、思想动态等，对于深化博士研究生教育综合改革具有重要意义。基于此，本研究重点考察博士生在校期间的学习情况、导师关系、资助状况、课题参与、活动参与、生活状况、就业预期、政治态度以及身心健康等内容，通过实证分析以期为相关部门决策提供数据和理论支撑。

一、数据来源及样本基本情况

（一）数据来源

本报告数据来源主要有二：一是来源于中国青少年研究中心 2014 年 10 月至 2015 年 1 月在全国进行的“我国博士生发展状况调查”（以下简称“中心调查”）②，这是“大学生学习与思想状况”综合调查中的重点群体的专项调查。该调查采取方便取样的抽样方法对样本进行问卷调查，涉及全国东部（北京、上海、广东、江苏）、中部（湖北、湖南）、西部（陕西、四川、广西、海南省东部地区）10 个省份、各层次博士培养单位 30 余所，其中回收有效问卷共计 1461 份。二是来源于 2019 年《Nature》杂志开展的“全球第五次博士生调查”（以下简称“Nature 调查”）③，该调查在欧洲、亚洲、北美、中美洲、非洲、南美洲以及大洋洲共计发放问卷 14260 份，回收有效问卷 6320 份，其中来自中国的有 704 份（大陆 680 份，中国香港 24 份），本研究“Nature 调查”使用数据主要聚焦于 680 份中国大陆博士生的学业、家庭学业平衡、心理健康、工作期望等相关数据。

（二）样本基本情况

从“中心调查”和“Nature 调查”的样本性别分布看，我国男博士整体多于女博士，比例大致保持在 6∶4 左右。“中心调查”的样本年龄在 26~28 周岁是在读博士生群体的主体（52.9%），平均年龄为 27.33 岁。“Nature 调查”样本中年龄在 25~34 周岁的占比最高，为 77.9%。此外，在博士培养单位及攻读

① 教育部. 博士研究生教育综合改革试点座谈会在京召开［R/OL］. 中华人民共和国教育部官网，2017-07-24.

② 如无特殊说明，以下数据均来自本次调查。

③ 该调查是 2011 年由《Nature》杂志发起，每两年针对全球博士生开展一次调查。2019 年是该项目的第五次调查。2019 年完整数据来源于 go. nature. com/2nqjndw。

的学科方面，“中心调查”结果表明，“985”工程院校的博士生数量占比为35.9%，“211”工程院校的博士生数量占比为32.8%，一本院校的博士生调查比例为18.5%。在所学专业方面，理工类占一半以上，比例为52.8%，文史类比例为21.7%，农学比例为6.5%，医学比例为4.1%。

“中心调查”数据显示，样本中独生子女与非独生子女的比例大致相当，均在50%左右。超过73%的博士生处于未婚状态，已婚比例为22.4%。“Nature调查”数据也显示，当前超过七成（71.8%）的在读博士生暂时还没有子女抚养或赡养老人的负担，但也有13.1%的人表示自己在读期间需要抚养子女，16.2%的博士生需要照顾老人。“中心调查”数据显示，45.9%的博士生认为，自己的家庭情况在当地属于平均收入水平，属于中产阶层。高收入水平的人数比例大约为20.6%，低收入水平为31.1%。从博士生父母月收入看，月收入在4000元以下的占30.9%，月收入在4000~10000元之间的占39.1%，月收入在10000~15000元的比例为16.1%，月收入在15000元以上的比例为13.9%。这一结果与博士生家庭所属阶层的主观认知呈现一致性。

“中心调查”数据显示，被调查博士生的父亲与母亲职业大致相同，其中居于前三位的职业是农业劳动者（父亲21.9%/母亲25.8%）、国家机关、党群组织及事业单位管理人员（父亲20.7%/母亲11.0%），以及个体工商户（父亲8.5%/母亲8.8%）；在其他职业中，专业技术人员、办事人员的比例也均超过5%。与父亲失业（含半失业）的比例（2.9%）相比，被调查者的母亲失业（含半失业）比例更高，超过8.4%。

有研究表明，“家庭文化资本和经济资本占有量位居前列的优势社会阶层，其子女接受的教育层次主要为高等教育”。[①] 也就是说，家庭的社会经济地位（SES）相对较高的家庭，会为子女攻读博士学位提供较高的物质和环境基础。从“中心调查”统计结果看，这一结论得到了一定程度的验证。数据显示，博士生的父母文化程度以初、高中居多，其中父亲学历为初中的比例为26.2%（母亲为25.1%），教育层次为高中（中专、技校等）的比例为25.3%（母亲为26.7%）。此外，与其他群体相比，在读博士生的父母学历为本科及以上的人数比例也比较高（父亲25%/母亲19.8%）。

① 郭丛斌，闵维方．家庭经济和文化资本对子女教育机会获得的影响［J］．高等教育研究，2006（11）：24-29.

二、当前我国博士生发展的现状

（一）博士生的价值观念及政治态度

“青年的价值取向决定了未来整个社会的价值取向。”① 作为国家经济建设和社会发展的重要智力资源，博士生的思想状况、价值观念以及政治态度，对国家政治、经济、社会、文化等发展走向具有重要影响。因此，了解博士生的价值观念及政治态度，对于掌握该群体的价值观水平，制定有效的价值观引领策略具有较强的实践价值。

“中心调查”结果显示，超过50%的博士研究生认为现代社会是一个价值多元社会。还有部分博士生则认为并不能单纯将价值观划分为对立的一元或多元，两者可以相互融合和相互转化。其中20.9%的博士生认为社会价值观是多元中的一元，13.6%的博士生则认为价值观是一元中的多元。超过8成的博士生表示当前自己拥有较为明确的价值观念，其中“非常明确”的比例为20.2%，“比较明确”的比例为60.1%。并且84.5%的博士生表示国家积极倡导和践履社会主义核心价值观是十分必要的。92.3%的博士生没有宗教信仰，在信教人群中信仰佛教（43.5%）以及基督教（31.5%）的比例相对靠前。

在社会主义核心价值观内涵认知调查中，被调查博士生认为社会主义核心价值观最直接受益者中，全国人民受益的比例为29.1%，大部分人会受益的比例为49.0%，小部分人会受益的比例为15.6%。但很多博士生不能准确说出24字社会主义核心价值观，其中爱国、民主、和谐、文明、法治是最能被博士生较准确识别的（比例超过5%的选项），但仍有部分核心价值观并不能被准确认知，如友善的认知率仅为1.2%。在青年认同和践行社会主义核心价值观的阻碍因素中，“中心调查”的结果表明，国内外发展大环境相互交织共同影响了博士生的价值认同。其中，腐败现象、不正之风的盛行（19.8%）、理论上的社会主义核心价值观与现实反差大（14.5%）、领导干部没有做好表率（11.9%）、西方国家价值观念的渗透和冲击（11.5%）、学校价值观教育效果不好（11.1%）、当代大学生自身存在的弱点（10.8%）是博士生普遍认可的原因。

青年是整个国家和社会最积极、最富有活力的群体，他们天然具有政治参与的“基因”，是“标志时代最灵敏的晴雨表”。博士生对政治生活的看法及参与程度不仅是他们政治社会化的体现，同时还是推动党政公共决策民主化、科学化、系统化，提升政治系统的合法性，增强国家治理能力现代化水平的集中

---

① 习近平．习近平谈治国理政［M］．北京：外文出版社，2014：172.

彰显。“中心调查”从政治认知、政治参与、社会公平感等方面进行重点考察。在政治认知方面，大部分博士生对当前政治情况是比较关注的。其中“非常关注”的比例为14.1%，“比较关注”的比例为58.1%，“不太关注”和“不关注”的比例分别为23.1%和3.4%。绝大多数博士生对在党的领导下实现中华民族伟大复兴的中国梦是抱有信心的，其中“信心十足”的比例为22.5%，“较有信心”的占54.7%。

一般来说，加入政党、针对某一政治或社会问题积极发声、采取积极行动等都是政治参与的具体表现。“中心调查”数据显示，博士生中的中共党员比例为68.5%，共青团员比例为20.3%。民主党派党员的比例为0.9%，群众的比例为7.9%。作为政治参与的重要组成部分，定期参加政党组织的活动是不可或缺的。结果表明，6成以上的博士生了解所在班级党组织情况，但有23.6%的博士生并不清楚班级内是否有基层党组织。在政治参与频率方面，被调查博士生的参与频率整体表现一般。其中，参与“非常频繁”的人数比例为6.1%，“比较频繁”的比例为26.5%，“偶尔”参与的人数比例最多，占到了整体调研人数的53.9%。虽然传统的政治参与整体比例不高，但随着互联网的普及，博士生的政治参与渠道进一步多样化。其中论坛/虚拟社区（23.2%）、手机客户端（19.6%）以及网络新闻的评论区（15.4%），是博士生对时事发表观点的最重要、最常用的平台。值得注意的是，博士生对于社会公正和机会公平方面的评价欠佳。在社会公正度方面，只有41.8%的博士生认为社会公正，认为当前社会给人们提供的成功机会是公平的比例则不足4成（37.6%）。

（二）博士生学习与科研发展状况

“博士生从事科研活动是其社会化的重要组成部分，通过社会化过程，博士生逐步培养其生活技能并形成具体的社会角色，为今后从事科研、教学等社会活动打下坚实基础。”① 本研究从读博动机、培养方式、科研时间、科研满意度等方面进行了分析。

随着我国博士生招生体制改革的不断推进，博士研究生的入学方式愈显多样化，统一入学考试方式逐渐被硕博连读、免试推荐、直接攻博以及申请—审核制等所取代。“中心调查”数据显示，博士生入学考试的比例为54.4%，硕博连读的比例为23.5%，免试推荐、直接攻博的比例分别占13.7%和6.8%。本文通过对2019年42所一流建设高校博士生入学方式的统计发现，9成以上的一流

---

① 姜星海，李晓红．我国博士生科研现状分析［J］．大学（研究与评价），2007（11）：25-31.

建设高校已经将申请—审核入学方式作为主流入学模式，进一步提高了博士研究生招生选拔质量，也为积极探索符合博士研究生发展的培养规律奠定了基础。在具体的培养方式方面，非定向全日制是博士培养的最普遍的方式，占调查人数的 70.2%；其次是定向全日制培养模式，比例为 19.2%；相关单位委托培养、自筹经费培养以及非全日制培养方式的比例为 3.6%、2.5%和 2.3%。

动机是激发和维持个体产生行动，并使之完成目标的一种心理倾向或内部驱动。“中心调查”和“Nature 调查”均显示，当前我国博士生的读博动机大致可分为自我价值实现型和外部环境驱动型两种类型，但第一种动机（自我价值实现型）的人数比例相对较高。“Nature 调查”数据显示，选择读博的最主要原因中，排在首位的是“为了追求学术事业”（51.6%），其次是“个人对现有研究主题感兴趣”（17.4%）。“中心调查”数据则更加细化，结果发现，读博动机的主要动机是提升自身学识和素质（29.1%）、拓展自身的发展空间（19.8%）、喜欢科研和创新（19.4%），以及拓展人脉和社会关系（2.3%）。受外部环境而产生读博动机的主要原因是好工作的高学历要求（7.3%）、提升职务晋升的竞争力（6.7%）、原来的工作不理想（5.6%）、推迟就业（3.9%），以及父母的期望（3.6%）等。与以往相比，博士生为了读博士而读博士的比例越来越低，超过 76.0%的被调查者认可这一说法，说明博士生已经摆脱了追求博士学位光环的误区。“Nature 调查”结果也指出，58.8%的博士生对自己当初选择读博的决定是满意的，仅有不到两成（16.6%）的博士生表示对自己选择读博不满意。

长时间的投入和高强度的学术训练是博士生成长成才的必要条件。2019 年关于工作时间“996”话题席卷了整个互联网领域，同时也引发了科研工作者的广泛议论。从“Nature 调查”结果看，46.9%的博士生每周花在博士项目的时间为 41 小时以上，其中每周有 60 小时以上投入科研上的博士生比例为 26.0%。博士生中有 52.1%的人反映自己所在机构存在一定的“加班文化（传统）”，并且机构并没有对这种影响工作—生活平衡的状态予以重视（33.7%）。博士生积极参与科研项目及学术交流（国内外会议）也是博士培养期间重要的组成部分。“中心调查”数据显示，9 成以上的博士生在学习期间都或多或少参加了科研项目，其中参加 1~3 项的比例最多（72.5%），没有参加过科研项目的人数占比为 6.9%。在科研项目的级别中，以国家级和省级的科研项目居多，这些项目大多与国家和地区发展密切相关，能够体现出学界和社会各界关注的焦点。此外，大部分博士生均有参加过学术交流的经历，其中参加过国际会议的博士生比例为 44.6%、参加过国内学术会议的比例为 59.8%。“Nature 调查”的数据也指出，在读博士生最愿意采取提高学术水平的方式中，49.27%参加各种研讨会和（或）工作坊的比例为 49.3%，参加线上学术交流会的比例为 54.9%。

在培养质量的主观认知方面，“中心调查”结果显示，博士生认为最能体现培养质量的三个方面是创新能力（20%）、科研能力（19.2%），以及基础和专业知识水平（17.2%），并且超过 90%的博士认为自己应该引领全社会的创新重任以及成为知识精英或科技精英，这表明社会各界及培养方案对博士生的定位与其自身存在较强的一致性。通过博士培养，博士生认为自己在创造性思维、学术能力、独立与主动性、学术规范意识、合作意识、自信心、使命感、想象力、创新能力、观察力、恒心毅力、抗挫折能力等方面也有了较大提升。调查结果显示，博士生主观上对上述能力整体较为认可，分值均在 7 分以上（1 分为最低分，10 分为最高分）。其中学术规范意识最强，平均分达到了 7.67 分，创新能力和创造性思维则得分最低，分别为 7.06 分和 7.08 分。

（三）博士生生活与健康发展状况

随着博士生培养制度的改革，目前大部分学校已经使用奖学金及助学金制度代替公费博士的制度，这也意味着博士生就读必须首先缴纳学费。博士生虽然仍然是学生身份，但从整体年龄上来看已经是青年或中年。这一时期不但在学习方面压力较大，同时经济方面的压力也相对突出。“中心调查”结果显示，博士培养单位的奖学金以及所在导师课题组的助研津贴，是在读博士生经济收入的主要来源。其中 60%的博士生会在学期末取得学业奖学金，70.4%的博士生会或多或少地得到导师助研津贴，但仍有近 4 成的人拿不到学业奖学金，近 3 成的博士生没有导师的补助。除了上述两部分的经费来源之外，依靠父母给钱仍是博士生生活的重要经济来源，这一比例占到了整个经费来源的 17.4%。此外，申请其他奖助学金、利用课余时间打工赚钱、工资收入也存在，但这些相比于当前的物价来说，现有博士生的收入水平并不太高，经济压力较为明显。

当前我国正处在经济社会转型时期，包括博士生在内的青年群体面临着较多风险挑战。“博士作为一个自我定位高、成就动机强的群体，在面临着学业、就业、工作、家庭等各方面的多重压力下，迫切需要保持健康的体魄和良好的心态应对社会变革和历史机遇。”① 从“中心调查”的数据看，在读博士生的身体健康状况整体较好，其中认为自己很健康的人数占比为 34.3%，比较健康的人数比例为 57.3%，不太健康及非常不健康的比例合计为 8.5%。博士生中每天都能坚持锻炼的人数比例不超过 20%，大部分人能够做到的锻炼频次是 2~4 天锻炼一次（43.1%），需要引起重视的是，还有近 20%的博士生很少参加体育

---

① 孙占元．北京市高校博士研究生体育锻炼行为调查研究［M］．吉林大学，2017.

锻炼。

（四）博士生就业认知与工作期待

受到我国经济结构调整、新旧动能转换以及国际经济形势不明朗的影响，困扰就业创业的结构性矛盾尚未得到改善，近年来根据教育部测算，2020年的应届高校毕业生将达到874万，同比增长40万，高校毕业生的就业面临着更为复杂严峻形势。博士生虽然顶着高学历的头衔，但受制于国内的整体就业环境，就业形势整体不容乐观。“中心调查”数据显示，超过15%的博士生当前就业形势非常严峻，认为比较严峻的人数比例为48.5%，认为就业形势一片大好的比例只有3.2%。“Nature调查”结果显示，90%以上的博士生将就业不确定性列为他们普遍关注的三大问题之一。并且由于当前就业形势严峻，认为毕业当年就能找到长期稳定工作的博士生比例不到37%，认为需要3年左右的比例为38.7%，还有近17%认为需要3年以上才能找到一份长久稳定的工作。这表明大多数博士生就业心态相对平稳，对当前就业形势有着较为清晰的认知。

在工作期望方面，“Nature调查”数据显示，62.6%的博士生想继续在学术界工作，12.2%的博士生想进入企业、10.6%的博士生想做医生，7.4%的博士生打算进入政府部门。虽然不想在学术界工作的比例在40%左右，但通过深入调查了解，超过半数的博士生表示今后自己在其他行业也均是从事与科学研究有关的内容。其中打算在企业中工作的博士生中，56.3%会从事科研工作。在政府或社会组织工作的博士生中，54.4%会从事科研工作。在具体职位上，40.9%的博士生表示自己毕业后可以从基层科研人员做起，26.2%的博士生会在毕业后继续从事博士后研究工作，18.3%的博士生表示希望自己可以理解获得讲师或助理教授的职称。之所以将选择科研作为今后的职业，22.2%的博士生表示认为这是未来职业规划的一部分，20.9%的人表示自己对该领域的科研非常感兴趣，但也有8.3%的博士生表示以学术为业受到了导师（5.8%）和科研团队（2.5%）的影响，还有4.2%的博士生暂时无法给出选择科研作为今后职业的理由。

在就业区域上，“中心调查”显示，超过77%的会选择在国内（大陆）工作，但也有选择到国外就业或者继续深造（13.1%），或者到香港、澳门（9.1%）就业或深造。这一方面说明博士生的选择呈现多样化，另一方面也说明了就业单位国际化程度及全球化合作也在不断加深。在确定工作单位时，博士生最看重的四项因素是福利待遇是否优厚（14.7%）、是否符合自己的兴趣爱好（11.2%）、发展前景如何（10.6%）、经济收入的高低（10.6%）。

三、当前我国博士生发展存在的主要问题

（一）博士生对学业满意度整体不高

满意度是博士生对博士经历整体情况的主观评价，是就读期望与就读经历后得出的实际感受。两项调查发现，当前博士生的整体满意度相对偏低，博士生对校园环境、自身素质和能力提升、人际关系等方面虽能给出较为积极正向的评价，但与自身期望相比还有差距。“Nature 调查”结果显示，51.8%博士生对自己的博士经历感到满意，满意度平均分为 4.52（1 分为最低分，7 分为最高分），其中满意度排在前三位的是专业满意度（61.3%）、学术团队人际关系（61.3%）和来自导师的认可（55.6%）。但从整体情况看，还有超过 21.3%的博士生对自己的学业经历不满意，其中对职业生涯规划、工作生活平衡以及机构的学术资源不满意度最高。期望得不到满足是引发这种满意度下滑的主要原因，44.6%的受访者表示，就读后发现博士项目远远低于自己的预期，仅有 3.7%的博士生认为博士项目超出了自己的预期。并且随着他们对学业课题的深入了解，其学业满意度开始不断下降。数据显示，53.4%的博士生提出自己的满意度在下降，满意度在提升的比例为 30.7%，15.9%的博士生则表示自己的满意度与以往相比没有变化。

（二）博士生心理健康问题日益凸显

当前攻读博士学位，不仅仅需要学生能够修读完成规定的学位课程，获得相应的学分，还需要满足发表一定数量、一定级别的文章以及完成毕业论文的创作等条件（俗称“大小论文”）。但从目前学术环境看，发表若干篇高质量、高级别的论文并非易事，很多学术期刊的稿源众多，对博士生的投稿往往并不予优先考虑，这使得博士生的论文压力比较大，加之博士毕业论文需要长时间的打磨和思考，按照学制“准时”毕业已经成为博士生的心理压力的重要来源。“Nature 调查”数据显示，在博士生学业期间最担心的事情中，42.6%的受访者明确提出“担心不能够在规定的学制内完成学业”。实际上，博士生难以按时毕业在我国已经逐渐成为常态化现象。根据《2020 全国研究生招生调查报告》数据，近年来我国博士研究生的延期毕业率持续上升，2018 年博士延期毕业生数超出硕士 47939 人，达到 10.8 万人。“博士研究生延毕率由 2003 年的 46.5%，攀升到了到 2018 年的 64%，说明当前有超过六成的博士研究生无法正常毕业。在具体学科中，管理学的延毕率最高（78%），经济学、历史学、法学、哲学、

教育学、文学、工学延毕率都在65%以上，医学延毕率最低，为36%。"① 此外，"中心调查"在对博士生感到最苦恼的问题询问中发现，文章发表压力大(23.9%)、经济压力大（16.7%）以及博士论文压力大（14.6%)、婚恋问题(6.4%）排在前四位。学业压力以及工作、生活、个人发展等各个方面问题的叠加，导致了博士生心理健康问题凸显，一些心理疾病也严重影响了博士生的学业。在"Nature调查"中，41%的中国博士生申请过因学业引起的心理焦虑或抑郁方面的专业援助，比例高于全球博士水平（36%)。在这部分人群中，22.2%受访者表示自己在培养单位得到了支持与引导，但支持效果一般，能够有效缓解的仅为8.6%。还有13.3%的学生希望在培养单位中得到指引，但并没有相关服务。这揭示出我国博士生培养单位心理辅导和心理教育的服务与引导还不到位，亟须补充心理指导专业力量和资源。

（三）平等健康的师生关系尚未全面形成

良好的师生关系对于学生的健康成长具有重要意义，导师作为研究生阶段的重要指导者、引路人，其培养模式、教育方法等直接影响学生的学习生涯、生活状况、价值观念以及未来的就业等。目前由于培养体系的不健全，学生与导师之间除了单纯的学术关系之外，还存在着一定的生活及就业依附关系。并且受到研究生招生规模不断扩大的影响，研究生导师与指导学生间关系的特殊性和复杂性日趋明显，存在一定的异化风险。"Nature调查"结果显示，博士生与导师之间的互动频率整体不高，52.6%的受访者指出每周师生之间一对一联系的时间不超过1小时。每周一对一指导时间超过3小时的比例不到18%。38.2%的博士生明确表示导师对自己困难时的支持与服务并不尽如人意。13.1%的博士生表示自己遭受过校园欺凌事件，其中43.8%的欺凌来自自己的导师。在中国青少年研究中心2020年2月开展的"导师与研究生关系"调查②中，发现当前师生关系主要存在以下三方面问题：一是师生关系公私界限不明。导师让学生贴发票报账（42%)；阅卷或批改作业（31%)；帮写讲稿/PPT/申报书(26%)；让学生交水电费、取快递、订票（23%）等事件时有发生，并呈现出日常化、常态化趋势。二是学生权益保障难实现。有68%的研究生获得导师发放劳务费，但有10%的研究生出现在劳务发放后上交的情况，由于导生之间的

---

① 中国教育在线.2020全国研究生招生调查报告［R/OL］.中国教育在线官网，2020-05-21.

② 该调查是中国青少年研究中心2020年2月联合相关机构，在19家研究生培养单位进行专项调查。共回收问卷664份，其中博士生58份。

劳务发生不属于传统意义上的劳务关系，故不受法律保障。三是导师指导行为缺乏制度化规范。34%认为当前导师权力过大且惩罚成本太低。同时，有 53%的研究生反映在新生培训中无关于“学生投诉”的内容和渠道，13%有过换导师的想法，但因缺少诉求机制而未达成。

（四）博士生工作与生活失衡问题显现

“博士生教育兼具公共物品与私人物品的双重属性，其受益人不仅包括博士生本人，也包括所在学校以及整个社会。而研究生教育的公共物品属性决定了降低个人负担在博士生学习生活支出中的比例是大势所趋。”① 多数研究表明，博士生的经济状况及生活情况在一定程度上与培养质量和科研创新能力具有相关性。当前博士生虽然有一定的奖学金奖励以及导师的科研奖励，但同国外高校博士生的奖学金相比，现有的经济收入难以支撑国内博士生每月的支出，因此有一部分博士生不得不在科研之外到外面兼职，赚取额外的经济收入来养活自己或者家庭。这在相当大程度上影响了该群体的科研时间，不利于学术成果的产出，外部负溢出效应明显。“Nature 调查”显示，11.9%的博士生是一边工作一边读书，其中为了弥补生活开支的比例为 7%。虽然整体占比不高，但也反映出博士生的经济压力普遍存在。“中心调查”结果也表明，约 3 成以上的博士生是在工作后继续攻读学位的。其中读博前有过 1 年工作经历的比例为 7.7%，有过 2 年工作经历的比例为 9.2%，有过 3 年工作经历的博士生比例为 2.9%，有 4 年及以上工作经历的博士生人口比例接近 8%。之所以回到高校攻读学位，很大程度上是对目前的工作不满意或需要进一步的学习来满足目前工作的需要。如果选择不继续搞科研，博士生给出的最可能原因是迫于家庭压力，需要赚钱养家糊口，这一比例占到了全部调查人数的 28.0%，如何平衡生活与工作已经成为部分博士生追求学术研究生涯的主要障碍。

四、促进我国博士生健康发展的政策建议

（一）继续全面深化博士生培养机制改革

博士生培养活动是一个系统工程，涉及培养理念、培养机制以及培养方法等方方面面。促进博士生健康发展首先就要不断优化博士生培养机制，从人才选拔、导师制度、生活保障、科研环境以及综合能力等方面不断进行改革与创

① 沈文钦，赵世奎．高校博士生学习生活支出及其影响因素的实证分析——以 2008 届博士毕业生为例［J］．教育学术月刊，2012（12）：20-24.

新，提升博士生的整体满意度。建议培养单位进一步优化招生模式，提升博士生招生培养质量体系。完善博士生的课程体系，增强课程设置的合理性和内容的前沿性。要加大博士生的国际交流的力度，拓宽博士生的国际视野，促使更多博士生活跃在国际学术舞台，并尽快在国际学术领域形成中国学术话语权。鼓励有条件的高校充分发挥学科特色和组织优势，尊重博士生科研兴趣及今后职业目标，探索个性化的博士生培养方案。

（二）加大博士生心理健康支持和教育力度

建议高校在关注博士生学业的同时，还应该积极关注他们的心理健康。可以考虑专业化心理咨询队伍或社会工作队伍的介入，同时博士生也应该增强自身的心理调适能力，“学校、学院要加强博士生的社会性支持系统建设，丰富博士生的校园生活，增加博士生的聚合度，提高博士生的归属感”。① 博士生导师以及同学之间要经常性地开展互动活动，搭建互动平台，了解博士生不同阶段面临的需求和困惑，缓解压力负载，提升博士生心理健康水平。

（三）构建符合现代大学制度的新型师生关系

“师生关系不仅是一种契约关系，更是一种人与人的教育性交往关系；导师与博士生的师生关系具有师生关系的共性，但其内涵已经超越了传统意义上的师生关系。”② 各培养单位应加大对博士生导师的选拔及考核力度，明确导师在教学、科研、服务等方面的权责边界，以及师生双方的合法权益。建议教育部门建立起“负面清单制度”规定导师的行为底线，同时将学生培养、学生评价等因素纳入导师评定之中，定期公布学生对导师的评价。针对导师权力过大问题，要不断健全导师权力制约机制，分化导师在研究生科研活动上的审批权力，将诸如津贴补助、论文开题、中期考核等审批权力分散到学院分管研究生工作的部门或院学术委员会。同时应加大师风师德等内容在遴选和考核中的比重，促进新型师生关系的形成。

（四）建立健全博士生利益保障机制

针对博士生工作与生活难平衡的问题，建议教育部门要制定与博士生培养机制改革相适应的利益保障机制，不断完善奖助学金评选体系。根据学校实际，提高博士生生活补助，将研究生资助与培养紧密结合，统筹及合理配置各方面

---

① 张晶娟．博士生心理压力及消减策略探析［J］．北京：北京教育（德育），2016（5）：74-75.

② 王伟．她为什么换了导师——一项导生关系的案例研究［M］．华东师范大学，2017.

资源，建立高效、规范、协调的研究生奖助体系，缓解该群体的经济压力，并为提高研究生培养质量提供有力保障。同时在就业方面还应该加大就业创业指导力度，加大对博士生群体个体需求的回应。

非京籍青年发展报告

——基于京籍原住型青年与京籍迁入型青年的对比分析

郭元凯　邓希泉*

摘　要：根据北京团市委2016年在全市16个区150个街道的18~35岁青年中部署完成的“北京青年城市流动性调研”的调查数据，以京籍原住型青年和京籍迁入型青年作为比较对象，本文对非京籍流动青年的发展现状和流动性特征、北京市人口调控政策和“非首都功能”疏解政策给非京籍青年流动性带来的直接影响进行了全面研究，以及有效推进非京籍青年的主动合理流动并获得更好的流动机会和流动空间提出了对策建议。

关键词：非京籍青年；社会流动；青年发展；城市认同；生活质量

一、研究背景和调查对象的人口学特征

（一）研究背景

随着我国城市化的快速推进，大量农村青壮年流入城市，使城市人口规模日益增大，人口结构更加复杂。从青年的本体属性及群体特质看，流动性凸显是当代青年的代际特点。其中，数量不断增长、比例不断增高的非本地户籍常住青年，是青年流动性的明显表征。数据显示，2015年，“北京市5~34岁青少年常住人口总量为904万人，其中流动人口总量为460.3万人，占全部青少年人口比例的50.9%”①。也就是说，流动青少年已经成为北京青少年的主体。流动性特征赋予了非京籍青年发展空间，也给北京城市发展带来了较多的人口红利。

* 郭元凯，中国青少年研究中心青年发展研究所负责人、助理研究员、博士，主要研究领域为青年发展、青年政策；邓希泉，中国青少年研究中心青年发展研究所、研究员、博士，主要研究领域为青年本体、青年现象、青年发展理论、马克思主义青年观。

① 殷星辰等：北京社会治理发展报告（2015—2016）［M］．北京：社会科学文献出版社，2016.

北京作为我国的政治、经济、文化中心以及国际化特大城市，在城市发展规划方面一直都在根据城市定位进行适时调整。近年来，北京城市发展的新定位、新政策和新目标，对北京青年的流动性提出了新要求。北京青年流动性呈现为市场规律与政策规制共同决定的流动性新特征，尤其是北京城市发展新政策及其配套措施，已经极大地并将持续不断地改变青年流动性的现存结构，由此对青年发展和青年流动产生深刻影响。

在京津冀协同发展战略背景下，北京市聚焦首都城市战略新定位，以国际一流的城市管理标准推进城市人口与资源环境的协调发展，加强以流动人口为重点的首都人口规模调控工作，并取得了一定成就。为深入了解非京籍流动青年的发展现状和流动性特征、全面分析北京人口调控政策和非首都功能疏解政策给非京籍青年流动性带来的直接影响、有效推进非京籍青年的主动合理流动并获得更好的流动机会和流动空间，本文运用北京市团市委于2016年实施完成的“北京青年城市流动性调研”的调查数据进行全面的量化分析。北京团市委“北京青年城市流动性调研”于2015年12月开始部署并于2016年完成，是在全市16个区150个街道的18~35岁青年中开展。其中，京籍原住型青年为2759份（A）、京籍迁入型青年为835份（B）、流动型青年为5002份（C）①。根据研究主题，本文重点分析非北京市户籍且在北京居住半年及以上的常住人口的流动青年群体（以下简称“流动青年”）。为了更好地发现非京籍青年的流动性特征和发展境遇，本文将目标人群与京籍原住民青年（以下简称“原住青年”）和京籍迁入型青年（以下简称“迁入青年”）进行了对比分析，深入探究三类人群之间的差异性等。本研究结合该调查数据，系统了解非京籍流动青年的基本特征、家庭状况、学习工作情况、生活现状、社会融入与社会参与、价值观以及对国家政策的认同度等内容，梳理非京籍流动青年的流动性特征、群体发展状况以及群体需求等内容，为党政部门进一步完善流动人口调控政策提供理论支撑和决策参考，为相关部门创新流动人口服务与管理工作提供路径指引。

（二）北京市非京籍流动青年的人口学特征

第一，年龄“年轻化”给北京市发展带来了较高的人口红利

调查数据显示，北京所有被调查青年的平均年龄为29.07岁。其中，迁入

① 京籍原住型是指拥有北京市居民户籍，且籍贯为北京的18~35岁青年。京籍迁入型是指拥有北京户籍，但籍贯为京外的18~35岁青年。流动型是指籍贯为外地，且没有拥有北京户籍的18~35岁青年。

青年的平均年龄（33.07 岁）最高，显著高于原住青年的平均年龄（27.9 岁）；流动青年平均年龄（29.05 岁）介于两者之间。80 后比例占总体的 72.1%，90 后占比为 27.9%。从三类青年的 90 后占比情况看，迁入青年仅占 9.4%，原住青年及流动青年所占比例则分别为 31.1%和 29.2%，年龄的年轻化程度明显高于迁入青年（见表 1）。这在一定程度上说明，流动青年的不断流入在整体上拉低了北京青年的年龄，呈现出年轻化的特征。

表 1　调研群体中三类青年年龄层次比较（%）（N=8596）

类别	85 前	85 后	95 前	95 后
京籍原住型青年	42.0	26.9	23.9	7.2
京籍迁入型青年	69.8	20.9	8.4	1.0
非京籍流动型青年	38.6	32.2	25.5	3.7
合计	42.7	29.4	23.3	4.5

一般来说，人口绝对数量下降会给地区经济发展带来负面影响，青年尤其是流动青年却有利于应对因政策调整带来的挑战，具有地区经济平稳运行所需人力资源的重要优势。从这个角度看，流动青年给北京市发展带来了新的人口红利，成为北京市发展的重要人力资源。

第二，文化程度总体一般，就读院校层次不高。从调查数据看，北京市青年的教育水平整体较高，本科及以上学历的青年合计占比为 37.4%。具体到各群体中，流动青年的文化程度整体一般，本科及以上学历的青年合计占比为 24.7%，明显低于原住青年（51.3%）和迁入青年（71.7%）。从北京市的整体教育水平看，流动青年中接受过初中及高中教育的人数比例高达 53.4%，还有 1.7%的流动青年仅有小学水平，整体教育水平一般，而其他两类青年中小学教育水平的比例均在 0.5%以下。从毕业高校所处地域看，有超过 85.4%的流动青年是在北京市以外的学校接受高等教育，在京内接受高等教育的比例不到 15%；迁入青年则呈现一半在京内就读、一半在京外就读的局面。从社会资本的角度看，迁入青年在北京就读一方面得到了较好的人力资本，同时积累了较高的社会资本，这些对于其融入北京城市生活进而获取北京户籍具有相当大的促进作用。从毕业高校的层次看，青年群体内部的差异较大。从整体来看，大多数青年就读的院校是“普通本科”（29.2%）或“大专”（16.7%），“985 高校”和“211 高校”占比均在 8%以下。从群体差异看，迁入青年就读“985 高校”（17.7%）或“211 高校”（21.8%）的比例最高，流动青年在“985 高校”或者

"211 高校"就读的比例分别为 2.1%和 5.1%。但从另一方面看，流动青年就读大专或职高院校比例较高（34.9%），表明他们有较好的职业技能，可以较快地转化为各领域的青年技能资源，也满足了城市发展对多样化劳动力的需求。从北京市"十三五"规划的发展重点来看，北京市要在"十三五"期间加快疏解非首都功能建设，进一步优化三产内部结构，形成"高精尖"经济结构，而"高精尖"经济结构离不开拥有高学历、高技能的优秀人才。因此，如何在保证人口红利的基础上，有效提升非京籍流动人口的教育水平，满足城市发展的需要是政策制定者需要考虑的问题。

第三，群众身份居多，党团员占比较低。从政治面貌看，作为群众的青年以 61.3%的比例占据青年群体中的绝对主体；从三类青年群体的情况看，非京籍流动青年中群众身份比例非常高，超过了 69.6%，原住青年与迁入青年中的比例分别为 44.1% 和 51.5%。从党员、团员身份看，流动青年的比例合计为 29.1%，比重相对较低，远低于原住青年（47.9%）和迁入青年（54.6%）。流动青年中的党团员比例较低，表明流动青年能够被政治组织覆盖、动员、服务和凝聚的难度更大，也预示着流动青年的组织意识、组织归属感相对较差，能够从党团组织中直接获益的空间相对较小。更重要的是，流动青年中党团员较低的现实，不利于团组织在体制外青年群体中开展相关工作以及发挥凝聚引领职能的实现。

第四，六成青年已组建家庭，二孩现象较为突出。有超过 65%的流动青年已经组建了自己的家庭，这一比例高于原住青年（53%），但低于迁入青年（77%）。该数据结果与三类青年的年龄分布相互吻合。流动青年即使尚未结婚，也有 15.2%的人处于未婚有男女朋友的恋爱状态。在生育子女的状况方面，被调查青年的整体生育比例为 50.2%。其中，流动青年的生育比例为 52.7%，低于迁入青年的生育比例（65.1%），高于原住青年的生育比例（40.7%）。进一步分析发现，流动青年有两个及以上孩子的比例合计为 13.8%，明显高于迁入青年（5.1%）和原住青年（2.0%）。可以看出，流动青年的子女数量显著高于其他群体，同时表明一旦获得了北京常住居民户口，就需要考虑各方面压力对青年家庭的影响。尽管国家出台了全面二孩的生育政策，但对于原住青年和迁入青年来说，这一政策的刺激效果相对较弱。

二、非京籍流动青年的社会流动和职业发展的现状和特征

（一）常住外来人口开始回落，2016年迎来流动人口双拐点

改革开放以来，北京市的城市公共交通、卫生医疗设施和教育设施等大大改善，城市容纳人口能力迅速提高，流动人口数量也不断升高。表2的数据显示，从2008年以来，北京市常住人口总量一直在增长，由17710万增至2016年的2172.9万，增加了401.9万，增长了22.7%；全市常住外来人口总量在2015年达到最高峰，为822.6万，比2008年增加了36.1万，增长了52.1%。可见，常住外来人口增长速度明显高于全区人口增长速度。从常住外来人口占常住人口的比重看，北京市在2014年达到峰值38.05%后迎来了拐点。2016年，北京市流动人口出现双拐点，常住外来人口总量和在常住人口中占比双双下降，增量增速均转为负增长，全区常住外来人口比2015年减少15.1万人，增速为-1.8%，占比继续下降，降幅为0.86个百分点。

表2　2008—2016年北京市常住外来人口发展变化情况

年　份	全市常住人口	全市常住外来人口	常住外来人口占常住人口的比重（%）
2008年	1771.0	541.1	30.55
2009年	1860.0	614.2	33.02
2010年	1961.9	704.7	35.92
2011年	2018.6	742.2	36.77
2012年	2069.3	773.8	37..39
2013年	2114.8	802.7	37.96
2014年	2151.6	818.7	38.05
2015年	2170.5	822.6	37.90
2016年	2172.9	807.5	37.16
2017年	2170.7	794.3	36.61

来源：北京统计局（http：//tjj.beijing.gov.cn/zt/rkjd/sdjd/201905/t20190517_143422.html）

北京市非京籍流动人口出现双拐点的局面，既是北京市非首都功能疏解各项措施推进的积极成果，也预示着北京市非京籍青年流动性面临的新环境和新挑战，更重要的是，维持流动人口双拐点的局面越来越难，越到后面流动人口

净流出的工作难度更大。根据北京市确定的2020年将常住人口规模控制在2300万人以内的目标，现在仅有不到130万人的空间，意味着北京在人口流动方面将出台更加严格的措施，这又会对非京籍流动青年的流动性和发展产生更大的影响。

（二）职业流动频率较高，职业类型的代际流动不明显

从自身的职业流动情况来看，非京籍流动青年的职业变动频率相对较高。数据显示，近三年，被调查群体中青年换过两次及以上工作的比例为27.6%。其中非京籍流动青年近三年内换两份及以上工作的比例为31.4%，显著高于迁入青年（16.7%）和原住青年（23.1%）。可见，流动青年的职业流动性较大，不但高于北京市全部青年的平均水平，同时与京籍原住型青年和京籍迁入型青年有一定差异。

从职业类型的代际流动看，三类青年群体中从事务工的人数比例均出现大幅下降。此外，流动青年与其父辈的职业相似性较高。以流动青年及其父辈的工作单位性质作为统计标准，图1、图2和图3的结果显示，流动青年与其父辈所在单位的相似度较高，其折线变化的方向和幅度基本一致。其中，流动青年中从事个体经营（个体户）的比例非常高，其父亲从事这一职业的人数比例也高于原住青年和迁入青年的比例；在其他单位性质上，流动青年代际之间的差异也要小于其他两类人群（见图3）。由此可见，流动青年职业类型的代际流动变化较小，在一定程度上呈现出“父子同业”现象，表明流动青年的代际流动并不明显。

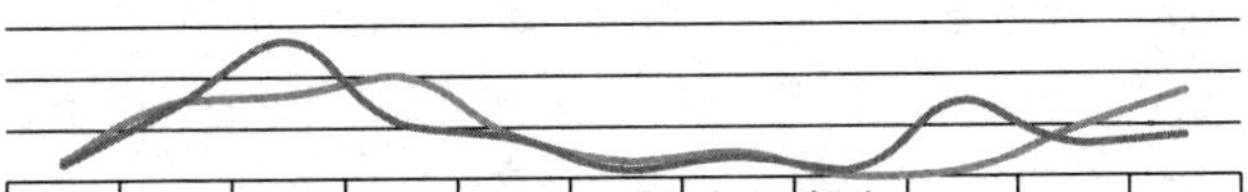

	党政机关	事业单位	国有企业	非公企业	个体经营	社会组织	自由职业	部队/武警	务农	无业	其他
—— 京籍原住型（青年）	4.1%	15.2%	16.5%	20.1%	8.4%	3.4%	5.0%	0.2%	1.2%	9.3%	16.6%
—— 京籍原住型（父辈）	3.3%	14.5%	27.0%	10.9%	8.0%	1.5%	4.1%	1.4%	14.8%	6.6%	7.9%

图1 京籍原住型青年与其父辈单位性质相似度折线图

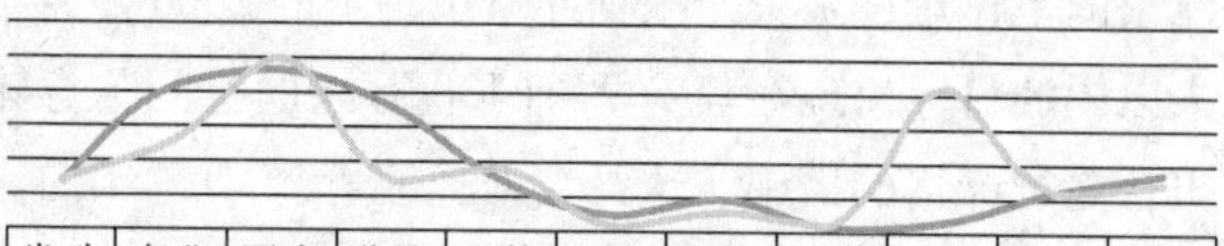

	党政机关	事业单位	国有企业	非公企业	个体经营	社会组织	自由职业	部队/武警	务农	无业	其他
京籍迁入型（青年）	7.0%	20.7%	23.2%	17.8%	7.4%	2.4%	4.7%	0.7%	1.6%	5.9%	8.6%
京籍迁入型（父辈）	7.1%	12.7%	24.8%	7.2%	8.9%	0.9%	2.8%	1.2%	20.9	6.1%	7.1%

图2　京籍迁入型青年与其父辈单位性质相似度折线图

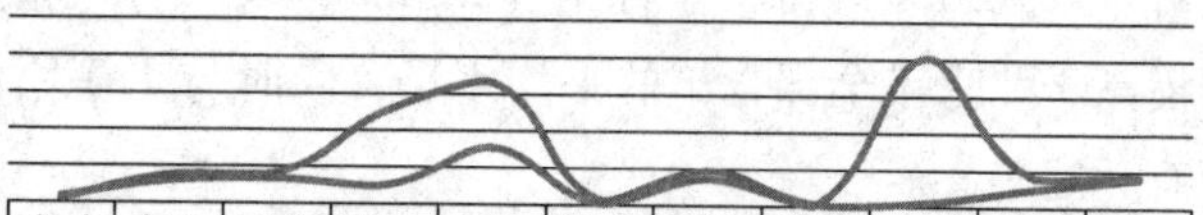

	党政机关	事业单位	国有企业	非公企业	个体经营	社会组织	自由职业	部队/武警	务农	无业	其他
非京籍流动型（青年）	1.0%	7.5%	8.2%	25.2%	33.1%	1.3%	9.5%	0.5%	1.0%	4.8%	7.8%
非京籍流动型（父辈）	1.6%	6.0%	6.7%	5.0%	15.5%	0.4%	7.2%	0.5%	40.4%	8.3%	8.5%

图3　流动青年与其父辈工作单位性质相似度折线图

（三）流动时间较长，就业成为流动主因，举家迁移现象凸显，离京意愿较低

从流动时间看，流动青年来京时间较长，超过5年的比例很高。其中，来京时间在3~5年的比例为22.7%，5~10年的为27.3%，超过10年的比例超过19.6%。可以看出，大部分流动青年在北京生活工作已有相当长时间，已经基本适应了北京的生活节奏和工作方式等。以北京作为流动目的地的主要原因，排在首位的是就业创业。其中，非京籍青年中流动到北京找工作的比例为59.1%，到北京创业的比例为17.1%，排在第三位的是继续自己的学业，而这一部分流动青年很大程度上会在完成学业后继续留在北京工作或生活。还有部分流动青年来到北京的原因是婚姻关系，这印证了大部分已婚流动青年与配偶一起在北京工作的主要结论；大量研究表明，伴随着流动青年进入了生育年龄，原有的单一流动的模式将会发生改变，举家迁移现象会更加凸显。

从流出北京的意愿看，流动青年在短时期内不会离开北京。尽管面临着北京新政对流动空间的收窄，流动人口面临着严重的挤出效应，但流动青年的强烈意愿仍是选择在北京工作与生活。调查结果显示，5年之内不离京的比例为39.4%，3年内离开北京的人数比例仅为6.8%，想一直在北京的非京籍流动青年比例为14.1%。流动青年在未来五年中仍然倾向于选择继续在北京工作、上学（31.1%）或者在北京创业（18.4%）。虽然国家提出了京津冀区域协同发展，但未来五年真正选择到其他两地发展的人数比例不足2%。此外，从北京市部分区县的对比来看，有些区县的非京籍青年流动频率相对较低，也会加深他们定居北京的意愿。数据显示，朝阳流动青年的职业变动平均数为1.22个，海淀流动青年的为1.08个，丰台流动青年的为1.06个。这说明政策的制定与政策的实际落地以及政策目标人群的实际认可之间，尚存一定的距离，需要相关部门在政策实施中持续发力。

（四）体制外就业占主体，体制内就业较少，个体经营及低端市场从业占比高

图4的数据显示，非京籍流动青年大多是在体制外工作（83.3%），明显高于原住青年（64.2%）和迁入青年（49.1%），其中在非公企业中工作的比例为25.2%，个体经营的比例高达33.1%。在三类青年中，迁入青年在体制内就业的比例最高，比例超过了半数以上（50.9%），而原住青年及非京籍流动青年的比例则分别为35.8%和16.7%。

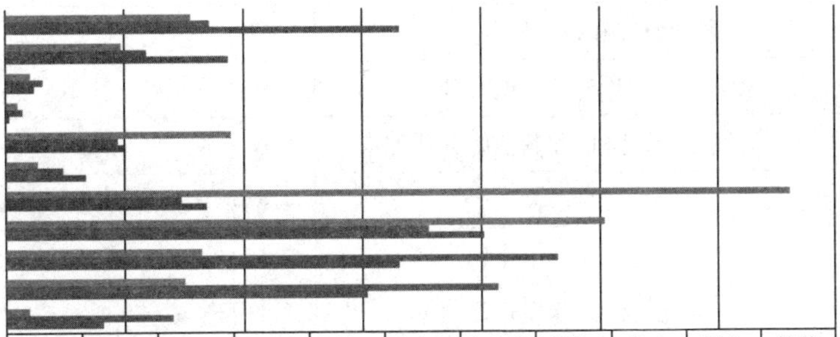

	党政机关	事业单位	国有企业	非公企业	个体经营	社会组织	自由职业	部队/武警	务农	无业	其他
■非京籍流动型	1.0%	7.5%	8.2%	25.2%	33.1%	1.3%	9.5%	0.5%	1.0%	4.8%	7.8%
■京籍迁入型	7.0%	20.7%	23.2%	17.8%	7.4%	2.4%	4.7%	0.7%	1.6%	5.9%	8.6%
■京籍原住型	4.1%	15.2%	16.5%	20.1%	8.4%	3.4%	5.0%	0.2%	1.2%	9.3%	16.6%

图4　北京市三类青年的工作单位类型对比图

从就业形态可以看出，个体经营相对自由，一般不需要很大的战略规划，并且由于个体经营就业形式的多样性、灵活性吸引了大批流动青年就业。此外，北京市以现代服务业为主的第三产业比例不断提高，也为流动青年在北京工作提供了良好的生存环境（见表3）。

表3 产业、行业所占生产总值比重及与流动青年所在行业比例（%）

产业及行业分类	比重	非京籍流动青年所占比重
第一产业	0.4	
第二产业	19.0	
第三产业	80.6	
农、林、牧、渔业	0.4	0.9
工业	15.3	10.0
建筑业	4.1	4.2
批发和零售业	8.9	16.1 ↑
交通运输、仓储和邮政业	4.3	3.9
住宿和餐饮业	1.5	11.7 ↑
信息传输、软件和信息技术服务业	11.3	9.9
金融业	16.6	2.2 ↓
房地产业	6.3	2.4
租赁和商务服务业	7.0	4.7
科学研究和技术服务业	10.2	2.2 ↓
水利、环境和公共设施管理业	0.9	—
居民服务、修理和其他服务业	0.6	—
教育	4.8	2.2
卫生和社会工作	2.5	3.1
文化、体育和娱乐业	2.1	2.1
公共管理、社会保障和社会组织	3.2	2.1
其他行业	—	22.3

资料来源：北京市统计局《北京市2017年国民经济和社会发展统计公报》；非京籍流动人口的数据为本课题自行搜集的数据（N=8596）。

从统计资料与调研数据的对比得知，非京籍流动青年所在行业以低技术含量和低附加值行业为主，具体表现在批发零售业（16.1%）和住宿餐饮业（11.7%）等。在金融业、科学研究和技术服务业、信息传输、软件和信息技术服务业等高新技术产业中，非京籍流动青年的比例则相对较低。分群体来看，原住青年与迁入青年主要从事的行业均是信息传输、软件和信息技术服务业，而批发零售业两者所占的比例则分别是5.3%和6.0%。这就表明三个不同青年群体的行业分布有着明显差异。近年来，北京市以疏解非首都功能为先导和突破口，提出解决北京“大城市病”、优化提升首都核心功能的系列措施，这些措施中就有“以业管人”的具体实施形式，也必将给非京籍青年的社会流动带来极大的直接影响。

（五）职业阶层分布相对均衡，工资收入整体不高

近年来，北京市的产业结构出现了比较明显的变化，多元化产业结构日趋明显。根据北京市“十三五”规划及城市规划的要求，北京市将大力发展高新技术、新兴金融、文化创意三大主导产业，全面打造“高精尖”经济结构，实现由“北京制造”向“北京创造”战略目标的成功转换。从调查数据看（见表4），流动青年的职业阶层分布相对均匀，流动青年中不乏单位负责人、中层管理人员，这两类阶层的比例共计为15.7%。其中流动青年中单位负责人的比例为5.5%，远高于原住青年（2.3%）和迁入青年的（1.4%）。造成这种局面的根本原因，主要与流动青年中相当多的人是个体经营户有关。在其他职业阶层上，这与其他两类青年之间没有很大的差异性。流动青年最大的阶层仍是普通办事人员，比例为25.6%，专业技术人员也超过了18.7%。

表4 北京市流动青年与其他两类青年职业阶层分布对比表（N=8596）

类别	单位负责人	中层管理人员	专业技术人员	办事人员	临时工	其他
原住青年	2.3%	9.8%	17.4%	37.2%	6.1%	27.1%
迁入青年	1.4%	16.3%	27.3%	33.8%	3.8%	17.4%
流动青年	5.5%	10.2%	18.4%	25.6%	15.2%	25.1%

《2014年度北京市社会平均工资》数据显示，2014年度北京市职工平均工资为77560元，月平均工资为6463元。本次调查结果显示：2014年北京市全部流动青年的平均工资为49261.52元，折合月工资为4105.13元，比北京全市的工资低了近36.48%，但与其他两类青年相比，流动青年的工资收入居于中间地位。其中，原住青年的平均月工资为3447.24元，迁入青年的平均月工资为5898.23元。此外，超过七成流动青年在每月的工资之外基本没有其他收入来源。在其他收入来源中，排在前三位的是投资各类金融产品（7.6%），兼职（8.5%），以及开网店、微店（5.5%）。虽然有这些额外的收入来源渠道，但可以看出这些渠道要么需要有原始投资资金，要么拥有一门技能等。但是，从流动青年的文化水平和工作类型看，他们的自有资金并不丰富，初高中水平的学

历也大多没有一技之长。由此可以推定，流动青年要适应北京生活就会面临较大的经济压力。

（六）社会风险防范意识不足，社保参与率较低

相比老一代流动人口，新生代流动青年的受教育水平较高，在城市中工作生活是为了追求更好的生活、享受现代城市带给他们的便利；权利意识逐步增强，对国家的基本公共服务提出了更高的要求。签订劳动合同是保障劳动者基本权益的重要手段，我国《劳动法》中明确规定，工作单位要按规定与劳动者签订劳动合同。但是，流动青年中有 30.5%的人没有签订过劳动合同，还有 3.0%的流动青年不知道是否签订了劳动合同。与原住青年（81.9%）和迁入青年（86.1%）相比，流动青年劳动合同签订率（66.5%）低出许多。从表 5 可以看出，流动青年的权益保障严重不足。这一方面与他们自主经营、缺乏劳动合同签订意识有关；同时，部分企业为了推卸企业社会责任，故意不与流动青年签订合同的行为也难辞其咎。此外，流动青年的带薪休假享有量要远远低于京籍原住青年。

表 5　北京市各类型青年的劳动合同签订及带薪休假状况

		您是否签订了劳动合同			您是否有带薪休假		
		是	否	不知道	是	否	不知道
群组	京籍原住型青年	81.9%	14.8%	3.3%	72.8%	22.8%	4.4%
	京籍迁入型青年	86.1%	13.0%	0.9%	80.3%	18.2%	1.5%
	非京籍流动青年	66.5%	30.5%	3.0%	52.5%	43.6%	3.9%

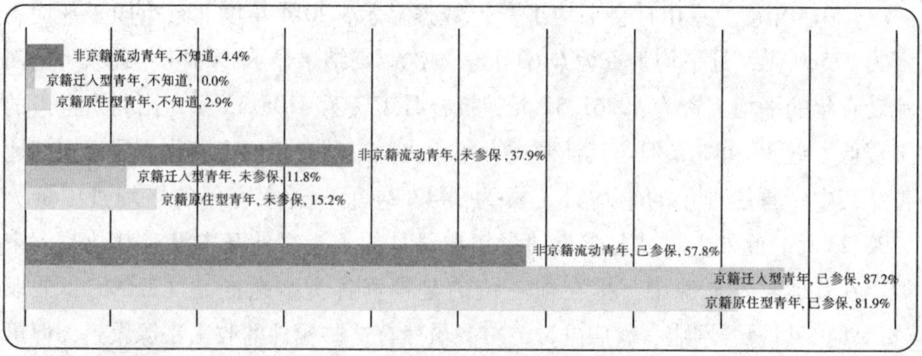

图 5　北京市三类青年社会保障参与情况对比

社会保障作为流动人口抵御社会风险的重要机制，对于个人在城市中的长远发展以及免除后顾之忧、安心工作与生活具有重要意义。调查发现，与权益保障情况相似，流动青年的社会保障参与率并不是很高，并且与京籍青年之间存在着不小的差距。在“五险”方面，流动青年群体的社会保障参与率均在60%以下，而两类京籍青年的社会保障参与率均在80%以上，比流动青年高出了近30个百分点。可见流动青年的社会保障情况并不好，在现在风险社会背景下，缺少社会保障很容易使该群体暴露在社会风险之中。

（七）职业提升动力一般，对未来发展有良好预期

数据显示，流动青年的职业提升动力整体上弱于原住青年和迁入青年，迁入型青年的职业提升动力最充足，也更愿意给自己“充电”。流动青年参加工作后，自学新知识、新业务技能的比例为53.9%，原住青年和迁入青年的比例分别为53.8%和67.5%。由于工作性质，流动青年中参与短期培训的比例（45.9%）也低于其他两类人群。此外，流动青年对耗时较长的继续教育方面没有太大兴趣，比例仅为18.9%，与其他两类群体存在显著的差异性。在对公司外派京外工作的态度上，三类青年都比较看重待遇（原住青年为46.5%、迁入青年为45.0%、流动青年为63.3%），但流动青年愿意外出的比例明显高于京籍原住青年和迁入青年。这也进一步验证了流动青年流动性的特征以及外出以改善经济收入为主的研究结论。虽然流动青年的职业提升动力不足，但并不妨碍他们对未来生活有着良好的预期。流动青年同意及非常同意自己家庭会过得越来越好的比例合计为83.9%，认为自己也会过得越来越好的比例高达84.1%，这与原住青年和迁入青年的未来预期大致相同。这表明，虽然目前的生活与工作存在着一定困难，但北京市流动青年对自己未来的发展还是抱有极大的信心。

三、非京籍流动青年的城市认同和社会交往的现状与特征

（一）城市认同感一般，社会阶层自我定位不高

调查显示，流动青年对北京市的城市认同感要比其他两类群体的认同感低。数据表明，非常喜欢北京市的流动青年只有13.6%，原住青年的比例却占到整个群体的一半左右（49.6%），迁入青年的比例也接近30%。虽然有56.3%的流动青年认为北京市要比其他城市好，尤其是比其他城市有“文化底蕴”，但这并不代表他们就对北京市的认同度高。其中最深刻的原因，一方面在于流动青年从内心就认同“北京是‘北京人’的北京”这一说法（30.0%），另一方面，北京原住青年也存在一定的排外情绪。调查显示，北京原住青年非常认同和比

较认同“北京是‘北京人’的北京”这一说法的比例整体上高于认同“北京是全国人的北京”这一说法（见图6）。

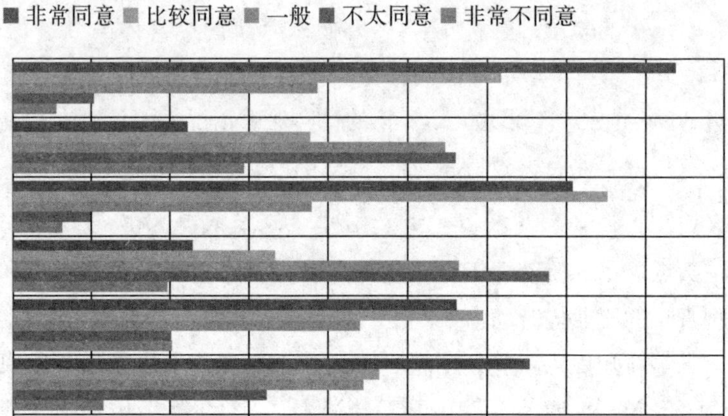

	原住青年		迁入青年		流动青年	
	北京是北京人的北京	北京是全国人民的北京	北京是北京人的北京	北京是全国人民的北京	北京是北京人的北京	北京是全国人民的北京
非常同意	32.7%	28.1%	11.4%	35.4%	11.1%	41.9%
比较同意	23.2%	29.7%	16.6%	37.6%	18.9%	30.9%
一般	22.2%	22.0%	28.2%	19.0%	27.3%	19.3%
不太同意	16.1%	10.1%	33.9%	5.0%	28.0%	5.2%
非常不同意	5.8%	10.1%	9.8%	3.1%	14.7%	2.8%

图6　三类青年对北京城定位的认知情况对比

从社会阶层的自我定位看，流动青年的自身定位相对较低。具体来说，他们认为北京市虽然很好，但北京更多是一个“宜业”不宜居的城市，从图7中的数据可以看出，流动青年虽然认同北京市的文化和城市发展状况，但他们更多的是以一个局外人的身份去看待北京，他们中许多人认识自己只是北京市的过客或暂时寄居北京，相当一部分人认为自己生活在社会的底层。大多数非京籍流动青年认为自己在北京市处在社会的中下层或者下层，尤其是感觉自己处在下层的流动青年比例（23.9%），差不多是迁入青年和原住青年比例的总和。

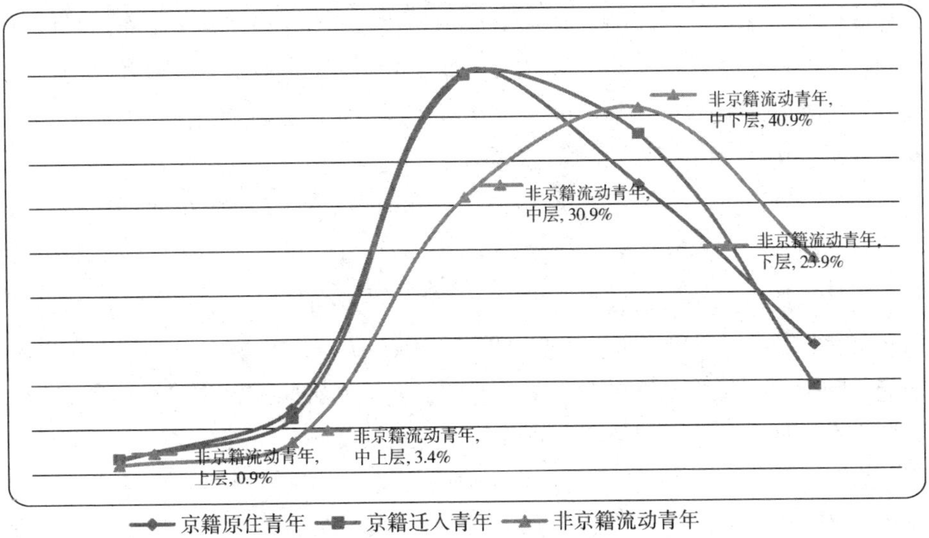

图 7 流动青年与其他两类青年社会阶层的自我认知对比

（二）对北京各方面的评价整体一般，对工作发展环境的评价优于对人居环境及社会地位的评价

在对被调研北京各类青年个人发展环境的主观评价调查方面，本文从经济、社会地位、教育机会、工作环境、居住环境以及民主权利等进行了分析。结果显示，三类青年对北京市各方面的评价整体一般（均值为 3.21 分，满分为 5 分）。在分群体方面的评价中，迁入青年对北京市的各方面的评价最高（$M_{迁入}$ = 3.53 分），其次是流动青年（$M_{流动}$ = 3.23 分），排在最后的是原住青年，该群体对北京发展环境的主观评价分值为 3.14 分。

表 6 三类青年对北京市发展环境的主观评价对比表

	经济收入	社会地位	教育机会	工作稳定	工作前景	社会福利	人居环境	工作环境	民主权利	总体评价
京籍原住民	2.77	2.94	3.23	3.25	3.09	3.08	2.86	3.22	3.13	3.14
京籍迁入型	2.91	3.10	3.43	3.51	3.27	3.28	2.89	3.38	3.36	3.35
非京籍流动青年	3.04	2.97	3.05	3.26	3.20	2.99	2.91	3.32	3.16	3.23
整体	2.94	2.97	3.15	3.28	3.17	3.05	2.89	3.29	3.17	3.21

注：主观评价分值共有 5 个分值，1 分为最低分，5 分为最高分。

在各分维度方面，各类青年对北京市的工作发展满意度最高，这其中包括工作稳定性、工作前景和工作环境，他们对社会地位、人居环境以及经济收入的满意度最低（见表6）。在流动青年看来，他们对工作稳定性、工作前景以及工作环境的得分分别为3.26、3.20和3.32，但人居环境（2.91）以及社会地位（2.97）的打分均较低。这从侧面反映了青年留居北京更多是因为工作，尤其是看重北京工作环境以及工作的稳定性等。

（三）对政策的认可存在选择性，有损自身利益的政策认可度偏低

政策的制定与出台是各种利益集团博弈的结果，任何一个政策都有可能给某些成员或某些方面带来利益损失。流动青年作为北京市常住人口的一部分，为北京发展做出了积极贡献。北京市落实党中央关于京津冀协同发展和非首都功能疏解相关决议的政策措施，在一定程度上必然影响流动青年的生存发展。调查显示（见表7），流动青年比较认可当前北京市出台的诸多政策。比如，大部分流动青年支持行政事业单位搬迁至通州政策、支持空气污染协同治理政策、支持北京市积分落户政策、支持棚户区改造政策，等等。但在涉及他们自身利益的政策上，流动青年则比其他两类青年表现出一定的消极态度。比如，有相当一部分人不太支持户籍地高考政策、小客车摇号政策以及批发市场关停政策。因为这些政策与他们的工作、生活以及子女教育等密切相关。由于流动青年较多从事个体经营，区域性批发市场对于支持他们在北京发展具有很重要的作用。关停批发市场、进行小客车摇号，势必会影响到他们的生计。此外，大部分流动青年已经有了子女，子女教育已经成为他们除了工作之外最重要的事情，他们尤其关注教育公平，户籍地高考政策的实施无疑遭到他们的强烈反对。

表7　非京籍流动青年对北京市相关政策的态度

项目	非常不同意	不太同意	一般	比较同意	非常同意	我不关心
行政单位搬通州	1.1%	5.7%	31.1%	28.4%	21.3%	12.4%
空气污染协同治理	1.0%	1.9%	13.4%	27.5%	53.5%	2.6%
户籍地高考政策	8.1%	10.1%	26.9%	23.1%	26.5%	5.2%
主城区人口疏解	1.5%	4.4%	29.2%	31.2%	28.3%	5.5%
小客车摇号政策	8.0%	9.6%	28.6%	24.5%	22.5%	6.8%
单双号限行	4.8%	7.8%	21.3%	27.9%	33.6%	4.7%
积分落户政策	3.6%	6.1%	27.1%	28.3%	28.6%	6.3%
批发市场关停	6.9%	16.2%	33.4%	19.4%	16.3%	7.9%
棚户区改造	1.3%	3.3%	28.7%	27.7%	29.1%	9.8%

值得注意的是，在关停批发市场这一项政策上，京籍原住青年非常不同意的比例比流动青年还高。数据显示，原住青年非常不同意关停批发市场的比例为10.3%，而流动青年为6.9%、迁入青年的比例为4.7%。造成这一结果的原因有可能批发市场对于满足原住市民日常需求具有很大的便利性。同时，从原住青年的角度来看，从批发市场中购买物品已经成为一种习惯，批发市场的关停对于重塑新的习惯也是一个挑战。由此可以看出，虽然流入地居民与流入人群两者存在着一定的利益冲突，但两者在城市中更多的是共存关系。

（四）“朋友圈”以亲缘、业缘为主，交往呈现“内倾性”问题

当前，“朋友圈”已经成为青年比较熟悉的一种社交工具，其实质就是社会交往活动在网络媒介上的延伸与发展。流动青年的“朋友圈”相对较窄。调查结果显示，流动青年的“朋友圈”主要集中在亲人（19.3%）、老乡（22.8%）以及同事（36.4%）群体之间，与其他群体的交往活动相对较少。也就是说，流动青年“朋友圈”主要是以亲缘和业缘建立起来的。这与原住青年和迁入青年的情况有些不同。原住青年中除了亲缘之外，“学缘”（38.0%）是他们构建朋友圈的重要途径。迁入青年中以地缘为中心的朋友圈并不多，仅为4.1%，其他交往群体的比重则相对平均。

总体上来看，虽然流动青年相比老一代流动人口中的交往“内倾性”问题有一定弱化，但流动青年还是选择那些与自己社会关系较近或社会地位相似的群体进行交往，如老乡、同事等。这一问题在迁入型青年虽然有所体现，但两者略微不同。数据显示，迁入青年中交往最多的除了同事之外（34.4%），家人及亲戚是他们交往的重点（31.6%），这与流动青年是有一定区别的。可能的原因是，迁入青年的整体年龄高于流动青年，且他们经济收入比较好，已经形成了举家迁移的态势，并且这部分青年在北京工作更多的是凭借自身的专业技能或学识水平等，老乡在帮助其获得北京户口时的作用相对较小，使得他们更愿意选择家庭内交往。流动青年受制于制度因素和经济压力的制约，还停留在个人迁移或核心家庭的迁移模式。地缘群体在其进入城市时发生的社会网络和社会支持作用，使得他们还是会将老乡作为社会交往的重要对象。数据还显示，大部分的流动青年在北京大约有五个比较好的朋友，但是这些人中是原住民的只有不到两人，可见该群体与拥有本地户籍的北京市民接触不多。从社会融合的角度来看，社会交往的“内倾性”延缓了流动青年对流入地风俗和习惯的了解速度。长时间不与本地青年进行接触，容易导致群体间的疏离感，造成事实上的社会隔离状态。

（五）社会交往主动性有所改善但仍需提高，社会距离感明显

从某种意义上来说，社会交往实际上是一个交换的过程，不仅仅是被动地接受，个体的主动性更加重要。调查结果显示，流动青年社会交往的主动性虽然有一定改善，但总体看来还是相对较差。以婚恋情况为例，大部分流动青年的恋人或者配偶是由别人介绍认识的，这一比例超过了48.1%，其中由家人亲友介绍的比例为13.7%，通过自己主动接触异性的比例为37.1%，这还要剔除由单位或者各类组织专门举办的联谊活动或兴趣小组。这就充分说明流动青年的社会交往主动性有待提高。通过后续的访谈发现，造成该问题的原因是多方面的，不但有个人性格的原因，缺少交往平台、交往环境、交往机会也是重要原因。

流动人口的社会融合是分阶段的，首先是经济融合，这是融合的基础；其次是社会融合，体现在流动人口与社会环境的互动；最后是心理融合，也最难达到和实现。三者相互递进、相辅相成。流动青年社会归属感相对较低，心理融合状况不太理想，甚至有一部分人存在着“北京只是‘北京人’的北京”的消极心态。在对流动的社会距离的主观调查中发现，接近20%的流动青年认为北京原住居民对外地人很排斥，表明他们的社会距离感明显。

（六）社交新媒体使用频繁，在工作群和同学群中活跃度较高

随着社会的进步以及科技的发展，人们的交往方式已经发生了巨大变化，交往方式的改变突破了时间和空间上的限制，拉近了人们之间的感情和距离。调查结果表明（见图8），流动青年与原住青年、迁入青年相比，他们在交往方式的选择上没有显著性差异，都是以电话和网络社交工具为主，其中流动青年使用电话比例为44.5%，社交软件中微信的使用率（44.1%）比较高，已经远远超过了传统的短信（1.5%）、QQ（8.5%）、论坛等社交途径。在对北京青年比较活跃的网络群的调研中发现，不同圈层在总体相同的背景下，存在着一定的差异性。流动青年则更愿意在同乡群中发表言论、分享见闻，等等。

四、非京籍流动青年的生活质量和家庭责任的现状与特征

（一）政治情感及价值观相对较好，功用和享乐主义思想存在

北京青年的政治情感相对较好，积极拥护党的领导。从分群体看，原住青年、迁入青年与流动青年在对党的政治情感上并没有显著差异。青年普遍认可中国共产党在国家建立、民族复兴以及提升国际影响力上的重要作用。有超过90%的流动青年同意“没有共产党就没有新中国”的说法，还有八成以上的流

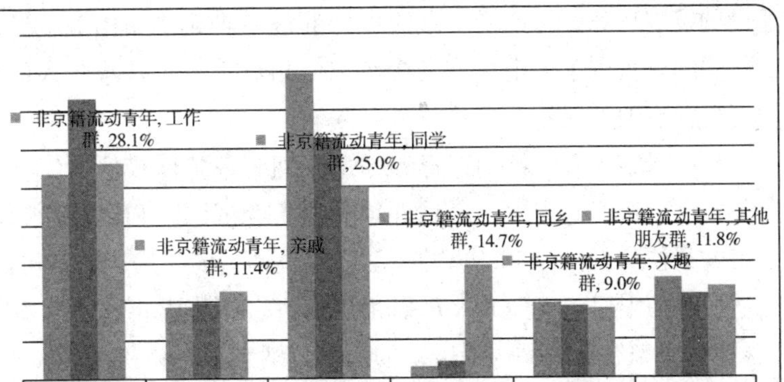

	工作群	亲戚群	同学群	同乡群	兴趣群	其他朋友群
京籍原住青年	26.8%	9.3%	39.8%	1.4%	9.7%	13.0%
京籍迁入青年	36.5%	9.8%	31.4%	2.1%	9.3%	10.9%
非京籍流动青年	28.1%	11.4%	25.0%	14.7%	9.0%	11.8%

图 8　北京三类青年在网络社交群中的活跃度对比图

动青年认为“共产党一定能够带领中国走向强大”。

在价值观的认知上，北京青年的价值观积极向上，与国家提倡的主流价值观同步，他们大多具有良好的奉献精神、奋斗精神、志愿意识和规则意识。具体到各分群体上，迁入青年的价值观念最好，在各个方面都优于原住青年和流动青年。流动青年在奋斗精神及奉献精神方面要好于原住青年，但在规则意识方面要比原住青年稍差。

北京青年价值观存在一些不良态势，主要表现为大多数青年存在一定的功用主义、实用主义和享乐主义思想。数据显示，超过 51.1%的青年认为“个人的成功得靠‘背景’”，其中，原住青年（52.8%）和流动青年（50.6%）对这一问题的赞同比例较高。如果任由这一不良态势的长期存在，很容易造成社会阶层固化，影响社会流动的公平性。此外，76.2%的青年认为“快乐最重要，没必要活得太辛苦”，相比其他两个群体，流动青年对此的赞同度较低（73.8%），并且低于平均水平。

（二）置业比例较低，住房面积偏小

北京市作为北方乃至全国的特大型城市，吸引了大量的流动人口。由于城市人口承载量有限，居住成为比较大的问题。“十二五”期间，北京市加强政策统筹、着力推动城乡一体化发展。五年来，开展了保障性住房建设、棚户区改造、老旧小区综合整治等多项活动，并取得了一定的成绩。北京市“十三五”规划提出，要进一步完善基本住房制度和保障房供应体系，加强公共租赁住房

建设的发展任务。可以说，顶层设计的进一步完善和相关政策的推行，使青年的住房问题得到了一定程度的缓解，但相对于青年基数较大的现状，住房仍然困扰着他们的发展。

从调研结果看，被调查青年中房屋拥有率整体较低，仅有21.8%的青年置办了自己的房产。其中，流动青年受制于经济因素和体制原因，大多没有在北京市购买住房，仅有12.9%的流动青年置办了商品房，2.7%的流动青年自购了经适房或两限房，其他人大都以租房为主。原住青年和迁入青年的拥有自购房（含商品房和经适房、两限房）的比例分别为40.4%和52.8%。流动青年租住楼房（独租和合租）的比例合计为25.9%，租住平房（独租与合租）的比例为32.3%。在住房面积上，超过60%的流动青年住房面积是相对紧张的，其中居住在10~19平方米空间的流动青年最多，大约有36.4%，其次是住房面积在5~9平方米的人数比例（20.4%），居住在20~29平方米的比例为19.8%。在其他两类群体中，居住在5~9平方米的人数比例均不到7%。原住青年和迁入青年住房面积在20~49平方米的比例分别为33.7%和30.7%。从以上对比可以看出，流动青年的住房空间较小，居住条件相对较苦。

（三）生活质量相对不高，个体发展型支出偏低

生活质量是衡量个体对自身发展及各方面满足程度的重要指标。从调研结果看，流动青年的生活质量相对较低。对流动青年支出结构的分析显示（见图9），基本生活支出的比重最高，其次是子女教育支出，最后才是发展型支出。在基础型日常支出中，房租以及饮食的比例最高，分别为44.8%和14.0%。在进一步的房租消费调查中，流动青年每月的房贷支出在500~999元区间的最多，比例为23.1%。对比该群体的月工资（月均4105.13元），房租占到了四分之一，可见他们的生活压力较大。近年来北京房租一涨再涨，流动人口不得不选择不断更换居住地点来减轻自己的生活负担。数据显示，48.3%的流动青年来到北京之后，已经搬家1次或2次。

从支出情况来看，流动青年的基础型日常支出最高（65.1%），发展型支出最低（17.4%），他们用于参加培训学习、社交应酬、娱乐、上网等消费的支出均在6%以下。原住青年的发展型支出最高（34.7%），其中社交应酬、外出旅游是支出主要项目。迁入青年则在子女教育等家庭责任上的支出较高。由此可见，流动青年的消费水平仍然处在基础型日常支出阶段，发展型消费支出的比例不高，其生活质量整体上相对较低。

（四）闲暇时间为生活及工作所占据，网络成为重要的消遣途径

在闲暇时间安排上网、看电视以及教育子女成为北京流动青年在闲暇时间

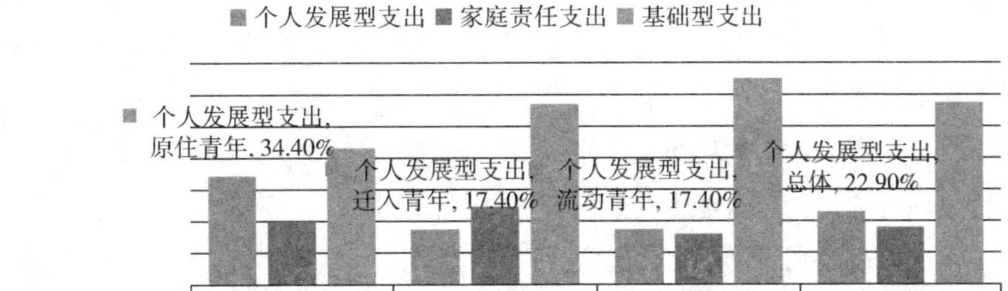

	原住青年	迁入青年	流动青年	总体
个人发展型支出	34.40%	17.40%	17.40%	22.90%
家庭责任支出	19.90%	24.50%	15.80%	18.00%
基础型支出	43.10%	57.00%	65.10%	57.40%

图 9 流动青年与原住青年、迁入青年的主要支出对比

的重要活动。数据表明，流动青年除了上网（29. 0%）、教育子女（15. 9%）之外，他们闲暇时间仍旧是工作（15. 9%）。这一现象在其他群体中也普遍存在，但在比例分布上存在着一定的群体差异性。具体来说，京籍迁入青年更加重视子女教育或照顾子女、做家务，比例超过了原住青年和流动青年的比例总和，而原住青年中社交、找朋友的比例则高于迁入青年和流动青年。这说明，目前三类青年在发展和成长过程中面临的问题是不一样的。

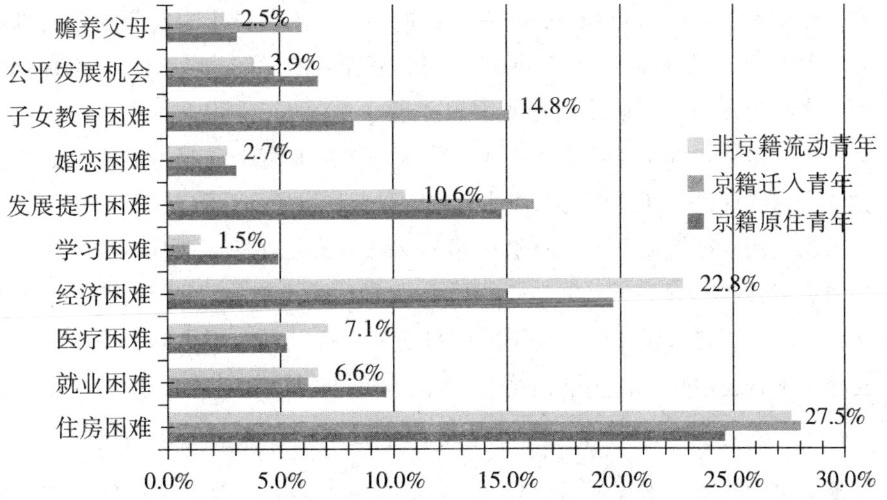

图 10 非京籍流动青年与原住青年、迁入青年所面临的困难对比

进一步分析发现，住房问题与子女教育问题是京籍迁入青年和非京籍流动青年共同面临的主要问题，京籍原住青年虽然也有这方面的压力，但通过该群体的住房压力更多是改善居住环境的需求。在经济困难方面，非京籍流动青年与京籍原住青年面临的压力相对较大，而京籍迁入型青年的经济压力则相对较小。在发展提升方面的困难上，非京籍流动青年面临的压力则相对较小，究其原因是该群体提升自身能力的意愿较低（见图10）。

本次调查发现，网络已经渗透到青年群体生活、工作的方方面面，新兴媒体已经成为流动青年获取信息的重要渠道，总体来说，传统媒体已经落后于新兴媒体。数据显示，26.0%的流动青年使用微信作为自己获取社会新闻的途径，其次是新浪等门户网站（30.6%），采用广播、报纸、电视等途径获取社会新闻的人数比例不到25%。流动青年使用网络的主要目的，是工作、获取资讯以及闲暇时消遣。其中，有20.6%的流动青年使用网络的目的是因为工作，有30.0%的人认为自己使用网络的目的是获取新闻信息，购买生活用品，等等。可见，网络已经成为流动青年闲暇消遣娱乐的重要方式。

（五）与父母同住现象不多，父母在京养老的比例低

从世代更替的角度看，流动青年的父母多数已经进入老龄化阶段，他们父母的养老问题已被提上议事日程。在青年群体是否让父母到北京养老的回答上，迁入青年与流动型青年的回答呈现出较明显的差异。从调查数据看，迁入青年与流动青年与父母同吃同住的比例均不算太高，其中迁入青年的比例为26.0%左右，流动青年的比例为12.1%左右。数据显示，流动青年明确表示其父母会在北京养老的比例为12.8%，表示不会到北京养老的比例为42.3%，还有45%的流动青年现在还不能确定父母到哪里养老（见图11）。由此可见，除了原住青年，不管是迁入青年还是流动青年，将父母接到北京来一起生活的比例并不是太高，这或许是与在北京的工作压力太大以及住房条件有限有关。

数据表明，虽然流动青年首选的赡养父母方式是在一起居住（66.9%）或是在附近买（租）套房子（9.1%）照顾，但他们明确表示其父母会来北京养老的比例却较低。之所以如此，是跟他们目前的身份归属有很大的关系，因为流动青年目前普遍存在“留不下的城市、回不去的农村”的矛盾心态。

（六）流动青年半数以上育有子女，但二孩生育意愿并不明显

随着全面放开二孩政策的推行与实施，人口与经济、社会资源的关系引起了各界的关注。调查发现，流动青年中有超过52%的人育有1个或者2个子女，低于迁入青年，高于原住青年。但在二孩的生育意愿上，流动青年回答准备生二孩的比例（27.7%），比原住青年高出6个百分点。从宏观上看，流动青年的

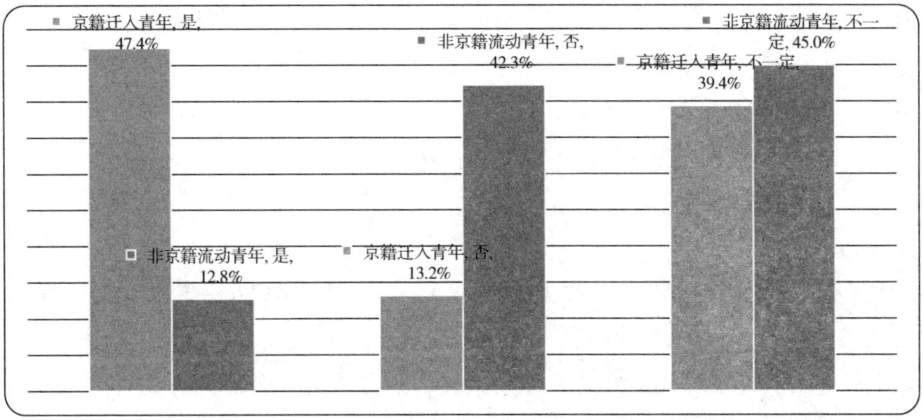

图 11 京籍迁入与流动青年在父母养老问题的态度

生育意愿并不明显，一方面可能是因为部分流动青年的年龄较小，并未考虑生育的问题；另一方面可能是因为流动青年感到生活成本较高而打消了生育二孩的念头；还有可能是因为很多流动青年已经生育了第二个孩子，如果再生育就违反了人口政策的相关规定。

（七）对子女教育期望及教育投入较高，但教育公平很难实现

总体来看，被调研的北京青年对子女的教育水平具有较高的期望值，希望子女就读本科及以上层次的青年合计占比 45.3%。具体来看，迁入青年对子女出国（境）念大学的期望较高（17.4%），并且更多希望子女能够读到硕士及以上学位（23.1%）。流动青年对子女读完本科教育表现出较高期待（28.4%）。为了让孩子能够接受更好的教育，北京青年的教育投入意识比较强烈。三类青年群体均表示，“让孩子自主学习，家长会保证必要的教育支出”。但在具体的做法方面，三类群体表现出了各自不同的教育投入和教育支持方式。其中，原住青年更多的教育投入是给孩子“报兴趣班或请家教”（11.0%）；迁入青年采用这一方式的比例与之相差不大，也超过 10%。除此之外，迁入青年采用的教育投入是购买学区房（8.1%）；流动青年在保证必要的教育支出之外，对子女教育更多采用的是“无为而治”，即“不对孩子做更多支持，顺其自然”（16.2%）。之所以呈现这一差异，可能跟不同青年群体的经济状况、教育理念以及个人经历有关。

当前，关于非本地户籍的流动青年的子女教育，各地采用的是国家于 2001 年发布的“两为主”教育政策，即“以流入地区政府管理为主，以全日制公办中小学为主”来解决流动儿童的教育问题。但由于这一政策只规定了义务教育

阶段的教育，之后的高中教育以及高考就必须回到户籍所在地进行。调查结果显示，虽然近五年内流动青年留京意愿强烈，但子女无法在北京继续上学问题成为困扰他们的第三大问题，也正因为如此，很多流动人口家庭被迫选择离开北京。近年来北京市等地开始推行异地高考政策，对流动随迁子女开放了一部分在京参加高等职业学校招生考试资格，对流动青年家庭的整体发展是一个较大的利好。

（八）对共青团作用认可度一般，对团组织活动参与热情较高，学习及公益类的活动需求较大

共青团与青年的成长与发展密切相关，共青团通过开展和组织各种活动积极引导和帮助青年。从分群体来看，青年对共青团的了解程度存在群体差异。具体来说，迁入青年对共青团的了解程度最好，流动青年的了解程度最差。有三成的（30.0%）的流动青年不知道自己的学校或者单位中是否有共青团组织，迁入青年不知道自己所在单位是否有青年团的比例仅为13.4%。这说明迁入青年对共青团的认知情况要好于流动青年。在对共青团的认可度上，大部分青年均比较认可，普遍认为共青团在自身成长中的发挥比较大的作用。其中，迁入青年对共青团的作用认可度最高（49.2%），其次是原住青年（46.2%），流动青年对共青团的作用感知度（33.8%）要低于其他两个群体。另外，有超过21%的流动青年认为在自己成长过程中，共青团起到的作用不那么重要。

流动青年对共青团组织的活动参与热情比较高，不管是在单位还是在社区中，他们都很乐意参加相关活动，但在比例分配上略低于其他两群体。尤其是说不清的比例上，流动青年均在20%以上，并且呈现出单位活动活动参与度高、社区活动参与度低的特征。这可能一方面是流动青年工作性质中单位化程度较低，他们很多是个体经营，不受单位制度的约束。另一方面，相比社区，单位的组织化程度更高，参加活动对于在组织内构建良好的人际关系、形成职业声望都有促进作用，但在社区内这种作用则相对较少。从迁入青年和原住青年在单位活动参与度及社区活动参与度的对比方面也可以印证这一结论。

流动青年对各类服务都比较喜欢，并且在参与活动的规模上呈现出“倒U形”趋势。调查显示，流动青年喜欢参加10~19人规模活动的人群比例最高（34.3%）。从服务类型上来看，流动青年对学习培训类（26.8%）以及志愿公益类（14.4%）服务的喜爱程度要高于其他服务，与原住青年和迁入青年表现出极大的相似性。

五、促进非京籍流动青年发展的政策建议

(一) 抓住人口双拐点机遇期,反向利用“推拉理论”做好流动青年流迁工作

现代推拉理论认为,人口迁移或流动的因素除了经济收入之外,还受到职业发展、生活状况的提高、子女教育以及社会环境等因素的影响。具体来说,有利于改善生活条件的因素成为促使人口流动的拉力,而流出地不利的生活条件就是推力。人口流动是由拉力、推力、中间障碍三因素综合作用的结果。数据显示,2016 年北京市的外来常住人口及在全市常住人口中比例出现了增量、增速下降的双拐点,这既是北京市非首都功能疏解各项措施推进的积极成果,也预示着非京籍青年流动性面临的新环境和新挑战。因此,北京市各部门应该抓住人口双拐点的重要机遇期,有效利用“推拉理论”,按照北京市“十三五”规划提出的各项工作要求,更好地服务好区域经济社会发展大局,做好流动青年的流迁工作,加大对不同青年群体的调研,分类做好城乡青年在流动与迁移过程中的思想引领、政策宣教等工作。

根据推拉理论,目前流动青年从北京转移到其他城市或地区,很明显是不符合该理论的内涵,是一种与推拉理论明确流动方向截然相反的走向。但是,从城市发展实际看,流动青年从北京向外流出的现实,却是坚持和强化首都全国“政治中心、文化中心、国际交往中心、科技创新中心”的首都核心功能的必然结果。北京市的人口调控政策必须实施并切实取得效果。因此,各级政府以及群团组织应该结合自身工作职责来积极落实这一政策。从具体工作看,相关部门应该尽快成立“流动青年迁移工作小组”,反向利用推拉理论,运用科学的调查研究方法,对流动青年开展实地调研,进行“登名造册”,了解流动青年的流动意愿强烈程度,积极探索出制约流动青年流出的主要因素,找寻共性和个性,为工作的顺利开展奠定基础。政府部门一方面对需要疏解的流动人口做到柔性“助推”,使该群体迁出北京或积极提升其自身能力,另一方面还要积极帮助对接城市或地区增大对流动青年的“拉力”,促使该群体在北京“留得住”“干得好”“活得美”,又能在新的流入地“进得去”“有机遇”“创新绩”。

具体来说,对于已经流出北京市的青年,可以借助群团组织的力量对其进行经常性的回访与帮扶,了解实际困难,使其在现流入地更好地生活与工作;可以把那些在流入地获得较好发展流动青年的现状和发展经验等信息,及时传递给仍然留存北京的有迁移打算或者尚无迁移打算的流动青年,帮助他们认清形势并产生触动;或者邀请在新流入地获得较好发展的流动青年回到北京市流

动青年聚集地开展宣讲活动，发挥已流出青年的政治优势。对于有迁移打算的流动青年，政府部门要主动联系，帮助他们建立相关的兴趣爱好组织以增强组织性和社会凝聚。要与迁入地政府部门做好青年工作的转移续接，让流动青年时刻感受到组织的温暖与关爱。相关部门要发挥北京的政治、经济优势，整合相关资源，帮助地方政府提升接纳流动青年的能力，积极做好转移接续工作。对于没有迁出打算的青年，政府部门不可采取强硬措施，必须尊重其流动意愿；完善直接联系青年机制，做好这些青年的联系工作和服务工作，推动相关部门走进青年、融入青年，要带着具体任务到基层，集中精力解决现实问题、推动实际工作。重点依托城乡社区，发挥社区青年汇的作用，对流动青年群体和相应社会组织实施网格化、属地化联系服务。政府部门要加大政策宣传，不仅仅是北京市疏解人口政策的宣传，告知流动青年这一政策是短时期不可逆转的，是有利于北京市长远发展的经济、社会政策；还要加大对各流出地就业、子女教育、生活设置等优惠政策宣传力度，借此来增强流动青年的迁出意愿。

（二）继续实施青年人才培养工程，多渠道提升流动青年的职业技能

北京市“十三五”规划提出，在发展质量和效益不断提高的基础上，继续调整产业结构，增强经济内生增长动力，形成“高精尖”经济结构，加强全国科技创新中心建设，大力推进以科技为核心的全面创新，加快实现发展动力转换。经济结构的转变离不开青年高端人才的积极贡献。但是，当前流动青年的教育水平及职业技能水平，都很难满足北京市“十三五”规划的需求。这就要求政府相关部门需要继续实施青年人才工作，创新工作途径，多渠道提升流动青年的职业技能。针对流动青年就业创业问题，依托建立青年创业孵化阵地，建立健全政策咨询、信息服务和跟踪帮扶机制，动员社会力量引导流动青年理性创业；开展“青春创业导师”项目，举办青年创业大赛等活动，做好优秀创新创业人才的选拔、培养和激励；还可以结合人口调控的大背景，鼓励农村流动青年回乡创业致富，并对返乡农村创业青年进行专门的辅导与培训。

（三）紧密结合青年需求，制订合理的工作方案，提升流动青年工作生活质量

经济社会结构的深刻变革和科学技术的迅猛发展带来青年聚集方式、利益诉求和思想状况的多元化，引发了青年群体特征和需求的新变化。要做好流动青年工作，政府相关部门和群团组织就要着力转变作风，走出机关大院、深入基层一线，认真调研区域内各青年群体的群体特征和最新诉求，直接联系、直接服务、直接引导青年。真抓实干，懂青年心、知青年情、解青年忧，在青年

"最盼"的地方展作为，在青年"最急"的地方见真情。针对当前流动青年的个体发展型支出较少、工作生活质量普遍不高的问题，以及对团组织活动参与热情较高、对学习类、运动健康类的活动需求较大的特点，可以联系企业和社区基层团组织，定期或不定期地组织和开展一些公益的学习项目和游玩活动，提高流动青年群体参与面和积极性，增强相关组织对流动青年的吸引力和凝聚力。要发挥群团的力量，全面推进"我身边的共青团"行动，大力建设社区青年汇综合服务平台，不断优化社区青年汇布局，拓展社区青年汇职能，同时把青年社会组织打造成共青团在更广范围内吸引凝聚青年的平台。加快构建"团干部+社工+志愿者"的基层工作队伍，让基层工作有人干；充分整合各方面力量，让基层组织有资源。

（四）搭建社交平台，扩大青年"朋友圈"，促进青年的城市融入进程

研究表明，非京籍流动青年的社会交往面相对较小，朋友圈较窄，且存在交往"内倾性"等问题，从而使流动青年对城市的认同感较低，社会隔离现象也较为明显。针对流动青年社会交往问题，要尽快形成多主体的社会支持体系，政府部门依托社会力量及各类群团组织等，开展流动青年婚恋交友、组织联谊等活动，扩大流动青年的交往面，提高流动青年的交际能力。针对流动青年城市认同问题，政府部门及社区等要加大城市的宣传力度，将与流动青年发展相关的党政方针、政策指南进行全面、易懂和实用的宣介活动，充分保证他们社会参与尤其是政治参与的相关权利，尽快促进该群体的城市融合。要加大流入地原住民的教育力度，大力宣传流动人口对城市发展的重要作用，帮助他们转变观念，减少对流动人口的排斥。

（五）加强青年理想信念培育，发挥新媒体优势，宣传引导青年坚持正确的价值观

针对流动青年政治情感及价值观较好、但存在一定的功用和享乐主义思想问题，要继续加大力度培育青年的社会主义核心价值观，坚定广大青年跟党走的理想信念。开展各类主题教育活动和实践锻炼活动，帮助青年树立正确的价值观念。针对流动青年大部分时间在网络上的现实状况，各部门要创新工作思路与方法，充分发挥新媒体的优势，着眼于推动与流动青年之间的充分互动和深度融合，组织宣传各类活动，吸引更多青年参与其中，提高他们的城市认同度和融合感等。

针对流动青年对团组织认同感较低的问题，要注重发掘和培养流动青年群体中的骨干和积极力量。发挥骨干的示范带动作用，通过适当方式，对流动青

年骨干进行培训教育，提高他们服务青年、组织青年的能力和水平，提高他们对团组织的认同感和归属感。利用团校等团属培训阵地和培训资源，采取组织培训、提供活动指导、进行座谈交流联谊等途径，针对不同类型流动青年群体骨干，采取不同培养方法。对已发掘出的流动青年群体骨干，采用政策扶助、授予荣誉、典型宣传、推优入党等方法不断进行有效激励和培养，把他们紧密凝聚在团组织周围。

（六）改革帮扶模式，由帮扶青年个人转变为帮扶青年家庭

当前，流动青年的流动模式从以往单一的乡—城流动，逐渐转变成城—城、乡—城流动并存的局面，举家迁移及夫妻共同迁移的现象也较为明显；同时，超过半数流动青年已经生育子女，父母逐渐到了退休年龄，父母养老以及子女教育问题使得缺少社会资源的流动青年的负担更大。因此，传统帮扶模式中单纯对流动青年个人的帮扶就显得力道不足，这就要求各级组织改变原有的工作模式，由帮扶青年个体逐步转变为帮扶青年的家庭，加大政府相关部门以及社会组织的合作力度，尽快建立其流动青年家庭支持系统，从积极发展的角度扶持流动青年及其家庭在北京的工作与生活。

（七）加大政策的体系性和制度化建设，保障非京籍流动青年各方面的合法权益

流动青年作为流动人口的一员，他们有流动的特性，但该群体还从属于青年群体，具有青年本身的特性。从当前的公共政策体系看，青年没有被看成公共政策的重要独立主体，他们的利益和需求没有得到充分关注和满足。目前的有关流动人口政策已经涉及流动青年，但政策内容比较分散，整体性不够，这就导致流动青年事务没有形成统一规范，不利于该群体专项工作的开展。此外，流动青年政策的出台更多是问题导向，即出现了问题才出台相应的政策，这就使得制度设计总是在问题之后，缺少发展形势预判性。2017 年 4 月党中央、国务院印发的《中长期青年发展规划（2016—2025 年）》，为青年群体的发展提供了很好的政策指引，对促进流动青年发展同样具有重大意义，要对流动青年发展及其相关工作加强顶层设计，从青年思想、青年健康、青年就业创业、青年参与和社会融合、青年社会保障等方面入手，加大执行力度，保障流动青年在流入地发展的合法权益。

国有商业银行青年发展报告（2017）

——以中国农业银行为例

李 倢 邓希泉*

摘 要： 银行从业青年是青年群体的重要组成部分，也是银行发展的人力资源和中坚力量。通过对中国农业银行 2007 年、2013 年以及 2017 年青年发展状况的对比分析发现，当前银行从业青年的整体特征发生了一定的变化，具体体现在人口结构代际转换加快、人口素质不断提升、青年思想更加多元、个体发展动机日益多维、群体诉求不断增加等。此外，研究发现银行从业青年普遍存在着工作压力大、工作负担重、职业规划不完善、对共青团工作形式和内容满意度不高等具体问题。因此，需要从科学把握当代青年发展的新特征、准确认识社会主要矛盾和银行发展环境新变化、积极推动青年发展与银行发展有效协同的角度不断改善。

关键词： 银行从业青年；中国农业银行；青年发展；对比分析

青年是银行从业者的主力，是中国农业银行发展的中坚力量。当前，农行 40 岁以下青年员工共有 20 万人，其中，85 后有 11 万人，90 后有 3.8 万人。青年发展与农行发展息息相关，青年发展也在很大程度上影响农行发展。2017 年 4 月，中共中央、国务院印发《中长期青年发展规划（2016—2025 年）》，既是国家级青年政策的确认标志，又使青年发展成为党政关心的重要议题。为更好地了解农行青年发展的现状及其变化趋势，把握青年成长发展的新规律、新诉求、新期待，推动农行青年工作更上台阶，使农行共青团带领凝聚青年在治行兴行“六维方略”中发挥更大作用，农行团委联合中国青少年研究中心于 2017

* 李倢，中国青少年研究中心青年发展研究所助理研究员、博士，主要研究领域为青年发展研究、青年社会流动研究、青年参与研究；邓希泉，中国青少年研究中心青年发展研究所研究员、博士，主要研究领域为青年本体、青年现象、青年发展理论、马克思主义青年观。

年9月至12月，在全行范围内开展了“中国农业银行青年发展状况”调查研究。本次问卷调查采用无记名的网络填答方式，回收有效问卷19273份，符合调查有效标准。经过对此次调查结果的分析论证，以及对2007年、2013年问卷调查数据的对比分析，形成本调研报告。

一、青年基本信息的总体状况与主要变化

（一）青年性别、年龄和婚姻的基本状况与主要变化

从性别分布看，女性青年占大多数，青年的性别结构发生了颠覆性改变。表1的数据显示，男青年占38.5%，女青年占61.5%，女性比例大幅多于男性。从男青年占比看，比2013年降低了7.8个百分点，比2007年降低了13.1个百分点。2007年，青年性别结构是男性占多数。经过10年时间，农行青年的性别结构已经出现颠覆性改变，由男青年为主的性别结构转变为女青年占据大部分的性别结构。青年性别结构的巨大变化，给农行管理方式、青年需求、创新创造、职业与家庭关系的处理等方面，都带来了根本性的新变化。

从年龄分布看，26~30岁青年占比非常高，青年整体日益呈现年轻化。表1的数据显示，31~40岁的青年占比26.7%，30周岁以下的青年占比73.3%，其中，26~30周岁的青年占52.9%。与2013年相比，30周岁以下（65.8%）的占比提高了7.5个百分点，表明农行青年年龄分布更加年轻化。从出生情况看，85后、90后分别占比41.8%和42.8%。由70后和85前为主的青年主体，转变为85后、90后成为青年主体，表明农行青年的代际更替现象明显。代际更替意味着青年群体的代际价值观、职业观、职业选择、生活方式、行为方式、诉求期待等都发生了明显的代际变迁。

从婚姻状况看，已婚青年占比略高于未婚青年，但青年未婚比例增幅非常明显。表1的数据显示，已婚青年和未婚青年的占比分别为57.7%和42.3%。与2013年相比，已婚青年占比（71.7%）下降了14个百分点，意味着未婚青年占比增加了14个百分点。农行未婚青年占比迅速增加，并且形成了一个规模较大的大龄青年群体，这与现代青年婚龄育龄后延等成年初显期的出现密切相关，更意味着婚恋交友、家庭与事业间有可能存在冲突等现象，都会成为青年发展和农行整体发展中需要重点关注的问题。

表 1 2007—2017 年青年性别、年龄和婚姻基本情况分布及变化（%）

基本情况	选项	2017 年	2013 年	2007 年
性别	男	38.5	46.3	51.6
	女	61.5	53.7	48.4
年龄	25 周岁以下	20.4	26.3	—
	26~30 周岁	52.9	39.5	—
	31~35 周岁	19.7	17.5	—
	36 周岁以上	7.0	16.7	—
婚姻	未婚	42.3	—	28.3
	已婚	57.7	—	71.7

（二）青年政治面貌和文化程度的基本状况及主要变化

青年政治素质高，绝大多数为中共党员和共青团员。表 2 的调查数据显示，农行的绝大多数青年是党员和团员，分别为 49.6%和 35.7%，共占 85.3%。与 2013 年党、团员占比（88.8%）基本持平，比 2007 年（76.1%）有较大幅度提升。

青年文化素质高，文化程度呈现明显提升的发展趋势，为农行发展奠定了扎实的人力资本存量。目前，农行青年中具有大学本科及以上学历的占比达 96.0%，比 2013 年和 2007 年分别提高了 10.6 个和 41.6 个百分点，表现出较大的提升。曾在海外接受过教育的青年占比为 4.6%，在农行青年中仍属少数，其中受教育阶段（或方式）主要为大学、硕士和进修访学，分别占比 2.4%、2.2%和 0.7%。

表 2 2007—2017 年青年政治面貌和文化程度基本情况分布及变化（%）

基本情况	选项	2017 年	2013 年	2007 年
政治面貌	中共党员	49.6	52.2	45.2
	共青团员	35.7	34.6	30.8
	民主党派	0.2	0.3	1.0
	群众	14.5	12.9	23.0

续表

基本情况	选项	2017 年	2013 年	2007 年
文化程度	博士研究生	0.3	0.4	5.0
	硕士研究生	15.7	11.4	
	本科/双学位	80.0	73.6	54.4
	大专及以下	4.0	14.6	40.6

（三）青年的入职工作年限和收入基本状况

绝大多数青年在本行工作年限在 10 年以下，近一半的工作年限在 4 年之内。调查结果显示，近九成的青年（86.1%）在农行工作时间不足 10 年，更有 45.7%的青年在农行工作时间在 4 年以下，亟须采取有效措施强化青年的职业归属感和农行认同感。

青年平均月收入一般，农行在收入上对吸引和凝聚青年不太具有比较优势和竞争优势。表 3 结果显示，月收入在 2000～3500 元、3501～5000 元、5001～8000 元的占比分别为 27.3%、33.1%和 20.5%。月收入低于 2000 元和高于 8000 元的占比分别为 2.1%和 16.9%（详见表 3）。

表 3　青年工作年限和收入的基本情况

	选项	百分比（%）
农行工作年限	1～4 年	45.7
	5～9 年	40.4
	10～14 年	8.4
	15 年以上	5.5
平均月收入	1999 元及以下	2.1
	2000～3500 元	27.3
	3501～5000 元	33.1
	5001～8000 元	20.5
	8001～12500 元	11.5
	12501 元以上	5.4

（四）青年的工作机构和工作岗位的基本状况

青年员工主要分布在基层和一线岗位。调查结果显示，近八成青年（79.5%）在支行（含县域及城区）及以下机构工作。从所处岗位来看，各级管理干部、机关普通员工和一线员工分别占比 11.2%、25.6%和 58.6%，近六成青年为一线员工（详见表 4）。

表 4 青年的机构分布和所处工作岗位的基本情况

	选项	百分比（%）
工作机构	总行本部	8.1
	省级（含计划单列市）分行本部	3.5
	地（市）级分行本部	8.9
	县域支行	23.4
	城区支行	13.3
	网点（二级支行、分理处、储蓄所）	42.8
工作岗位（职务）	各级管理干部	11.2
	各级机关普通员工	25.6
	网点一线员工	58.6
	客服人员	2.1
	其他	2.5

二、青年发展的主要进展及其特点

（一）青年思想发展状况

从总体上看，85 后和 90 后已成为农行青年的主体，显著的代际更替导致较为鲜明的代际价值观的变化。大多青年认为自己属于社会中层，既具有强烈的爱国主义意识，又注重个人、公民和社会权益，表现出后物质主义价值观特点，具有集体意识和自我意识的辩证统一。

青年具有强烈的爱国意识，认可个人与国家的命运息息相关。随着我国综合实力的不断提升，青年的民族自豪感和自信心也在日益增强。具体表现为爱国主义高涨，在对"是否认为在经济全球化的今天，谈爱国主义已经过时了"的问题上，明确表示"不同意"（71.1%）和"不太同意"（20.9%）的青年超过九成（92.0%），与 2013 年（"不同意"54.3%、"不太同意"18.0%）相比，有近两成的提升。超过八成的青年（85.2%）认为"新中国成立 100 年时建成富强、民主、文明、和谐的社会主义现代化国家"与自己"非常密切"（45.8%）和"比较密切"（39.4%），普遍表现出自己与祖国命运息息相关的感受。青年关注焦点的前五位分别为社会热点（59.7%）、时政要闻（53.2%）、民生热点（37.0%）、政治经济（36.5%）和人文历史（29.9%），表现出对社会、民生热点及政治经济要闻较高的关注度。

青年中产阶层意识较为明显，对未来有积极预期。青年认为自己属于中上、中间和中下阶层的占比分别为1.5%、35.6%和48.0%，合计占比85.1%，表明大部分青年认为自己属于社会中层，中产阶层意识较为明显。对自己所属阶级（阶层）标签的前五位分别为白领阶层（38.1%）、平民阶层（37.5%）、知识分子（36.8%）、工人阶级（34.4%）和弱势群体（25.7%）。调查显示，认为自己10年后属于中上、中间和中下的占比分别为31.0%、46.8%和14.1%，与目前所属阶层相比有较大幅度提升，表现出积极的自我预期。总体来说，社会中层一般具有通过知识获取稳定收入、拥有安稳生活需求的资产、具有较强的文化和精神需求、注重个人权利、社会形象和地位、对安稳的社会环境有强烈依赖、具有较强的忧患意识等特点。因此，根据农行青年对自己的定位，今后需要在提供充分的物质保障的前提下，更加注重对青年精神、文化和权益需求的满足。

表5　青年对当前所属社会阶层的评价与10年后所属社会阶层预期

所属阶层	现在（%）	10年后（%）
社会上层	0.3	3.4
社会中上层	1.5	31.0
社会中间阶层	35.6	46.8
社会中下阶层	48.0	14.1
社会下层	14.6	4.7

青年表现出积极的社会态度。有36.8%的青年认为当前社会更加公平地提供了成功机会，大于认为不如以前公平的占比（15.8%），表现出积极的社会态度。青年员工所重视品质的前五位分别为责任感（93.2%）、对别人宽容和尊重（75.0%）、勤奋（73.5%）、独立性（66.5%）和坚韧（37.9%），其中责任感是最受重视的品质，占九成以上，对别人的宽容和尊重、勤奋及独立性等品质的重视都在六成以上，反映出农行青年积极的工作及生活态度（详见表6）。

表 6　青年所注重品质的分布状况

选项	百分比（%）	选项	百分比（%）
责任感	93.2	不自私	26.8
对别人宽容和尊重	75.0	有想象力	21.8
勤奋	73.5	服从	12.2
独立性	66.5	虔诚的信仰	10.5
坚韧	37.9	节俭	9.1

青年具有较强的自主意愿、更注重自我独立以及尊重和宽容他人的特点。以“勤奋”“坚韧”“虔诚的信仰”和“服从”四项指数构成的成就动机量表①（Achievement Motivation Scale），可以量化测出青年的“服从—自主”意愿。其中“虔诚的信仰”和“服从”为服从指标，“勤奋”和“坚韧”为自主指标，服从意愿（MO）-自主意愿（MI）<0 为弱自主意愿，MO-MI=0 为中等自主意愿，MO-MI>0 为强自主意愿。从分析结果来看（详见表 7），弱自主意愿占比 4.7%，中等自主意愿占比 26.3%，强自主意愿占比 69.0%，由此表明农行青年表现出较强的自主意愿。结合表 6 的结果可以看出，农行青年具有较强的自主意愿、更注重自我独立以及尊重和宽容他人的特点，这也就要求在今后青年的工作管理中，一方面要重视和发挥青年的优秀品质，同时也要应对现代青年更加自主、自我的特点以及对尊重的更高需求。

表 7　青年“服从—自主性”动机量表得分的分布状况

得分	频率	百分比（%）	累计百分比（%）
-2	67	0.3	0.3
-1	847	4.4	4.7
0	5062	26.3	31.0
1	8509	44.1	75.1
2	4788	24.9	100.0
合计	19273	100.0	

青年的公民意识、多元价值观和后物质主义价值观初现。在物质必需品和人身安全等与生存直接相关的事物匮乏时，人们会将对这些“物质”的追求放

① ［美］英格尔哈特．现代化与后现代化：43 个国家的文化、经济与政治变迁［M］．北京：社会科学文献出版社，2013.

于首位。随着社会生活水平的提高，生存需求满足之后，人们会逐渐转向对个人自由、生活质量、公民权利等非物质或后物质主义的追求。一般把强调经济和人身安全的价值观称为物质主义价值观，而将强调自主和自我表现的价值观称为后物质主义价值观。表 8 的调查结果显示，大部分青年仍将安全需要、经济需要和经济增长放到较高的位置，认为维持社会秩序第一重要（58.5%）、第二重要（18.4%）的总占比接近八成，认为保证国家有强大的防御力量第一重要（36.1%）、第二重要（29.7%）的总占比超过六成，认为稳定经济第一重要（52.5%）、第二重要（19.8%）的总占比超过七成，认为保持经济增长的高水平第一重要（41.4%）、第二重要（21.2%）的总占比超过六成。但同时认为对重要政府决策更多的话语权第一重要（25.7%）、第二重要（40.1%）的总占比也超过六成，认为更有人情味且更人性化的社会第一重要（32.6%）、第二重要（39.5%）的总占比超过七成，认为努力使我们的城市和乡村更美丽及对工作和社区事务更大的话语权重要的占比也在三成以上，表现出农行青年的公民意识不断增强，多元化价值观显现，物质主义与后物质主义并存，并逐渐向后物质主义过渡的态势。

表 8　青年对后物质主义价值观的认同情况（%）

选项	第一重要	第二重要	总百分比
维持社会秩序	58.5	18.4	76.9
对重要政府决策更多的话语权	25.7	40.1	65.8
打击物价上涨	10.5	24.6	35.1
保护自由言论	5.3	16.9	22.2
稳定经济	52.5	19.8	72.3
更有人情味且更人性化的社会	32.6	39.5	72.1
思想比金钱更重要的社会	9.2	23.3	32.5
打击犯罪	5.7	17.4	23.1
保持经济增长的高水平	41.4	21.2	62.6
保证国家有强大的防御力量	36.1	29.7	65.8
对工作和社区事务更大的话语权	14.0	20.1	34.1
努力使我们的城市和乡村更美丽	8.5	29.0	37.5

青年的主导价值观逐步由对物质主义的追求，转变为对自主、自我表现、生活质量、公民权利和社会进步的追求，由生存价值向自我表现价值转变，呈

现出更加多元的趋势。此次调查也运用这 12 个指标所构成物质主义/后物质主义价值观指标①，计算得出后物质主义指征得分。其中 0~1 分为偏向物质主义，2~3 分为混合，4~5 分为偏向后物质主义价值观。从分析结果来看（详见表 9），偏向物质主义价值观占比 21.6%，其中，指征得分为 0 分的占 4.1%，1 分的占 17.5%；2~3 分的混合价值观占比 66.0%；4~5 分的偏向后物质主义价值观占比 12.5%。从指征得分来看，青年中已显现出混合价值观及后物质主义价值观的萌芽，但偏向物质主义者的数量仍明显超过后物质主义者。结合表 8 的分析结果可以看出，随着经济发展，物质水平的不断提高，青年的主导价值观逐步由对物质主义的追求，转变为对自主、自我表现、生活质量、公民权利和社会进步的追求，由生存价值向自我表现价值转变，呈现出更加多元的趋势。比如，青年具有非常积极参与本单位决策的意愿。调查中有接近九成的青年（88.1%）表示“非常愿意”和“比较愿意”参与本单位（部门）决策。与 2013 年调查（89.2%）相比基本持平，从一个侧面表现出农行保持着一贯的良好内部工作环境和参政议政氛围的同时，也表现出现代青年勇于表达自我，积极参与决策的特点。又比如，对于当代青年，收入最大化已不再是单一的工作动机，青年在工作中也更加注重获得感、成就感，以及自己是否感兴趣等非物质因素。在青年工作中，既要注重和满足青年对物质生活的合理需求，又要进一步满足和尊重青年的精神、文化需求和自我表现的意愿，还要进一步发挥青年总是走在时代前列的对企业和社会的责任意识，从而更好地发挥青年的责任和担当。

表 9　青年“物质主义/后物质主义”指征得分的分布情况

得分	频率	百分比（%）	累计百分比（%）
0	799	4.1	4.1
1	3367	17.5	21.6
2	7817	40.6	62.2
3	4889	25.4	87.5
4	1983	10.2	97.8
5	418	2.2	100.0

① ［美］英格尔哈特．现代化与后现代化：43 个国家的文化、经济与政治变迁［M］．北京：社会科学文献出版社，2013.

（二）农行发展和青年自身职业发展

青年了解并认同农行企业文化、发展战略及竞争压力。有超过八成的青年（81.2%）明确表示“非常了解”和“比较了解”农行企业文化，与2013年调查（86.8%）基本持平，略有下降。对农行治行兴行“六维方略”表示“非常了解”和“比较了解”的青年占比58.8%，虽超过半数，但与2013年对农行企业发展战略表示了解（88.1%）的青年占比相比有明显下降，表示青年员工对农行企业文化具有较高的了解和认同，而对发展战略的普及和宣传仍需进一步推进。超过七成的青年（72.5%）认为农行人“非常值得”和“比较值得”骄傲。且超过七成的青年（73.2%）认为农行的社会形象“非常好”和“比较好”。但同时也有九成以上的青年（95.7%）认为银行同业带来的竞争压力“非常大”和“比较大”，亦有九成以上的青年（95.5%）认为互联网金融创新带来的竞争压力“非常大”和“比较大”，存在着较为强烈的危机感。

青年形成了薪酬与工作成就感及发展空间三者并重的发展模式。薪酬是影响青年工作积极性的首要因素。调动工作积极性的前三种方式分别为薪酬福利（82.3%）、工作有成就感（67.7%）和领导非常关心（40.9%）。与2013年的薪酬福利（74.0%）、领导非常关心（59.0%）、工作有成就感（53.9%），以及2007年奖金福利（67.1%）、领导非常关心（39.7%）、工作富有创造性（37.3%）的结果相比，呈现出对工作中所获得成就感越来越重视的趋势，总体表现出薪酬与成就感并重的选择模式。同时认为促使同事离职原因的前五项为薪酬待遇低（78.2%）、发展空间不大（54.2%）、工作压力大（38.4%）、福利不完善（33.4%）和工作氛围压抑（33.0%）。认为减少离职应采取措施的前五位为提高薪酬和福利待遇（86.1%）、有良好发展空间（72.4%）、完善单位各项规章制度（58.5%）、实行轮岗以找到合适岗位（58.4%）和减少日常加班（49.5%）。这也从一个侧面表现出青年在以薪酬为首要选择因素的同时，日益重视自身职业发展空间的趋势。为此，一是要从制度上建立公正、平等的分配和晋升机制，优化薪酬和管理结构，使广大青年切实感受到劳有所得、自身能力可以得到发挥，努力可以得到回报。二是政策的制定应不只关注于优秀人才、员工，而是要考虑和惠及广大普通员工。一方面要保证通过活动和激励制度让优秀人才脱颖而出，另一方面又要通过具有普遍性、普惠性的制度有效开发全体青年的积极性、主动性和创造性。此次调查中也显示出仅有近两成的青年（19.7%）认为自己的才能得到充分发挥，对于剩余的广大青年仍存在大幅度的发挥空间。因此要进一步拓展范围，让广大青年都可以参与到学习、进修、培训，职称、职位的竞争，以及管理、决策，增加青年员工的存在感、参与感和获得感。三是明确学习培训是提高员工专业技能以及员工自身进一步发展的重要保障。调查显示农行青年具有积极的学习态度，但目前的学习培训制度还不能完全满足农行青年的需求。在此次调查中仍有超过三成的青年没有参加脱产学习或业务培训的机会。而且就培训内容来讲，要既包括业务能力培训，也要包括提升员工素质及综合能力的拓展培训。既要符合农行发展需要，又要满足不同岗位、专业和层次青年的不同需求。就培训方式来说，则需要由传统的被动授予逐渐转变为主动参与式，进一步提升青年参与学习培训的积极性和有效性。

多数青年认可现行薪酬和培育体系，安心于本职工作。有超过半数的青年（58.1%）认为单位用人及激励约束机制“非常合理”或“比较合理”，认为收入分配机制“非常合理”和“比较合理”的青年占比也超过半数（50.7%）。六成青年（60.5%）认为目前薪酬水平与同事相比“非常公平”和“比较公平”，超过三成的青年认为“不太公平”（26.0%）和“很不公平”（5.4%），总体上基本认可现行的薪酬体系，但也同时反映出业绩评估和薪酬分配制度仍需要进一步完善，以获得更多员工的认可。超过六成的青年（60.8%）“很安心”和“比较安心”目前工作。认为单位对青年人才培育“非常重视”和“比较重视”、认为领导对自己“非常关心”和“比较关心”的青年均超过七成（分别为70.8%和75.5%）。青年认为单位中发展较好的同事所具有特征的前三位分别是工作能力强（64.0%）、工作业绩突出（50.8%）和认真工作（46.6%），表现出积极的工作评价导向。

大多数青年适应本职工作，能够在工作中实现自身价值。绝大多数青年对工作持积极态度，认为自身才能在岗位上可以得到施展和发挥。有近九成的青年（88.6%）认为自己的业务能力“完全适应”和“基本适应”岗位要求，但与2013年调查（95.2%）和2007年调查（90.7%）相比略有下降。超过七成的青年（71.1%）认为目前工作对单位的贡献程度“很大”和“比较大”。在去年年度考核中，“优秀”（33.1%）和“良好”（44.1%）的总占比超过七成（77.2%），在过去三年中职务有所提升的青年超过三成（32.8%），且有超过四成的青年（43.5%）认为自己会在三年内实现晋升。表现出青年群体在农行中的良好表现及自我期待。对于才能发挥程度，近九成青年（87.0%）表示在本职岗位上发挥了一半儿及以上（“充分发挥”“发挥一多半儿”和“发挥一半儿”占比分别为19.7%、39.7%和27.6%），与2013年调查“充分发挥”（36.6%），“发挥一多半儿”（35.7%），“发挥一半儿”（18.9%）相比，总占比略有降低，“充分发挥”占比降低了16.9%，“发挥一半儿”占比提升了8.7%，表现出大部分青年认为自己的才能在本职岗位上得到了发挥，但仍有较大的提升空间。超过半数的青年（56.9%）认为自身价值在工作中“完全能实现”和“基本能实现”，与2013年调查中近八成的青年（78.1%）认为自身价值能在工作中“完全/基本实现”相比，有较为明显的下降，表现出青年认为自身价值在当前工作中得以实现及展现的程度有所降低，表明青年的职业获得感有所下降，由此有可能引发青年职业倦怠或职业的消极行为，对此必须予以及时关注。

大多数青年认同农行发展前景，认为职业与人生规划相符。超过六成青年（64.2%）认为本单位发展前景“非常好”和“比较好”，超过五成的青年（55.4%）认为自己在本单位的发展空间“非常好”和“比较好”，超过两成青年认为“比较差”（20.5%）和“很差”（4.1%），表现出大多农行青年比较认可农行和自身的发展。有超过半数的青年（52.1%）认为目前工作与人生规划或目标“完全相符”和“大致相符”，并有超过半数的青年（54.8%）认为自己的收获与努力程度“非常匹配”和“比较匹配”，但同时也有四成青年认为收获与努力“不太匹配”（34.3%）和“完全不匹配”（6.2%），反映出对工作状况存在一定的不满。

大多数青年对工作整体满意。对于工作整体，农行大多数青年（74.3%）表示满意（详见表10）。有超过三成的青年（34.9%）满意程度为8~10分，对工作整体满意程度较高；近四成的青年（39.4%）满意程度为6~7分，对工作整体较为满意；5分及5分以下表现出对工作整体较不满意，在青年员工中占比两成稍多（25.8%），其中1、2分累计占比4.3%，表明约有5%的青年员工对工作整体的不满程度较高；3、4、5分累计占比21.5%，约有两成青年表现出对工作整体较不满意。青年对工作整体的满意程度与之前的分析中青年认为本单位的发展前景，以及自身在本单位的发展空间的分布比例大致相似，工作整体满意程度与二者的相关系数分别为0.508和0.516，均表现出正向强相关性，表现出青年对本单位发展前景及自身在本单位发展空间的评价会在很大程度上影响到青年对工作整体的满意程度。

表10　青年的工作整体满意程度分布情况

选项	百分比（%）	累计百分比（%）
1分	2.4	2.4
2分	1.8	4.3

续表

选项	百分比（%）	累计百分比（%）
3分	3.5	7.8
4分	4.2	11.9
5分	13.8	25.8
6分	17.6	43.3
7分	21.8	65.1
8分	22.2	87.4
9分	7.8	95.1
10分	4.9	100.0

（三）青年的生活环境发展状况

总体来看，绝大多数青年具有强烈的改善生活状态的意愿，对读书学习有着浓厚的兴趣，对单位提供的支持、培养基本满意。薪资不再是激励青年发展的唯一方法，发展动机更加多元化。微信是青年获取信息的主要网络载体。

青年有较为良好的运动习惯，基本处于健康状态，但已有健康烦恼。调查结果显示，对于自己的健康状况，只有三成青年（35.7%）认为“良好”，有近五成的青年（47.1%）感觉偶尔疲劳。青年健康烦恼的前五位分别为颈椎肩膀经常酸痛（55.2%）、眼睛干涩（43.4%）、亚健康（35.1%）、睡眠不好（32.5%）和经常焦虑烦躁（28.6%）。在最近三个月内，每周坚持运动1~2天、3~4天和5~7天的青年占比分别为44.4%、14.8%和6.6%，超过三成的青年（34.1%）完全不运动，表明多数青年有较好的运动习惯。

新媒体尤其微信是青年获取信息的主要网络载体。获得信息的网络载体前五位分别为微信（88.1%）、微博（43.8%）、腾讯新闻等App客户端（43.4%）、新浪等门户网站（27.2%）和网络电台/电视台（20.7%），微信、微博和App客户端已成为青年获取信息的主要网络载体。微信公众平台因其具有的即时性、传播性和交互性特点，成为向青年员工传递信息、相互沟通的良好平台。在此次调查的农行运营微信平台中（详见表11），受关注程度的前五位依次为“中国农业银行”（81.9%）、“农业银行信用卡”（75.2%）、“中国农业银行零售银行”（64.7%）、“农行微青春”（51.6%）和“文化农行ABC”（34.0%）。

表 11 青年对农行运营微信平台的关注度分布情况

选项	百分比（%）
中国农业银行	81.9
农业银行信用卡	75.2
中国农业银行零售银行	64.7
农行微青春	51.6
文化农行 ABC	34.0
瞭望农行	29.5
中国城乡金融报	21.9
品牌农行	17.0

青年普遍具有浓厚的学习兴趣，对单位提供的支持和培养持基本满意的态度。绝大多数青年（88.1%）对看书学习有着浓厚的兴趣和行动。虽然只有超过两成的青年（24.4%）认为自己的闲暇时间“很充裕”和“比较充裕”，但平均每天看书 30 分钟以内、30 分钟至 1 小时、1~2 小时、3 小时及以上的青年分别占比 35.6%、33.7%、14.1%和 4.7%，其总占比（88.1%）与 2013 年看书青年（89.8%）相比基本持平。从阅读习惯来看，2013 年 30 分钟以内、30 分钟至 1 小时、1~2 小时、3 小时及以上的青年分别占比 24.3%、40.4%、25.1%和 7.6%，当代青年群体中存在阅读时间变短的趋势。青年从单位获取的支持和培养方式的前五位分别是提供学习进修机会（57.3%）、提供实践与锻炼的机会（45.0%）、领导经常谈话/鼓励和支持工作（44.4%）、帮助解决成长/发展中难题（44%）和提供晋升平等/公正的竞争机会（28.2%）。有超过七成的青年对单位的支持和培养“非常满意”（16.8%）和“比较满意”（57.7%）。在 2016 全年，参加过脱产学习或培训的青年超过六成（66.4%），超过六成的青年（64.3%）认为学习或业务培训技能在实际工作中“有用”和“比较有用”。但 46.7%的人仅参加过 1~2 次脱产学习或培训，四成青年（41.8%）参加脱产学习或业务培训的总天数仅为 1~10 天。

大多青年对生活积极向上，自身快乐评价与工作满意度密切相关。有三成稍多的青年（31.4%）对自己快乐程度评价为 5 分或低于 5 分；有近四成青年（37.7%）的评价为 6~7 分，对自身快乐程度较为认可；三成青年（30.8%）评价为 8~10 分，表现出对自身快乐程度评价较高。整体来看大多数青年（68.6%）认为自己比较快乐（详见表 12）。与表 10 对自己整体工作满意程度相对比可以发现，二者表现出相似的分布结构，两者间的相关系数为0.609，表现出正向强相关性，表明青年对工作的满意程度与自身快乐评价密切相关。

绝大多数青年有强烈改善生活状态的意愿。有超过九成的青年（93.1%）对改善自己生活状态的意愿“非常强烈”和“比较强烈”，有近九成的青年（88.6%）对改善生活状态“非常努力”和“比较努力”，有近八成的青年（78.3%）认为所在单位有让青年脱颖而出的制度、措施，有近六成的青年（58.7%）认为所在单位青年职业成长渠道“非常畅通”和“比较畅通”。

表12 青年快乐程度自我评价的分布情况

选项	百分比（%）	累计百分比（%）
1分	3.5	3.5
2分	2.2	5.7
3分	4.6	10.3
4分	5.0	15.3
5分	16.1	31.4
6分	18.0	49.4
7分	19.7	69.1
8分	19.8	88.9
9分	6.6	95.5
10分	4.5	100.0

青年发展动机多元化，薪资不再是激励发展的最主要方法。青年认为激励发展最好方式的前五位分别是“职务晋升或享受职级待遇”（65.4%）、“适当增加收入”（50.7%）、“领导重视和扶持”（47.2%）、“提供更多的学习和培训机会”（41.7%）和“轮岗”（31.7%），从中可以看出农行青年的发展动机更加多元（详见表13）。发展动机的多元化要求有多维度的发展空间。青年员工认为表示关爱的最好方式的前三项分别为“重视、培养青年员工”（45.2%）、“建设食堂、单身宿舍，解决基层实际困难”（17.1%）和“组织喜闻乐见的青年活动”（16.6%），也表现出青年员工对个人培养的重视。

表13　青年认为激励青年发展和关爱青年的最好方式分布

	选项	百分比（%）
激励青年发展方式	职务晋升或享受职级待遇	65.4
	适当增加收入	50.7
	领导重视和扶持	47.2
	提供更多的学习和培训机会	41.7
	轮岗	31.7
	给青年机遇、压担子	13.8
	开展岗位竞聘	12.4
	增加工作的挑战性	7.0
	评职称	6.5
关爱青年员工方式	重视、培养青年员工	45.2
	建设食堂、单身宿舍，解决基层实际困难	17.1
	组织喜闻乐见的青年活动	16.6
	搭建展示青年风采的平台	12.2
	上级领导与员工定期谈心	8.9

（四）共青团工作发展

党政领导对共青团和青年工作一贯重视，青年参加共青团活动积极性增强。超过七成的青年（74.2%）认为所在单位党政领导对共青团工作“非常重视”和“比较重视”，与2013年重视程度（77.1%）相比基本持平。单位党政领导的一贯重视为共青团工作创造了良好的外部环境，有利于提升共青团的组织建设及活动的积极性。超过七成的青年（74.7%）表示参加过团组织活动，2016年参加1~3次、4~6次、7次以上的青年占比分别为53.4%、15.4%和5.9%，总参加占比略高于2013年（73.8%）。绝大多数青年（93.8%）表现出积极参加团组织活动的愿望。对于团组织的活动，超过三成的青年（35.9%）表示“各种活动都积极参加”，近三成的青年（29.7%）表示“只愿意参加自己感兴趣或者与业务相关的”，另有近三成的青年（28.2%）表示“想参加却抽不出时间”。与2013年调查的“各种活动都积极参加”（46.5%）、“只愿意参加自己感兴趣或者与业务相关的”（28.6%）、“想参加却抽不出时间”（20.7%）相比，“只愿意参加自己感兴趣或者业务相关的”和“想参加却抽不出时间”的比重增多。今后的青年工作需要在组织与青年兴趣、工作密切相关的活动，以及合理安排青年参加活动时间等方面做出进一步的努力。

表 14 青年了解团组织活动信息和共青团吸引青年的最好方式

选项		百分比（%）
了解团组织信息方式	微信公众账号	74.8
	网站	39.8
	微博	31.1
	通知或邮件	30.3
	即时通信软件群（如 QQ 群、微信群）	26.4
	电子团刊	10.0
	展板	6.4
	其他	0.8

微信等新媒体已经取代传统媒体成为青年了解团组织活动信息的重要窗口。对于“愿意通过哪种方式了解团组织的活动信息”（详见表 14），前五位分别是微信公众账号（74.8%）、网站（39.8%）、微博（31.1%）、通知或邮件（30.3%）和 QQ 群、微信群等即时通信软件群（26.4%），反映出青年重度依赖于新媒体，尤其是利用微信来获得信息的特点。参考 2013 年调查中前五位的排名“网站”（35.1%）、“邮件”（27.7%）、“微信公众账号”（10.9%）、“即时通信软件群”（9.5%）和“微博”（8.0%），可以看出近年来青年对通过微信获取信息偏好的增强。新媒体强大的即时性和传播性，可以使共青团在组织活动时，不再受到没有合适的活动地点、难以协调活动时间等目前经常遇到的时间和地点制约，而新媒体所具有的多样性和多向交互性则可以充分满足青年多样化的需求以及偏好主动参与、抵触被动说教的特性。在沟通机制和平台的建设中，需要专门配备专业人才，全面发挥新媒体的特性，但同时也要深入挖掘团组织在工作、生活、休闲中的现有作用，通过“线上”“线下”联动，强强结合，促进沟通机制与平台建设。

表 15　青年认为共青团吸引青年的最好方式的分布情况

选项		百分比（%）
共青团吸引青年方式	走进、了解、倾听青年	50. 3
	维护青年权益	47. 8
	用正能量引导青年	47. 4
	代表青年利益	40. 7
	共青团的先进性	38. 9
	为青年成长成才提供服务	36. 5
	开展丰富多彩的青年活动	36. 2
	帮助青年在政治上进步	31. 5
	让青年参与团的活动策划和组织	25. 9
	团干部的个人感情和人格魅力	12. 1
	其他	1. 2

多数青年肯定团组织服务企业、联系青年的作用，并希望服务进一步多样化。有超过七成的青年（76. 5%）认为现在团干部的作风“很好”和“比较好”。有近七成的青年（68. 0%）认为本单位团组织在服务企业发展、联系服务青年的作用“非常好”和“比较好”，但同时也有近两成的青年（17. 9%）认为“比较差”和“非常差”，表明团组织在服务企业发展、联系服务青年方面还需有所提升。农行青年认为在新形势下，农行共青团吸引青年方式的前五位分别是“走进、了解、倾听青年”（50. 3%）、“维护青年权益”（47. 8%）、“用正能量引导青年”（47. 4%）、“代表青年利益”（40. 7%）和“共青团的先进性”（38. 9%），进一步反映出对共青团能够切实服务于青年的期盼，以及服务需求多样化的要求（详见表 15）。

农行青年更注重与自身提升密切相关的组织活动。农行青年了解或参与过农行团组织活动的前五位分别是“青年突击队”（37. 0%）、“青年文明号”（34. 9%）、“读书活动”（32. 9%）、“文体活动”（30. 7%）和“志愿活动”（30. 2%），从表 16 中也可以看出目前农行青年对各项活动的参与度比较平均。

青年对主动参与性活动兴趣增强。青年最愿意参加团组织活动的前五项（详见表 17）分别为“郊游、登山等户外活动”（62. 7%）、“拓展训练”（58. 7%）、“兴趣小组”（51. 8%）、“学习培训”（49. 0%）和“参观考察”（35. 0%），与 2013 年同样调查的前五位“拓展训练”（50. 1%）、“参观考察”

(44.2%)、“专题讲座”（42.5%）、“知识竞赛”（41.0%）和“兴趣小组”(36.6%）相比，青年更重视有主动参与性且与素质和能力提升密切相关的活动，对专题讲座、参观考察等被动接受类活动的兴趣有所减弱。

表 16　青年了解或参与过的农行团组织活动

选项	百分比（%）	选项	百分比（%）
青年突击队	37.0	青年文明号	34.9
读书活动	32.9	文体活动	30.7
志愿活动	30.2	“农行微青春”线上活动	28.7
青年论坛	22.0	评先表彰	20.7
以上都没有	15.0		

表 17　青年最愿意参加的团组织活动和希望团组织提供的帮助

选项		百分比（%）	选项	百分比（%）
愿意参加	郊游、登山等户外活动	62.7	拓展训练	58.7
	兴趣小组	51.8	学习培训	49.0
	参观考察	35.0	志愿公益活动	27.9
	专题讲座	27.5	心理咨询与减压	27.1
	读书俱乐部	26.1	文艺会演	22.8
	主题教育	21.9	交流交友联谊	20.1
	青年论坛	19.7	先进事迹报告会	18.4
	与高管、骨干座谈	12.1	业务竞赛活动	11.5
	新媒体线上活动	7.7		
希望提供	提供学习实践或培训机会	43.3	人才推优推荐	31.1
	丰富业余生活	30.2	推优入党	26.9
	提供才华展示平台或机会	26.3	解决生活中的实际困难	24.3
	入行教育第一课	18.3	交流交友	18.0
	政治理论学习辅导及思想认识提高	16.9	提供心理辅导	14.2
	其他	0.7		

青年需求更加广泛和多样。青年最希望团组织提供帮助的前五项分别为

“提供学习实践或培训机会”（43.3%）、“人才推优推荐”（31.1%）、“丰富业余生活”（30.2%）、“推优入党”（26.9%）和“提供才华展示平台或机会”（26.3%），表现出青年更希望在提升自身能力素质、晋升发展以及充实生活等方面得到帮助。与2013年调查前五位“提供学习或业务培训机会”（56.4%）、“提供才华展示平台或机会”（38.6%）、“人才推优推荐”（33.6%）、“政治理论学习辅导及思想认识提高”（30.2%）和“丰富业余生活”（29.2%）相比结构非常相似，只是占比均有所下降，表现出更为广泛、多样化的需求。

三、青年发展面临的主要问题和困扰

（一）青年的工作负荷较重，基本劳动权益保障水平有待提升

调查结果显示，绝大多数青年认为工作负荷过大。从表18的数据可以看出，在最近三个月中，超过九成的青年（92.8%）存在加班现象。平均每周加班1~5小时、6~10小时、11~15小时和16小时以上的青年占比分别为25.8%、28.7%、18.5%和19.8%，即近七成的青年需要每天加班1小时以上，其中近两成的青年（19.8%）每天需加班3小时以上。并且有近六成的青年（58.6%）认为自己会带工作回家，有近七成的青年（69.3%）认为“工作对我履行家庭责任有很大影响”。青年认为工作负荷较重原因的一方面与加班现象较多密切相关，同时也和85后、90后青年后物质主义价值观中自主意识增强、集体责任意识弱化有一定的联系。总体来说加班时间越长，对工作整体的满意程度越低，员工的快乐程度也越低。在工作时长与工作整体满意程度及青年快乐程度的相关分析中，相关系数分别为-0.105和-0.187，均表现出负向弱相关性。如果不能充分尊重当代青年的鲜明特点，很可能会导致青年的消极怠工以及离职率高等问题。

表18　调查对象周平均工作时长和基本劳动权益

	选项	百分比（%）
周平均工作时长	40小时及以下	7.2
	41至45小时	25.8
	46至50小时	28.7
	51至55小时	18.5
	56小时以上	19.8

续表

	选项	百分比（%）
基本劳动权益	签订劳动合同	83.6
	带薪休假	55.1
	职业培训	41.1
	加班工资	22.2
	加班补休	16.1
	劳动竞赛	14.6
	劳动职业保护	13.1
	解除劳动合同	9.4

在对基本劳动权益的调查中，除“五险一金”外，青年员工享有的基本劳动权益的前五位为签订劳动合同（83.6%）、带薪休假（55.1%）、职业培训（41.1%）、加班工资（22.2%）和加班补休（16.1%），表现出职业培训等企业内自我充实的上升通道还存在一定欠缺，以及加班工资、加班补休、劳动职业保护等基本权益还未完全落实的现状。同时，对最近一年同事工作中负面表现前五位的评价分别是消极怠工（51.7%）、说上级闲话（23.4%）、为自己的事情工作（21.3%）、为逃避工作做无必要休息（20.8%）和公开嘲弄同事（13.5%），这也从侧面反映出农行青年中所存在的工作问题，尤其是消极怠工现象较为明显，占据工作负面表现的一半以上。考虑到近七成的青年需要每天加班1小时以上，且只有近两成的青年员工可以落实加班工资和加班补休，消极怠工很可能是青年对过重工作负荷的一种对抗和消极反应。因此今后需要在合理工作时长和基本劳动权益落实的前提下，进一步思考如何提升青年员工在工作中的获得感和成就感，为青年职业发展提供积极动力。

（二）青年的工作压力较大，焦虑主要来自经济和工作压力

调查显示，有近八成的青年（78.2%）感觉压力“非常大”和“比较大”，主要的焦虑集中于经济压力（57.8%）、工作压力（51.1%）、升职压力（41.9%）、职业迷茫（36.9%）和家庭负担（30.3%）。总体来看，青年的压力主要集中在经济和工作上，但来自家庭负担、身体健康和知识危机的压力也不容忽视（详见表19）。由此可以看出，青年的焦虑与系统的人生、职业规划有着密切联系。调查表明，仅有近三成的青年（28.9%）认为基本按照规划稳步推进，五成青年（50.1%）虽然有规划，但认为实施起来有困难，超出两成的

青年（21.0%）没有规划或不知如何设计。而同时有超过九成的青年（93.1%）有着强烈改善自己生活状态的意愿，并有近九成的青年（88.6%）认为自己对此付出了很大努力。

表 19　调查对象承受压力和主要焦虑问题

	选项	百分比（%）		选项	百分比（%）
承受压力	非常大	14.9	主要焦虑（前 10 项）	经济压力	57.8
				工作压力	51.1
	比较大	63.3		升职压力	41.9
				职业迷茫	36.9
	比较小	18.4		家庭负担	30.3
				身体健康	25.9
	基本没有	0.8		知识危机	24.3
				婚恋成家	21.8
	说不清	2.6		岗位调整	15.9
				职业考试压力	13.7

表 20　调查对象压力承受情况和有效缓解方式

	选项	百分比（%）
压力承受	完全可以承受	10.9
	大部分可以承受	57.0
	可一般承受	23.7
	只有小部分可承受	4.5
	基本不能承受	2.0
	说不清	1.9
有效缓解方式	落实休假制度	59.5
	实施劳动优化组合	53.1
	改善工作环境	41.2
	降低业绩指标或工作强度	35.0
	参加文体活动	33.5
	更换岗位	24.7
	领导和同事关心	13.7
	其他	4.5

从调查中可以看出（详见表20），面对工作和生活中的压力，有超过九成的青年（91.6%）表示“完全可以承受”“大部分可以承受”或“可一般承受”。认为最能缓解工作压力的前五项分别为落实休假制度（59.5%）、实施劳动优化组合（53.1%）、改善工作环境（41.2%）、降低业绩指标或工作强度（35.0%）及参加文体活动（33.5%），表现出青年期望自身的基本劳动权益能够得到进一步落实。现代青年自我、自主意识强，且社会竞争加剧导致工作、生活压力增大。青年普遍感觉工作负荷重，加班时间长，且基本劳动权益尚未完全落实，在此状态下，青年急需通过自我能力和素质提升来快速拓展上行空间，因此表现出强烈的学习和发展愿望。然而在制度设计上因为培训学习机会不足、培训时间难以保障、培训内容单一或缺少实效性，以及青年个人缺少合理的职业规划而使得压力无法得到有效缓解，成为青年发展中越来越大的问题。

（三）职业成长和学习培训诉求未得到有效满足，职业规划有待进一步完善

在青年职业成长渠道方面，有超过三成的青年（32.5%）认为“不太畅通”和“很不畅通”，从中可以看出青年对职业成长的期待以及对尽快完善相关渠道的期盼。调查还显示，有四成青年认为自己的收获与努力“不太匹配”（34.3%）和“完全不匹配”（6.2%），对自己的努力与收获存在一定的落差。与此同时，学习培训是提高员工专业技能，使员工适应、胜任工作，以及进一步成长发展的重要保障。从调查及前面的分析可以看出农行青年具有积极的学习态度，但就目前的学习培训制度来说，在满足农行青年的需求方面仍需要进一步提升。因此，一要进一步扩大培训机会。与2012全年“没有”参加过脱产学习或业务培训青年（45.0%）相比，2016全年的占比下降到33.6%，虽然机会有所增多，但还是有超过三成的青年员工没有被涵盖。二是培训内容需要进一步扩展，不仅要包括业务培训、交流沟通、公文写作、行政管理等能力培训，还需进一步引入提升青年员工全面素质的拓展性培训。培训方式也需由传统的被动授予方式逐渐转变为主动参与式，从而进一步提升青年参与学习培训的积极性和有效性。

对于职业规划，仅有近三成的青年（28.9%）认为“基本按照规划稳步推进”，五成青年（50.1%）“虽然有规划，但实施起来有困难”。与2013年“基本按照规划稳步推进”（43.7%）和“虽有规划但实施起来有困难”（39.4%）相比，青年按照规划推进的困难明显增大。此次调查中另有超过两成的青年（21.0%）“不知如何设计”（12.5%）、“没有规划”（4.9%）和认为“规划不

规划都一样”（3.6%），表现出部分青年对职业发展存在一定的迷茫。部分青年存在着职业规划没有清晰路径与职业成长渠道不太畅通并存的发展问题。正是没有清晰的发展定位和路径目标，少数青年一方面缺乏前进的动力，另一方面又会因为目标模糊或过大过高而有可能产生挫败感。为此，帮助青年建立起有效、科学、系统的人生和职业规划，是缓解青年当前焦虑和压力、增强青年与农行纽带以及忠诚度的重要举措。青年职业生涯规划的目标是通过规划，使青年个人与组织达到逐步契合的状态。其支持体系从管理结构上要包含农行各级机构为青年生涯规划所制定的各种方针、政策和措施。从内容上要根据青年自身的性格、特点和能力，既要包括职场工作，也要涵盖生活模式；既要有蓝图和总目标设计，也要有合理的阶段性目标；既要有静态评估，也要有动态调整；既要涉及生理及心理咨询，还要制定各种管理和保障措施，全面拓展青年发展空间，切实解决青年发展中所遇到的困难和后顾之忧。在这样的过程中，一方面可以通过与青年个体的深度交流建立起企业个人风雨同舟的忠诚情感，另一方面通过青年个体及全体的成长发展积极带动农行的健康发展。

（四）对共青团工作形式和内容多样化提出更高需求和更多期盼

在新时代和新形势下，青年发展所面临的新诉求新问题新期待对团组织提出了更高的要求。一是期盼共青团和青年工作获得党政重视程度要有明显提升。党政领导的重视直接影响到共青团活动经费及活动时间的落实，是团组织活动开展的物理性保障。超过七成的青年（74.2%）认为所在单位党政领导对共青团工作“非常重视”和“比较重视”，与2013年重视程度（77.1%）相比基本持平。但仍有近两成的青年（18%）认为单位领导对共青团工作“不太重视”或“很不重视”，与2013年调查（14.9%）相比，略有上升。二是期盼共青团合理安排活动时间。由于青年员工加班较多，压力较大，虽然绝大多数青年（93.8%）表现出积极参加团组织活动的愿望，但也有近三成的青年（28.2%）表示“想参加却抽不出时间”。这就需要将团的活动进一步融合到工作岗位和生活之中，并进一步促进活动形式的灵活化、分散化，充分利用新媒体，创造“线上”“线下”有机结合的可能，尽可能地突破对时间和地点的要求和限制。三是期盼共青团更多更好地开展以需求为基础的多样化服务。虽有超三成的青年（35.9%）表示各种团组织活动都积极参加，但有近三成的青年（29.7%）表示只愿意参加自己感兴趣或者与业务相关的活动，这就需要团组织能够及时了解青年所需，根据青年的实际需求开展青年工作，更好地服务于企业发展和青年发展。

四、对策和建议

（一）科学认识和准确把握社会主要矛盾变化、农行发展环境变迁与农行青年代际变换三者叠加的新现象

处在新时代中国特色社会主义建设的新的历史方位，农行发展面临着三个重要矛盾的同时变化，分别是社会主要矛盾变化、农行发展环境变迁与农行青年代际变换同时发生，相互作用和影响，形成比较复杂的发展现象。为此，必须科学认识和准确把握社会主要矛盾变化、农行发展环境变迁与农行青年代际变换三者叠加的新现象。当前，“我国的主要社会矛盾已经转化为人民日益增长的美好生活需要和不平衡不充分的发展之间的矛盾”，这其中最为深刻的是城乡之间的不平衡发展。相对于城市，农村地区基础设施薄弱、发展滞后、农民收入微薄。城乡发展差距日益增大已成为当前主要社会矛盾的集中体现，也是社会主义发展新阶段中首要攻克的任务和关口。满足人民对美好生活的向往，农行必须承担必然之责；推进不平衡不充分发展问题的解决，农行更是责无旁贷，尤其是在推进城乡发展不平衡问题的解决、推进乡村振兴计划的更好实施，在新时代农行必须更充分体现国家意志和肩负更强烈的社会责任。农行发展既面临着其他国有银行和股份制银行的同业竞争，更面临着互联网金融创新带来的激烈市场竞争。当代青年是互联网的原住民，对互联网金融有着更深刻的理解，也有着更加自觉的金融创新行动。因此，农行青年对互联网金融的掌握程度和创新水平，在很大程度上影响着农行在互联网金融和同业竞争中的竞争态势。经历代际转换的新时代农行青年，表现出较强的自我独立以及尊重他人的自主意愿，同时也显现出关注个人和社会权利的公民意识以及后物质主义的萌芽。青年员工越来越强的自主意愿是创造和创新的源泉，但同时也带来一定程度管理上的困难以及集体意识缺乏等问题。虽然大部分农行青年认识到企业的发展前景与自己对工作整体的满意程度之间有着密切联系，但还不能自觉地将企业发展和自身进步正向结合起来，表现出“主人翁”的意识和风采。后物质主义萌芽的初现，使青年不再把薪酬和金钱作为唯一的评判标准，而是更加重视发展空间、工作成就感、获得感以及社会责任和担当。这一代青年被赋予了更多、更高的社会期望，因此也对团组织提出了更高的要求，要求团组织在快速发展的经济社会变革中率先做出调整，创新工作方式和内容，在新的形势下进一步发挥积极作用，协助青年建立起强大的精神支柱，激发和强化青年在新时代的担当意识，引导青年为创建和谐社会、振兴乡村，消除不平衡不充分发展矛盾，实现中华民族的伟大复兴而贡献自己的力量。

（二）切实履行党管青年原则，科学把握当代青年发展的新特征，推动我行青年发展再上新台阶

党管青年原则是《中长期青年发展规划（2016—2025年）》中首次提出的关于青年工作的重大原则，是要将有效引领青年思想作为青年发展根本任务的重要理念。党一直对青年寄予殷切的希望，党的十九大报告再次寄语青年，提出“青年一代有理想、有本领、有担当，国家就有前途，民族就有希望”。关注、关心和关爱青年发展是农行党委履行“党管青年”原则的必然要求，确保和推动青年发展是行党委的重要主体责任。共青团作为青年的核心组织力量，也担当着越来越重要的职责。各级团组织要在行党委的领导下，围绕治行兴行“六维方略”，科学把握当代青年发展的新特征，推动农行青年发展再上新台阶。一是要以创新发展的马克思主义青年观和习近平新时代中国特色社会主义思想来正确认识和评价青年。青年在价值观和行动上所表现出的各种矛盾是转型社会中多元文化碰撞、融合的具体反映，需要对此进行科学、全面、客观的分析，要认识其本质，掌握其发展趋势，而不是简单地肯定或否定。青年工作要建立在科学的理论指导和分析之上，这样才可能既帮助青年解决在工作、生活和社会中所遇到的具体的问题，又帮助青年建立文化、思想自信，构建起强大的精神支柱。二是要以青年的真实诉求为基础。青年需求不仅要包含物质层面，也要包含有精神层面；不仅包括职场工作，也要包含青年在家庭、生活、成长和社会等各个方面的困扰和愿望；不仅要涉及青年发展所面临的具体困难，也要包括如何充分、有效发挥青年积极的人生抱负和社会担当。三是需要党团合力重点解决共青团组织建设、队伍建设及费用配置等基础问题。共青团工作必须要融入企业，实现由政务指导型向企业经营参与型的转变，使共青团与现代企业经营实现有机结合，相互促进。团组织活动应不仅仅限于业余时间，而是应与工作岗位相结合，组织青年开展业务培训、业务帮扶、业务竞赛，鼓励青年在岗位上成长成才，使共青团组织成为辅助企业管理，推动企业发展的重要载体。要充分应用微信平台等新媒体，通过多样化的组织形式和活动内容，逐步建立、完善与青年的有效沟通机制以及平台。既要顺应青年特点，以青年喜好和需求为导向组织、开展活动，增强青年对平台的黏性，又要“先”青年一步，洞察青年的困扰和困难，率先制定方针，帮助青年更好地适应、融入工作岗位及社会。

（三）以时代责任引领青年发展，推动青年发展与农行发展并一体构建乡村振兴、区域协调发展的金融动脉体系

“三农”问题的最终目标是要增加农民的收入，通过对农村的基础设施、基

层公共服务、社会事业建设来促进和带动农村的发展。长期以来，农行都将服务“三农”作为自己的使命和最重要的社会担当，在社会转型的新时代和任务前，农行更需将在经济相对滞后的农村发展金融的制约和压力化为动力，将挑战化为契机，不断创新农村市场急需的农村金融产品和服务，为农村发展提供源源不断的养分和活力。首先，在互联网时代，金融动脉体系要以互联网为媒介，在巩固以往的县级营业点的基础上，线下结合线上，以互联网建设来进一步推动农村金融的发展。充分发挥互联网金融不受时空限制、发展迅速的优势，将金融服务快速、全面地推广到各乡各村，形成遍布农村的金融毛细血管，确保农村金融网络可以覆盖到每一个有需求的农户。其次，要打造融银行、企业、电商和农户为一体的农村金融平台，既要为企业和电商下乡入乡，又要为农产品进城上线建立金融服务通道。青年既有优势，又有激情，可以充分发挥青年在农行业务拓展和建立金融服务通道等方面充分发挥先锋和创新创业作用。再次，要充分发挥互联网金融数据信息全、服务成本低的优势，创新“三农”融资业务，降低服务风险，破解农村融资难的困境，为农村经济繁荣输送养分和活力。最后，农村金融产品的推广和服务最终都要落实到农行的一线员工身上。构成一线主体的青年员工的认识和态度、责任和担当也最终决定了金融产品和服务的质量和效果。企业和团组织在新的形势和阶段中要率先做出创新和变革，以有效的方式协助青年建立起强大的精神支柱，让青年感受到“不懈追求的美好梦想，始终与振兴中华的历史进程紧密相连”，打造与企业与国家风雨同舟的连带感。要在新的时代中明确农行和青年的时代责任，把时代责任落实到每一位农行青年身上，以农行青年思想发展引领和推动青年职业发展，以青年发展和企业的时代责任推动农行发展。农行和农行青年要像根系一样覆盖农村，用自己饱满的青春、热情去服务基层，服务于“三农”的第一线，以自己的奋斗见证和实现伟大，成为实现中华民族伟大复兴目标的先锋和表率。

第三篇

03

青年发展重点领域报告

中国青年信任研究报告

邹宇春 张 宾 王翰飞*

摘 要： 我国当代青年是在改革开放时代背景下成长起来的群体，他们是最具革新和创造精神的群体，也是实现中国梦的希望所在。其信任状况不仅事关青年人的整体心态，而且对社会良性发展也具有重要影响。因此，关注中国青年群体的信任状况，了解青年群体信任状况存在的问题，进而明确可行的改进措施，具有重要的社会意义和政策意义。调查发现，青年群体整体的信任程度处在中等水平；青年群体的人际信任和制度信任程度在性别、婚姻状况、学历以及户籍状况方面都具有明显的差异；同2013年相比，2017年青年群体人际信任的内部略有升降，而制度信任则整体提升。加强青年人思想道德建设、提升青年人信任意识，提升各项制度运转的效率和透明度，改善各项机构的形象，提高青年人的社会公平感以及健全与完善社会信用体系等对提高青年人的信任度有积极作用。

关键词： 青年；人际信任；制度信任；趋势

一、研究背景

青年是引领社会风气之先的力量，是社会建设的生力军。我国当代青年是在改革开放时代背景下成长起来的群体，他们是最具革新和创造精神的群体，也是实现中国梦的希望所在。党和国家历来高度重视青年、关怀青年、信任青年，始终坚持把青年作为党和人民事业发展的生力军。2017年4月13日，中共中央、国务院印发的《中长期青年发展规划（2016—2025年）》开篇即言“青

---

* 邹宇春，中国社会科学院社会学研究所发展社会学研究室主任、副研究员、博士，研究领域主要为社会调查研究方法、发展社会学、社会资本与社会信任；张宾，中国社会科学院大学社会学系博士生，研究领域主要为社会调查研究方法、发展社会学；王翰飞，中国社会科学院大学社会工作专业硕士研究生，研究领域主要为社会调查研究方法、发展社会学。

年是国家的未来、民族的希望。青年兴则民族兴，青年强则国家强。促进青年更好成长、更快发展，是国家的基础性、战略性工程。”①

信任是确保社会稳定运行的核心要素，作为一种主观态度，信任能够降低社会的复杂性和不稳定性，减少社会互动成本，提高社会行动效率。齐美尔认为信任是社会中最为重要的综合力量之一，没有人与人之间的普遍信任，社会本身将会瓦解。而青年人作为整个社会当中承前启后的桥梁，其信任状况既会受到整个社会尤其是上一代人的影响，同时也会对下一代甚至整个社会的信任状况产生持续性影响。青年作为我国社会发展的最宝贵的社会力量，其信任状况不仅事关青年人的整体心态，而且对社会良性发展也具有重要影响。因此，关注中国青年群体的信任状况，了解青年群体信任状况存在的问题，进而明确可行的改进措施，具有重要的社会意义和政策意义。

基于此，本报告主要采用 2017 年中国社会状况综合调查②数据中关于青年信任的数据分析青年群体的信任现状及其影响因素。将重点回答以下三个问题：（1）我国青年群体的信任现状如何？（2）我国青年群体与其他群体的信任状况是否存在差异？（3）如果青年群体与其他群体的信任状况存在差异，那么这种差异是如何产生的？在回答以上问题的基础上，本报告将会针对青年群体的信任状况提出改善建议和未来展望。

二、青年群体的人际信任现状

“青年群体”是指年龄在 18 周岁到 35 周岁之间的群体。信任是对他人行为的一种积极性的预期，主要包括人际信任和制度信任两大类。本部分将对青年群体的人际信任现状做具体分析。

人际信任是自然人之间的情感关系纽带，常发生于首要群体和次要群体中。一般来说，人际信任对象包括对家人、亲人、朋友、邻居、陌生人等出现在人际关系领域的互动交往对象。由于这些互动交往缘起于日常人际关系的需要，受到乡规、民约等非制度化的规则予以调节，所以人际互动中的信任更多地反

① 中华人民共和国中央人民政府．中长期青年发展规划（2016—2025 年）［R/OL］．中华人民共和国中央人民政府官网，2017-04-13.

② “中国社会状况综合调查”（Chinese Social Survey，简称 CSS），是中国社会科学院社会学研究所于 2005 年发起的一项全国范围内的大型连续性抽样调查项目，目的是通过对全国公众的劳动就业、家庭及社会生活、社会态度等方面的长期纵贯调查，来获取转型时期中国社会变迁的数据资料，从而为社会科学研究和政府决策提供翔实而科学的基础信息。

映了非制度化的社会稳定性，是支撑社会良性运行的重要元素。

（一）青年群体的人际信任呈现明显的差序格局特征

研究结果显示，我国青年群体对不同的人际互动对象持有的信任度存在差异，且这种差异所呈现状态与费孝通先生提出的人际关系的差序格局极为相似。

青年人对与自己关系越紧密的人，赋予的信任程度越高。这种信任格局与现有研究对社会大众的人际信任格局的发现比较一致。如表1所示，青年人选择“非常信任”亲人的比例最高，为74.5%；其次是朋友，为24%；再次是邻居，为11%；对陌生人表示非常信任的则仅有0.9%；在“比较信任”的比例构成方面，青年人选择比较信任亲人的比例为23%；比较信任朋友的比例为64%；比较信任邻居的比例大幅增加，达到64.1%；比较信任陌生人的比例稍有增加，达到7.7%。

由此可见，从“非常信任”和“比较信任”的综合情况来看，青年人最信任的人际对象是亲人，其次是朋友，邻居排第三，陌生人排最后。从这种信任的差序格局可以看出，首先，虽然有研究表明青少年群体存在“微信圈屏蔽家人”的现象，但青年人最信任的群体仍然是亲人。其次，在我国从“熟人社会”向“半陌生人”的转变过程中，原有的邻里关系被打破，青年人对邻居的信任程度比对朋友的信任程度低了12.9个百分点，比对亲人的信任程度低了22.4个百分点，这说明邻居对青年人的人际作用低于朋友和亲人，当下邻居对青年人的人际支持作用在下降。如要加强青年人的建设，可以从提高社区信任入手，提高社区内在的邻里信任从而为青年人提供更好的社会支持。此外，青年是生命历程中，对社会充满好奇、充满热情的阶段，青年人接触的陌生人比例会远远大于其少年时代，但目前青年人对陌生人极低的信任程度意味着青年人在与陌生人的互动中并不顺利，青年人融入社会的过程将充满阻力。

表1 青年群体的人际信任状况

信任程度 / 信任对象	完全不信任	不太信任	比较信任	非常信任
亲人	0.8%	1.7%	23.0%	74.5%
朋友	1.2%	10.8%	64.0%	24.0%
邻居	2.8%	22.1%	64.1%	11.0%
陌生人	53.3%	38.1%	7.7%	0.9%

（二）男性青年的绝对人际信任程度高于女性青年

从纵向来看，青年人的人际信任呈现出了差序格局的特征，但是从横向来看，青年群体的人际信任程度存在一定的内部差异，最明显的就是男性青年的绝对人际信任程度要高于女性青年。如表2所示，男性青年对亲人“非常信任”的比例为77.60%，女性青年为71.60%；男性青年对朋友“非常信任”的比例为25.20%，女性青年为22.80%；男性青年对邻居表示“非常信任”的比例为12.50%，女性青年为9.70%；男性青年对陌生人表示“非常信任”的比例为1.20%，女性青年仅为0.60%，并且以上性别差异均通过了显著性检验。

可以说，在人际信任的差序格局方面并无性别差异，但具体到每个信任对象的信任程度上，则有明显的性别差异。男性较之女性有更为强烈和线性的情感特征，从而在对于态度的表达上比女性更为坚定。同时，在现有生产生活模式下，男性因长期扮演家庭中“对外”的角色，其与他者接触并产生互动的机会要高于女性，其寻求社会支持的可能性也要高于女性，从而男性在人际信任程度方面要高于女性。此外，女性是社会中的弱势群体，在社会交往活动中也更多的是受到伤害的一方，从而女性在给信任对象以足够的信任之前必定要经过深思熟虑。在提高青年人际信任程度、鼓励青年人寻求社会支持方面的建议是增加青年人的社会流动机会、扩大青年人的人际交往圈子以及做好青年女性的保护工作。

表2　对信任对象表示非常信任的性别比较

信任对象 / 性别	亲人	朋友	邻居	陌生人
男	77.6%	25.2%	12.5%	1.2%
女	71.6%	22.8%	9.7%	0.6%

（三）未婚青年的人际信任程度高于已婚青年

无论是在对亲人、朋友、邻居还是对陌生人的信任程度上，未婚青年都要高于已婚青年。如表3所示，综合“非常信任”与“比较信任”可以看出，未婚青年表示信任亲人的比例为97.7%，已婚青年表示信任亲人的比例为97.3%，但二者在对亲人持“非常信任”的比例上有较大的差异，未婚青年对亲人表示非常信任的比例为78.3%，已婚青年为71.4%，较前者低了6.9个百分点；在对朋友的信任程度方面，未婚青年表示信任的比例为93.6%，已婚青年为

83.8%；在对邻居的信任方面，未婚青年表示信任邻居的比例为77.7%，已婚青年为73.6%；在对陌生人的信任方面，未婚青年表示信任陌生人的比例为11.3%，已婚青年为6.7%。

就人际信任总体来看，未婚青年的人际信任程度要高于已婚青年。有可能是因为已婚青年在组建了自己的新生家庭之后，其生活重心也转到了自己新生家庭上，考虑问题的利益出发点会集中在新生家庭上，以及其获得社会支持的来源也较未婚青年有所不同。再加上已婚青年组建家庭之后，生活、工作场所也日益固定，其与朋友、陌生人交往的频次会有所降低，从而最终导致了已婚青年对朋友、陌生人的信任程度有所下降。

表3 婚姻状况与人际信任的关系

信任对象 / 婚姻状况	亲人		朋友		邻居		陌生人	
	比较信任	非常信任	比较信任	非常信任	比较信任	非常信任	比较信任	非常信任
未婚	19.4%	78.3%	65.7%	27.9%	67.3%	10.4%	9.8%	1.5%
已婚	25.9%	71.4%	62.8%	21.0%	62.3%	11.3%	6.3%	0.4%

（四）青年人的教育程度越高，各类人际信任程度也越高

青年人的人际信任程度与其受教育程度存在明显的正相关关系，即青年人的受教育程度越高，其人际信任程度就越高；反之，则越低。如表4所示，综合“非常信任”与“比较信任”来看，学历为小学及以下、初中、高中高职和大专及以上的青年人对亲人表示信任的比例分别为94.20%、95.90%、98.40%和98.90%，对朋友表示信任的比例分别为71.90%、79.30%、90.30%和96.20%，对邻居表示信任的比例分别为73.30%、72.00%、77.10%和76.60%，对陌生人表示信任的比例分别为8.20%、6.70%、9.20%和11.70%。

可见，整体而言，青年人的受教育程度越高，其人际信任程度也就越高。个中原因在于受教育程度代表了青年人所掌握的资源和能力，一般而言，具有更高学历的青年人掌握着更多的资源并具备较强的能力，对资源和能力的掌握使得高学历的青年人能够在人际交往当中具备更强的抵抗失信行为的能力。

表4　青年人人际信任状况的学历比较

学历＼信任对象	亲人		朋友		邻居		陌生人	
	比较信任	非常信任	比较信任	非常信任	比较信任	非常信任	比较信任	非常信任
小学及以下	24.2%	70.0%	46.4%	25.5%	52.5%	20.8%	6.3%	1.9%
初中	27.3%	68.6%	62.5%	16.8%	60.7%	11.3%	5.8%	0.9%
高中高职	23.7%	74.7%	69.1%	21.2%	66.4%	10.7%	7.6%	1.6%
大专及以上	18.9%	80.0%	65.6%	30.6%	67.8%	8.8%	11.2%	0.5%

（五）非农户口青年与农业户口青年的人际信任差异明显

在社会转型背景下，社会流动频繁，户籍制度背后原有的资源差异正在弱化，但其所构建的家庭背景、社会关系和行为模式等仍对青年人的思想观念有着重要的影响。就人际信任而言，非农户口的青年要比农业户口的青年更加符合现代性的社会特征。如表5所示，在对亲人的信任方面，两种户籍青年的差别不大，非农户籍为97.80%，农业户籍为97.40%；而在对朋友的信任方面，非农户籍的青年人表示信任朋友的比例为93.80%，农业户口青年的这一比例为85.20%；但在对邻居的信任方面，农业户籍的青年要比非农户籍青年高2个百分点，前者为75.80%，后者为73.80%；在对陌生人的信任方面，非农户籍的青年表示信任陌生人的比例为10.60%，农业户籍的青年的这一比例仅为7.70%。

在社会逐步实现现代化的进程中，青年的人际信任仍具有一定的身份差异。具有非农户籍的青年，意味着其在日常生活当中接触不同对象、遭遇不同互动模式、获取不同信息资源的可能性要高于农业户籍的青年人。而农业户籍身份的青年人则活动范围、交际圈子相对狭窄，流动性不高，从而对长期接触的固定对象如亲人、邻居等的了解、依赖程度要高，对其信任程度也就较高。

表5　户籍类型与人际信任的关系

户籍类型＼信任对象	亲人		朋友		邻居		陌生人	
	比较信任	非常信任	比较信任	非常信任	比较信任	非常信任	比较信任	非常信任
非农户口	20.3%	77.5%	63.7%	30.1%	64.8%	9.0%	9.7%	0.9%
农业户口	24.2%	73.2%	64.1%	21.1%	63.8%	12.0%	6.8%	0.9%

三、青年群体的制度信任现状

制度信任是一种超出人际信任之外的信任。制度信任提出的原因在于，在现代社会，由于科层组织的兴起与扩散提供了另外一种分配方式，现代社会中的社会资源分配出现了移动性的安排。许多社会活动也因此超出了传统人际架构的范围，这种建立在“非人际”关系上的社会现象，引致一种不以自然人为对象的信任逐渐普遍起来（张立芸、谭康荣，2005）。在社会分化日趋复杂的背景下，制度既保障了个体对无法直接互动的他者的信任，也成为个体信任体系中的重要构成部分（邹宇春，2015）。个体之所以对制度（代表/机构）产生信任，在于相信这些制度的承诺能够实现（Barber，1983）。而信任程度，在于个体对制度承诺相关信息的了解程度以及对这些承诺实现程度的判断。当前社会里，较为显著的制度代表有同事、警察、法官、干部、公司企业老板以及教师等各行业组织的成员称谓。本部分将制度信任分成对制度代表的信任和对制度机构的信任两部分。

（一）青年群体对制度代表的信任有差异，教师最高而网店店主最低

多数人在青年时期已经走向社会，多少业已同社会当中的诸多制度有所接触，接触的频次和质量将很大程度上影响青年人对各类制度的信任程度。如表6所示，综合“非常信任”和“比较信任”来看，青年人对教师的信任程度最高，为86.5%，对网店店主的信任程度最低，为41.0%。另外，青年人信任同事的比例为79.9%，信任医生的比例为79.5%，信任法官的比例为75.2%，信任警察的比例为72.8%，信任党政干部的比例为61.9%，信任公司企业老板的比例为53.8%。

学校是个体进入学龄期后最重要的社会化场所，学校为广大学生提供了广泛的互动机会，其中最为重要的就是学生与教师之间和学生之间的互动。多数人的青少年时光是在学校当中度过的，并且在这一时期教师除了教给学生文化知识之外，还教给了学生很多的行为处事方式，为学生走出校门提供了必要的准备条件，给学生顺利走向社会提供了帮助。在学校期间与教师的长时间互动以及走出校门后对教师所传授的知识技能的使用都进一步强化了学生对教师的信任，致使青年人对教师的信任程度高于其他制度代表。同时，作为消费者，青年人与网店店主的关系是进入网购时代的新生互动关系，其相应的制度约束还不健全，互动方式不够明朗，互动内容也更为商业化，两者之间的关系既是相互依存又可能互相伤害。尤其，网购出现假货的情况时有发生、维权成本过

高等问题的存在都直接或间接影响了青年群体对网店店主的信任程度。青年群体对同事、警察、法官和医生的信任都超过了七成，可见青年群体对这四类群体所代表的制度是较为信任的。青年群体对党政干部和公司企业老板的信任程度较低，这或与个体和此两类制度代表在权力结构中的位置有关，两者之间存在制度距离，增加了彼此之间的不信任感。

表 6　青年群体的制度信任状况

信任程度／信任对象	完全不信任	不太信任	比较信任	非常信任
同事	2.2%	17.9%	67.9%	12.0%
警察	5.7%	21.5%	52.9%	19.9%
法官	5.9%	19.0%	55.1%	20.1%
党政干部	9.5%	28.6%	50.0%	11.9%
公司企业老板	7.7%	38.5%	47.8%	6.0%
网店店主	9.9%	49.1%	37.6%	3.4%
教师	2.7%	10.8%	64.1%	22.4%
医生	3.8%	16.7%	61.7%	17.8%

（二）女性青年的制度代表信任程度高于男性

整体而言，女性青年的制度信任程度高于男性，不过，在不存在权力结构关系的制度信任上，男性青年的信任程度是高于女性青年的；反之，女性青年的信任程度高于男性青年。如表 7 所示，男性青年对同事和网店店主的信任程度为 83.1%和 43.7%，女性对这两者的信任程度分别为 76.6%和 38.5%，可见在对此二者的信任程度上男性青年要高于女性青年。而在对警察、法官、党政干部、公司企业老板、教师以及医生的信任方面，男性青年的信任程度分别为 69.4%、72.4%、60.3%、53.5%、84.7%和 77.3%，而女性青年对这些制度代表的信任程度分别为 76.0%、77.8%、63.4%、54.1%、88.2%和 81.6%，均高于男性青年。

表7 性别与制度代表信任的关系

信任对象 性别	同事	警察	法官	党政干部	公司企业老板	网店店主	教师	医生
男	83.1%	69.4%	72.4%	60.3%	53.5%	43.7%	84.7%	77.3%
女	76.6%	76.0%	77.8%	63.4%	54.1%	38.5%	88.2%	81.6%

男女青年对存在权力张力关系的制度代表的信任差异，在一定程度上反映了男性青年和女性青年的不同性格与对不同制度的接纳程度，男性青年表现出了更强烈的反抗精神，而女性青年更多的是对既有制度的接纳。

（三）未婚青年的制度代表信任程度高于已婚青年

婚姻关系的建立，意味着个体的生活核心和依赖关系的确立。已婚青年相较于未婚青年的生活核心和依赖关系较为狭窄，除人际信任程度不及未婚青年，其制度信任程度也低于未婚青年。如表8所示，已婚青年除对同事的信任程度与未婚青年一致（80.2%）、对公司企业老板的信任程度高于未婚青年外，对其他制度代表的信任程度皆是未婚青年高于已婚青年，未婚青年对警察、法官、党政干部、网店店主、教师以及医生的信任程度分别为78.2%、81.0%、67.8%、41.5%、90.5%和84.4%，已婚青年对这些制度代表的信任程度则分别为68.9%、70.8%、57.6%、40.7%、83.8%和76.2%。

除婚姻关系对依赖关系的影响外，婚姻关系建立之后所形成的家庭也对依赖关系产生影响。已婚青年与制度发生关系的时候是以家庭的形式出现的，而其他制度则是通过家庭这一形式来对个人产生影响，其他制度与家庭之间的对立关系便也通过这种方式转移到了个人身上，从而影响了个人对制度的信任程度。例如，已婚青年可能意味着有着自己需要抚养的子女和需要赡养的老人，已婚青年对子女受教育状况的期待和对父母健康的关注都处在较高水平，从而会对教师和医生产生较高的期望，当教师和医生未能达到其所期待的水平时，教师和医生在其心中的信任程度就会降低。同时，每一个独立的家庭所拥有的资源和抗风险能力都是有限的，当这些资源和抗风险能力的使用未能得到有效的制度保障时，最终会降低整个家庭对制度的信任水平。

表8　婚姻状况与制度代表信任的关系

信任对象 婚姻状况	同事	警察	法官	党政干部	公司企业老板	网店店主	教师	医生
未婚	80.2%	78.2%	81.0%	67.8%	53.6%	41.5%	90.5%	84.4%
已婚	80.2%	68.9%	70.8%	57.6%	54.2%	40.7%	83.8%	76.2%

（四）青年人的学历越高，其制度代表信任程度也就越高

青年人受教育程度越高，其所掌握的知识文化资源也就越多，从而能够对现行的各项制度有充分了解并有可能实现平等有效对话，对制度的过程更为认可，从而增强了其对制度的信任程度。如表9所示，青年人的受教育程度与其对制度的信任水平之间存在显著的正相关关系。从学历与青年人的制度信任的关系可以看出，提高青年人的受教育水平的确可以提高青年人的制度水平，但提高制度信任的核心还是在于提高青年人对制度过程的认可与接纳，而非只是采用结果导向型的价值评判方式，这或许是教育所带来的最重要的影响。

表9　学历与制度代表信任的关系

信任对象 受教育程度	同事	警察	法官	党政干部	公司企业老板	网店店主	教师	医生
小学及以下	74.3%	70.5%	69.5%	54.4%	46.8%	33.2%	84.3%	75.9%
初中	74.8%	63.5%	66.4%	52.8%	54.3%	37.4%	82.5%	73.7%
高中高职	81.4%	72.8%	74.7%	60.9%	54.7%	46.3%	85.4%	78.5%
大专及以上	83.4%	80.3%	82.4%	70.6%	54.2%	41.7%	90.6%	85.3%

（五）非农户口青年的制度代表信任高于农业户口青年

现行社会制度源于城市、服务于城市，是支撑城市社会运行的重要骨架，非农户籍青年先天或后天长期处于此种制度环境当中，对制度的了解与把握能力自然高于农业户籍青年。如表10所示，非农户籍青年对同事、警察、法官、党政干部、公司企业老板、网店店主、教师和医生的信任程度分别为84.4%、78.3%、80.4%、69.5%、53.9%、45.0%、88.8%和82.5%，农业户籍青年对各项制度代表的信任程度分别为77.6%、70.2%、72.6%、58.3%、53.8%、38.9%、85.4%和78.1%。可见，非农户籍青年对各项制度代表的信任水平均高于农业户籍青年，这是户籍的身份区别在制度信任方面的体现。

表 10　户口状况与制度代表信任的关系

户口状况 \ 信任对象	同事	警察	法官	党政干部	公司企业老板	网店店主	教师	医生
非农户口	84.4%	78.3%	80.4%	69.5%	53.9%	45.0%	88.8%	82.5%
农业户口	77.6%	70.2%	72.6%	58.3%	53.8%	38.9%	85.4%	78.1%

（六）青年群体对制度机构的信任有显著差异

青年群体对多数机构的信任程度能够达到七成以上，如表 11 所示，青年人对各类机构的信任程度排序依次是银行（88.5%）、中央政府（87.6%）、法院（79.6%）、医院（79.4%）、工作单位/组织/公司（78.6%）、工、青、妇等群团组织（72.9%）、区县政府（71.6%）、乡镇政府（66.1%）、新闻媒体（62.7%）、保险公司（61.1%）、慈善机构（60.4%）和互联网（53.5%）。这其中，青年群体对银行的信任程度最高，对互联网的信任程度最低，说明银行在保障个体财产安全、获取收益方面的业务得到了青年群体的认可，而青年群体对互联网信任程度最低则说明了青年群体对网络虚拟性和网络风险性有一定程度的担忧。另外，最为显著的一点是青年群体对中央政府、区县政府和乡镇政府的信任程度是随着政府层级的降低而对其信任度依次下降的，即政府的层级越高，得到的信任程度也就越高，政府层级越低，其得到的信任程度也就越低。①

表 11　青年群体的制度机构信任程度

信任对象 \ 信任程度	完全不信任	不太信任	比较信任	非常信任
中央政府	2.6%	9.7%	49.9%	37.7%
区县政府	5.2%	23.2%	52.5%	19.1%
乡镇政府	8.2%	25.7%	50.0%	16.1%
工、青、妇等群团组织	5.2%	21.9%	58.2%	14.7%
工作单位/组织/公司	3.0%	18.50%	65.30%	13.30%

① 青年群体对各级政府的信任程度与青年人的性别、婚姻状况、学历以及户籍状况并无关系，详见下文。

续表

信任程度 信任对象	完全不信任	不太信任	比较信任	非常信任
慈善机构	7.0%	32.5%	49.2%	11.2%
新闻媒体	4.7%	32.6%	52.9%	9.8%
互联网	4.6%	41.9%	47.2%	6.3%
银行	1.9%	9.6%	63.6%	24.9%
保险公司	7.3%	31.6%	51.4%	9.7%
医院	3.5%	17.1%	62.9%	16.5%
法院	4.4%	16.0%	60.3%	19.3%

四、青年群体人际信任和制度信任的变化趋势

（一）青年群体对邻居的信任在下降，但对陌生人的信任在上升

转型期的社会流动在扩大个体社会交往圈子的同时也造成了个体对原来社会关系的疏离。从2013年到2017年，青年人的人际信任格局没有变化，但不同人际信任对象获得青年的信任程度有所不同。第一，对邻居的信任下降。2013年，青年群体对邻居的信任程度是79.1%，2017年则下降为75.1%（如表12所示）。第二，青年群体对陌生人的信任程度在上升。2013年，青年群体对陌生人的信任为6.0%，到了2017年则增加了1.7个百分点。

对邻居信任下降，在一定程度上意味着，在当前全国各地推进社区建设的事业中，要注意培养和推动青年群体的参与社区治理的意识和参与度。社区建设不能仅靠社区骨干或者社区老年人，还应加大社区青年的参与，如此才能提高青年群体对邻里的信任度，才能更有效地提升社区归属感和社区的生活品质。同时，对陌生人信任的提升，很可能意味着我国青年群体有更高的能力抵御陌生人背信带来的风险，或者是青年人对陌生人有更理性、更具有包容度的行为预期，青年群体正在适应并融入传统社会向现代社会转型的社会变化中。

表 12 2013 年与 2017 年青年群体人际信任的比较

信任对象＼年份	2013 年	2017 年
亲人	95.6%①	97.5%
朋友		88.0%
邻居	79.10%	75.1%
陌生人	6.90%	8.6%

（二）青年群体对各制度代表的信任在整体提升，对党政干部的信任增幅最大

在四年时间内，青年群体的制度信任水平整体上有了较大幅度的提高。如表 13 所示，青年群体对警察、法官、党政干部和医生的信任程度由 2013 年的 65.2%、65.6%、50.7% 和 79.3%，分别上升至 2017 年的 72.8%、75.2%、61.9%和 79.5%。除了对教师的信任程度下降了 0.7 个百分点，对党政干部的信任程度提升了 11.2 个百分点，对法官的信任程度提升了 9.6 个百分点，对警察的信任度提升了 7.6 个百分点，对医生的信任程度上升了 0.2 个百分点。可见，除了对教师的信任有所下降外，其他制度代表获得的信任程度都有所提升。青年群体对制度信任程度的提高意味着青年群体对这些制度代表完成各自业务承诺的能力的积极性预期在提升。

换言之，在青年群体认知能力、评估标准没有太大变化的前提下，他们对各项制度代表信任度的提升，在某种程度上意味着我国各方面的制度建设有了明显的提升并得到青年群体的认可。在五类制度代表中，获得信任程度提升幅度最大的是党政干部，其次是法官，警察排第三。这说明我国近几年的党政建设取得了有效的成绩，党政干部执政水平在显著提升，干群关系也在改善。

① CSS2013 所调查的是对“亲戚朋友”的信任程度。

表 13 2013 年与 2017 年青年群体制度代表信任①的比较

年份 信任对象	2013 年	2017 年
警察	65.2%	72.8%
法官	65.6%	75.2%
党政干部	50.7%	61.9%
教师	87.2%	86.5%
医生	79.3%	79.5%

此外，有两点需要注意。（1）青年群体对医生信任的提升度非常小。这说明我国医改力度还要加大，医患关系还有待更进一步地改善。（2）对教师的信任度有微小下降。正如前文所言，青年群体接触最多的制度代表是教师，他们能够对教师做出较为正确的行为预期，而青年群体对教师信任度的微小下降，意味着亟须开展调查、正确评估当前的教育制度及其代理人教师群，评估是否存在失德、失言等失信现象，以便进行相应的改进措施，减少教师信任持续下降的可能性。

五、总结与建议

（一）研究总结

《中长期青年发展规划（2016—2025 年）》提出到 2020 年，要初步形成具有中国特色的青年发展政策体系和工作机制，进一步提升广大青年思想政治素养和全面发展水平，充分发挥青年人在决胜全面建成小康社会伟大实践中的生力军和突击队作用。而青年人的信任状况无疑对提高青年人的政治素养并实现全面发展具有重要的作用。本文利用最新的全国随机入户调查数据，深入分析了我国青年群体的人际信任、制度代表信任和制度机构信任等不同类型的信任现状。整体而言，青年人的人际信任、制度代表信任和制度机构信任都处在较高的水平，但在青年人内部也表现出了一定的信任差异。

首先，青年群体的人际信任、制度信任及制度机构信任各有不同且表现出

① CSS2013 没有对“同事”的信任程度进行调查，并且调查的是对“单位领导/上司或老板”“企业家”的信任状况，从而本部分将无法对“同事”和“公司企业老板”的信任进行年份比较。

了不同的变化趋势。青年群体的人际信任呈现明显的差序格局特征，青年人对与自己关系越紧密的人，赋予的信任程度越高，具体表现为青年人最为信任亲人，其次是朋友，再次是邻居，最不信任陌生人；而在人际信任对象信任程度的变化方面，同2013年相比，青年群体对邻居的信任程度有所下降而对陌生人的信任程度有所提高。青年群体对制度代表的信任程度有一定的差异，青年群体对教师的信任程度最高，而对网店店主的信任程度最低；在制度信任对象信任程度的变化方面，同2013年相比，青年群体的制度信任整体有所提升，对党政干部的信任增幅最大。青年群体对制度机构的信任也有一定的差异，银行、中央政府和法院在青年群体的制度机构信任中排前三位，而对慈善机构、保险公司和互联网的信任程度则仅在六成左右。

其次，在青年群体内部，人际信任、制度代表信任和制度机构的信任程度也有一定的差异。在性别方面，男性青年比女性青年表现出了更高的人际水平，而女性青年则比男性青年有更高的制度代表信任和制度机构信任程度。这在一定程度上反映了“男主外、女主内”的生活模式对男性和女性的人际交往模式产生的影响，即男性人际交往范围更大，其所获得的社会支持和形成的社会信任程度也就越高；而男性和女性在制度信任和机构信任程度上的差异则是男性和女性对各类制度和机构的态度和利用上的差异，女性作为社会当中的弱势群体，其遇到的问题乃至受到伤害，仅依靠人际关系并不能完全解决，诉诸制度和机构往往是更为有效的途径，相较于女性，男性在遇到问题时更倾向于利用人际关系来解决。此外，男性较之于女性有更强的反抗精神也对二者的制度信任和机构信任差异产生了影响。在婚姻状况方面，未婚青年在人际信任、制度信任和机构信任方面的比例均高于已婚青年。对此合理的解释应为已婚青年建立自己的新生家庭之后，其社会支持网络和依赖对象随之收缩，并且在与制度和机构的互动过程当中逐渐增加了对制度和机构的对立性，而未婚青年则对原生家庭、社会关系、制度以及机构等的依赖性较强，从而其人际信任、制度信任和机构信任的水平也就较高。在受教育程度方面，青年人的学历水平与青年人的人际信任、制度信任以及机构信任水平成正相关关系，学历高低意味着青年人所掌握资源的多少、对资源的利用能力以及对失信行为的抵抗能力的高低，拥有较高学历的青年人相较于学历较低的青年人掌握着更多的资源，并且相较于后者对制度和机构有着更为深入的了解，能够利用制度和机构为自己服务，而后者则在此方面有所欠缺。在户籍方面，非农户口青年比农业户口青年的人际信任、制度信任以及机构信任的程度要更高。社会转型期带来的社会流动、社会现代化发展带来的制度和机构改革等都是主要发生在城市当中的现象，非农户籍青年身处其中，潜移默化当中增加了对诸信任对象的了解，更能够充分理解并利用现有人际关系、制度和机构，因此对其有着较高的信任程度，而后者则因长期生活在传统、闭塞的社会环境当中，对接触较少的人际、制度和机构的信任程度自然不高。

（二）政策建议

一是加强青年人思想道德建设，提升青年人信任意识。此处所说的提高青年人的信任意识包括两个方面：一是青年群体要提高自身的人际信任、制度信任和机构信任程度；二是青年人自己要做守信之人，成为能够为他人所信任的对象。如数据显示，青年人认为现在人与人之间的信任分值平均为5.99分，是一个比较低的分值①，而这样低的分值同时意味着青年人的人际、制度和机构信任水平低且青年人自身守信能力有待提高。

二是加强社区信任和社会信任体系建设，为青年人提供社会支持。青年群体人际信任的差序格局特征既表现了青年群体对不同信任对象的信任差异，也体现了青年群体社会支持的主要来源，无疑亲人和朋友给予了青年群体最多且最主要的社会支持，从而能够得到青年群体更高的信任程度。而另一方面，青年群体对邻居信任程度较低并且还存在下降的趋势，这意味着青年群体所在社区的邻里信任和邻里支持存在一定的不足，而要提高青年群体对邻居的信任则有必要加强社区邻里相互信任和支持的建设，从而为青年人提供更多的社会支持。此外，青年人接触的陌生人比例会远远大于其少年时代，但目前青年人对陌生人的信任较前几年有所提高但整体程度仍然不高，这意味着青年人与陌生人交往的互动成本仍然很高，需要青年人在与陌生人交往时可以保持一定戒心的同时也要给对方适当的信任，更需要整个社会信任状况的改善，为青年人提供提供良好的社会环境以便更好地融入社会、提高青年人的信任程度进而提升整个社会的凝聚力②。

三是各项制度、机构应当提升自身办事效率与透明度，树立良好形象。效率提升与公开透明是提升青年人对制度和机构信任的重要方面，首先，在生活节奏不断加快的社会背景下，青年人的时间观念很强，办事效率的提升意味着能够在青年人预期的时间范围内满足青年人的需求，从而提升青年人对制度、机构办事能力的认可；其次，制度和机构的公开透明化有利于青年人了解制度和机构的运作方式，认识到制度和机构的合理性，从而增强对制度和机构的信

① 调查数据显示，所有受访者认为人与人之间的信任分值平均为6.11分。
② 在社会质量研究领域，社会信任是衡量社会凝聚的重要指标。

任感。青年群体对教师的高信任程度很大程度上在于教师在传授知识的同时能够在公开透明的环境下及时解决青年人在学生阶段所遇到的问题。青年群体对制度机构的信任程度的提高，尤其是对党员干部信任程度提高幅度最大的原因在于十八大以来，政府职能的转变提高了办事效率，反腐倡廉取得了重大成效，从而提高了党和政府的公信力。但以“郭美美事件”为代表的一系列丑闻，让传统官方慈善机构财务不透明等问题公之于世，导致相关机构公信力大减，应当通过提升办事效率、加强程序公开等方式加强这些机构的信用建设。

四是健全与完善社会信用体系，提高失信成本。从经济学成本—收益的角度来看，失信行为频发的主要原因在于失信的成本相较于失信所获得的收益极低。同时，转型期社会流动的增加更是降低了失信行为的成本。在这样的社会环境下，社会信用体系的完善主要应从提高失信成本的角度出发，从制度上杜绝失信行为，从而保障守信者的利益，提高社会整体信任水平。

中国大学生职业生涯发展现状及对策

董金秋　秘天仪　黎鸿雁*

摘　要： 大学生职业生涯发展状况，不仅关系到大学生毕业后能否顺利进入职场实现就业，也关系到未来整个社会工作环境的健康、秩序和活力。研究发现，当前我国大学生在职业生涯适应力、职业生涯探索发展方面表现出了一定的不平衡性，但在职业决策困难方面呈现出明显的一致性，即大学生普遍面临着缺乏准备、缺乏信息和信息不一致的问题。此外，在未来工作自我清晰度方面，性别、户籍、出生地等存在显著的差异性。建议从构建“四位一体”大学生职业生涯培育模式；注重职业生涯教育地位、课程、方式的转变以及不同教学方式的融合；促进大学生职业探索水平，提升其未来工作自我清晰度；收集生涯决策内外信息，帮助学生克服职业决策困难；提升大学生生涯适应力，推动大学生职业生涯发展的动态差异化建构等方面入手，促进大学生职业生涯发展的顺利进行。

关键词： 职业生涯发展；大学生；教育改革

大学生职业生涯发展是大学生面对即将承担或参与的不可预测的生涯角色、生涯任务而形成的一种主观应对状态，在个体整个职业生涯生命周期的过渡阶段具有十分重要的作用。当前全国各高校正在紧锣密鼓地开展大学生职业规划教育活动，比如，开设“大学生职业生涯发展规划”专门性课程；开办学生就业社团，定期举办职业生涯规划大赛；修订各专业人才培养方案，缩短专业核心课程理论讲授学时，增加教学实践环节等，目的就是促进大学生职业生涯发展的顺利进行。这些做法遵循我国大学生成长成才的规律、身心发展的规律和

* 董金秋，河北农业大学人文社会科学院副教授、博士，主要研究领域为社会结构和社会组织；秘天仪，河北农业大学人文社会科学院助教，主要从事公共政策研究；黎鸿雁，河北农业大学人文社会科学院副教授，主要研究领域为大学生职业生涯发展和规划。

认知规律，紧密联系大学生的生活实际，以自我导向和认知研究为基础，将大学生自我探索与学习工作环境相结合，为大学生在大学生涯和职业生涯道路上进行有效决策，能够保持在正确的职业发展道路上提拱手段支持。问题是青年大学生职业生涯健康发展是一个非常复杂的社会化过程，与个体特征及其所处具体教育环境有着千丝万缕的联系。许多在校青年大学生依然沿袭着中学教育形成的学习习惯，未能精准地找到生涯角色定位，职业社会化严重不足，整体素质与社会需求严重脱节，面临即将进入的职场，常常陷入茫然失措的困境(董金秋，2017)①。2015年国务院发布《关于进一步做好新形势下就业创业工作的意见》，指出要鼓励高校毕业生多渠道就业，将高校毕业生的就业问题摆在首要位置。2018年全国两会期间，国家统计局局长宁吉喆透露，今年高校毕业生人数为820万人，首次超过800万，大学生就业面临巨大压力。因此，正视大学生职业生涯发展现状、了解大学生职业生涯发展的社会性差异，对进一步针对性地促进大学生职业生涯的顺利发展具有十分重要的意义。

一、大学生职业生涯发展概念及调查数据

（一）职业生涯发展理论

从社会学视角看，人的职业生涯发展本质上是个体职业社会化的一个过程，经由这个过程，个体从一个自然人转变为一个特定的职业人。人的职业社会化可以划分为初级职业社会化和次级职业社会化两个阶段，从孩童到中学毕业的基础教育属于初级职业社会化阶段，之后进入职业或高等专业院校，就某专业或职业领域进行系统专业知识学习，内化职业价值观念，形成职业就业能力，做出职业选择和决策，并最终实现就业，专业院校的这一学习过程就是次级职业社会化。与初级职业社会化相比，大学职业社会化的主要任务是在形成职业能力的基础上，培养大学生面向职业角色的心理适应和应对能力，积极进行自我和职业环境探索，克服种种职业决策的障碍，理论联系实际，掌握专业知识和技能，形成清晰的未来职业自我印象，最终顺利成为一个合格的职业人。为了实现这一目标，1909年弗兰克·帕森斯在其《选择职业》一书中提出了指导职业选择的三个原则：第一，清楚地了解自己的态度、能力、兴趣、智慧、局限与其他特性。第二，成功的条件及所需的知识，在不同岗位上所具有的优势、不利、补偿、机会和前途等。第三，上述两个条件的平衡。威廉森的"特性—

① 董金秋，高婷．大学生生涯适应力与家庭背景的相关性分析［J］．北京青年研究，2017（4）．

因素”匹配论和霍兰德的“人格—职业类型”匹配论，则更强调通过职业指导和职业发展规划，帮助个体了解其个性特征，探索不同工种或职业对从业者的要求，帮助个体实现职业发展和职业决策相应的匹配①。

按照美国职业管理学家萨柏的观点，人的职业行为发展有两个重要的阶段，即探索阶段和建立阶段，不同阶段有不同的职业关注点，从而表现出一种渐变的特征。青少年阶段个体主要是进行试探性的探索和询问，逐渐认识到职业决策的重要性，并试着做出初步的职业决策行为。对个体成长而言，为了做到职业和自我的匹配性，获取个体的自我信息和相关职业信息是极为必要的。通过生涯探索活动个体能够获得这样的一些信息，当探索行为得到的信息与个体原先持有的相冲突、发生矛盾时，个体为了保持自我与外部世界在价值观上的一致性，必然会采取一些方法使其职业行为发生改变，及时调适个人职业发展方向，进行自我职业调整。随着职业探索行为的发展，个体进入下一阶段前必须要进行职业决策，但由于个体心理、外部环境等种种因素的复杂作用，这种职业决策行为并非一帆风顺，而是充满阻碍和困难。盖蒂和奥西波（Gati & Osipow，1996）认为职业决策困难是指个体在做出职业决策过程中可能遇到的各种难题，这些难题主要从两个方面影响决策者行为：阻碍个人做出决策或所做的决策不是最优决策。

萨维科斯（Savickas，M. L.）以此为基础，提出了生涯适应力的概念，把生涯适应力定义为“个体对可预测的生涯任务、所参与的生涯角色以及生涯改变或生涯情境中不可预测的生涯问题的因应准备程度”，认为生涯适应力是“个体应对生涯中的任务、问题、转折并与环境交互作用时所需要的心理资源，是个体应对当前和未来生涯任务和生涯转折时的一种心理社会建构”（Savickas & Porfeli，2012）②。萨维科斯将生涯适应力划分为四个维度：生涯关注、生涯控制、生涯好奇、生涯自信。生涯关注就是个体对自己未来生涯中的前途和方向以及微观的问题的关注程度；生涯控制是指个体对自己生涯的决定负主要责任；生涯好奇是指个体对未知的生涯领域的猎奇态度；生涯自信是指个体对解决自

① 塞缪尔·H. 奥西普，路易丝·F. 菲茨杰拉德. 生涯发展理论（第四版）［M］. 顾雪英，姜飞月，等译. 上海：上海教育出版社，2010.

② Savickas，M. L.，& Porfeli，E. J.（2012）. Career adapt-abilities scale：construction，reliability，and measurement equivalence across 13 countries. Journal of Vocational Behavior，80（3），661-673.

己生涯中遇到的问题并实现生涯目标的信心（Savickas，2005）①。施特劳斯提出未来工作自我包括未来工作自我清晰度和未来工作自我详细度两个关键属性。基于清晰度和详细度，未来工作自我不仅能帮助个体形成关于未来工作自我的清晰图像，还能通过细节丰富图像，从而为个体设定合理的目标和实现目标的策略或规划（Strauss，2012）②。以上关于职业发展的理论构成了研究大学生职业生涯发展的概念基础。

（二）大学生职业生涯发展的概念框架及相关数据

大学生职业生涯发展是指在校大学生与其职业有关的自我概念、自我形象、态度倾向等连续经历的过程和状态，主要体现在职业生涯适应、职业生涯探索、未来工作自我和职业决策困难等不同方面。其中，大学生生涯适应是指大学生对生涯各个阶段可预测到的生涯任务、所参与的职业角色，面对职业环境中难以料到的变化的准备及适应程度。生涯适应力是一个心理学概念，是个体对自身所具备的就业能力、知识储备、专业技能、心理准备程度的一种主观评价。

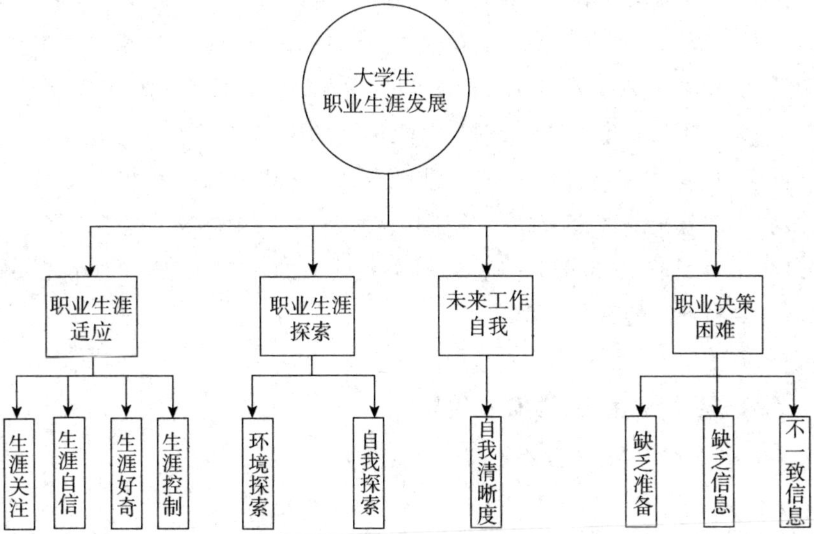

图1　本研究的概念框架

① Savickas，M. L.（2005）. The theory and practice of career construction. In S. D. Brown&R. W. Lent（Eds.），Career development and counseling：Putting theory and research to work. Hoboken，NJ：Wiley. 42–70.

② Strauss，K.，Griffin，M. A.，& Parker，S. K.（2012）. Future work selves：How salient hoped–for identities motivate proactive career behaviors. Journal of Applied Psychology，97（3）：580–598.

生涯适应与生涯探索紧密相连，大学生职业探索是大学生能够认识自我和外部环境的一系列活动，通过该探索活动大学生能够准确认识自己并获得自己与工作世界之间的认定。有了较高的职业生涯应对准备和积极主动的生涯探索活动，个体就会形成一定清晰度的未来工作自我形象，未来工作自我是个体构建的一种有关工作希望和职业抱负的未来形象的表征，是可能自我在工作领域的具体化表现，也是一种职业角色预演。未来工作自我的认定也是一种职业决策行为，这种行为因受到个体和环境因素的影响而不可避免地会遇到种种困难，使得个体的职业决策表现出犹豫困惑、不知所措甚至无法做出决策的现象。

大学生职业生涯发展状况，不仅关系到大学生毕业后能否顺利进入职场实现就业，也关系到未来整个社会工作环境的健康、秩序和活力。那么，进入新时代的中国，大学生职业生涯发展状况到底如何呢？又与大学生的哪些特征相互关联呢？本研究利用2017年“大学生职业生涯发展状况调查”收集上来的数据进行描述性统计分析。本次调查采用方便取样的方法，选取全国23所高校的2929名大学生作为调查对象，样本涉及北京、天津、上海、湖北、湖南、四川、浙江、广西、辽宁、河北、河南、新疆、安徽共13个省、直辖市。其中男生占51.52%，女大学生占48.48%；大一年级学生占41.17%，大二年级学生占33.36%，大三年级学生占23.35%，大四年级学生占2.12%；自然科学类（理工类）专业大学生占59.51%，社科类大学生占40.49%；重点院校大学生占44.28%，一般院校的占55.72%；东部地区大学生占54.49%，西部26.32%，中部14.17%，东北区占5.02%；生源地为大城市的占13.82%，中小城市的占25.78%，农村社区的占60.40%。

二、大学生职业生涯发展研究结果

（一）生涯适应力的概念建构及其测量

1. 总体状况

生涯适应力是个体追求主观自我与外在客观世界相互适应的动态建构过程，具有适应性、动态性与灵活性的特征，也是个体顺利融入社会、实现自我价值的重要途径。本次调查以Savickas（2005）① 提出的生涯适应力四维理论建构模型为指导，将大学生的生涯适应概念划分为以下四个维度：生涯关注，即个体

① Savickas，M. L.（2005）. The theory and practice of career construction. In S. D. Brown&R. W. Lent（Eds.），Career development and counseling：Putting theory and research to work. Hoboken，NJ：Wiley. 42-70.

对自己未来生涯能够有所关注；生涯控制，即个体相信他们对建构自己的生涯是可以自我决定和负起责任的；生涯好奇，即个体的好奇态度；生涯自信，即个体对自己生涯问题解决能力的信心及其自我效能信念。此模型得到了很多研究者的认可和探究。生涯适应力的测量采用2012年职业心理学家编制了国际版“生涯适应力量表”，该量表由24个题项组成，采用李克特5点刻度测量，由大学生自我报告给出自我评价的评估，答案从“不强”到“非常强”依次赋值1~5分，分值越高表示其生涯适应力越好。

我们假定大学生的各种职业生涯力都是无法直接观测的连续潜变量，每一种适应力都由相应的子量表来测量，每个子量表包括6个题项，这样就可以用定距指标的验证性因子模型来进行分析。验证性因子分析表明，4个因子量表具有很好的测量效果，各个指标变量在相应因子上的负荷系数均大于0.4的标准。从四因子模型的拟合优度看，RMSEA的统计值等于0.058，CFI等于0.93，SRMR等于0.042，表明模型是可以接受的。

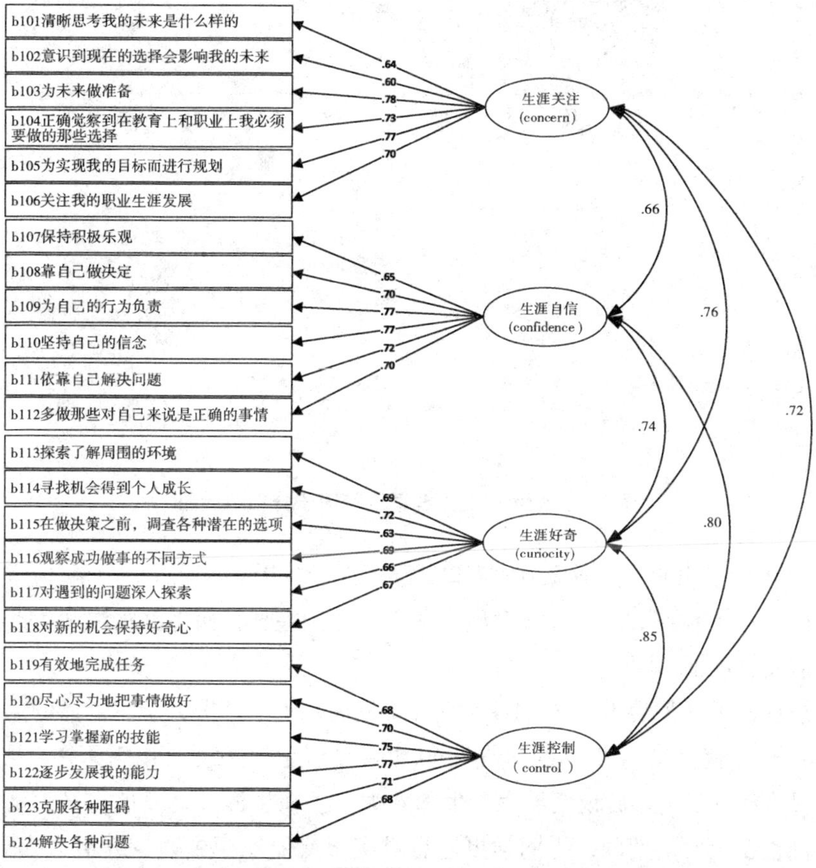

图2 大学生职业生涯适应力验证性因子分析模型

然后我们计算出四因子的标准分值，用因子分值代表个体各种职业生涯适应力状况的高低，标准分越大，表示个体的效能感越高。为了便于阅读，这里对所得到的 4 个因子的标准分进行了百分制转换。样本中，4 个因子的最大值均为 100，最小值都是 0，量程 100。其中，生涯关注度量表的均值为 58.58 分，标准差是 17.99；生涯自信度量表的均值为 67.08 分，标准差为 17.46；生涯好奇度量表的均值是 61.44 分，标准差是 16.76；生涯控制力量表的均值为 63.92 分，标准差是 16.73。可见，当前中国大学生职业生涯适应各个维度的发展表现出了一定的不平衡性，生涯自信发展最佳，而生涯关注发展是最差的，生涯适应各维度的分布情况如图 3 所示。

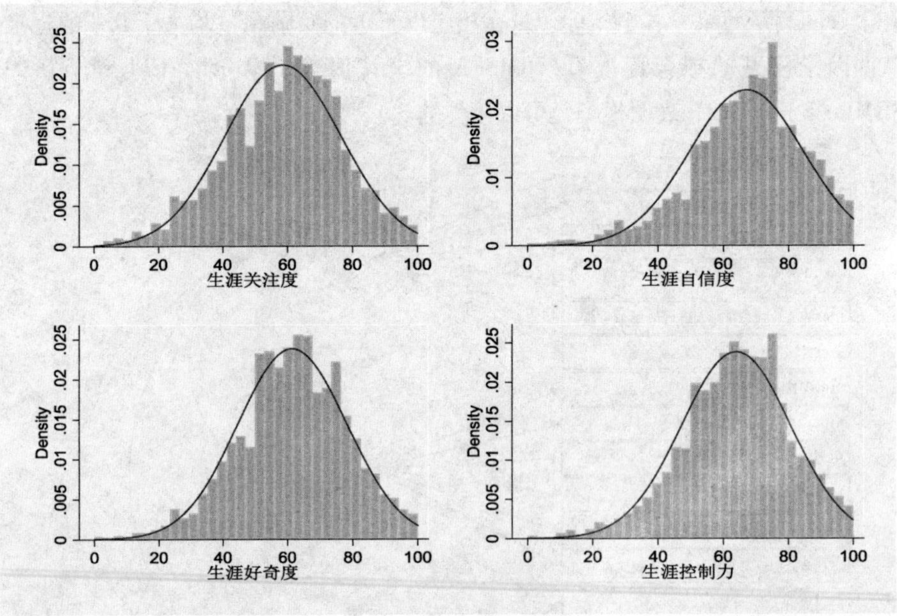

图 3　大学生职业生涯适应各因子分布统计图

2. 大学生职业生涯适应力的人口社会学差异分析

（1）生涯控制和生涯好奇发展水平存在性别差异，而生涯关注和生涯自信的发展没有性别不同

统计显示（见表 1），在职业生涯好奇发展水平上，男大学生群体的均值为 62.36 分，而女大学生群体的均值为 60.46 分，男生比女生高出 1.9 分，且这一差异具有统计显著性，说明男大学生和女大学生在生涯好奇发展水平上确实存在不同，在上大学期间，男同学更愿意对实习或兼职产生兴趣并努力去尝试，

以便接触更宽的领域和更多的人。在生涯控制发展上，男大学生群体的均值是64.52分，女大学生群体的均值为63.28分，男生比女生高出约1分，且这个差异也具有统计显著性，说明男大学生和女大学生在生涯控制发展水平方面也确实不一样，当男生在职业尝试中遇到困难、被骗甚至是意外状况时，他们比女生更能勇敢地承担责任和代价。生涯好奇和生涯控制这两个方面的显著差异，从角色期望的角度来看，某种程度反映出了男性被期望的角色是家庭的经济支柱，男性的角色期待会使他们更多关注职业信息和承担职业挫折。统计还发现，在生涯关注和生涯自信两个方面，男大学生与女大学生的发展水平差异较小，未表现出统计显著性，说明它们的发展水平在性别上没有不同，无论是男生还是女生，他们都是同等关注自己的生涯发展，并且有信心找到适合自己的工作。

表1　大学生职业生涯适应力各指标在性别特征上的均值分布

生涯适应力		性别	
		男生	女生
生涯关注	均值	58.60	58.56
	样本	1509	1420
	差异显著性	F（1，2927）=0.00，Sig=0.95	
生涯自信	均值	67.49	66.64
	样本	1509	1420
	差异显著性	F（1，2927）=1.71，Sig=0.19	
生涯好奇	均值	62.36	60.46
	样本	1509	1420
	差异显著性	F（1，2927）=9.39，Sig=0.00	
生涯控制	均值	64.52	63.28
	样本	1509	1420
	差异显著性	F（1，2927）=4.05，Sig=0.04	

（2）不同年级的大学生在生涯适应力上表现出不同的特征

统计显示（见表2），在生涯自信和生涯控制的发展上，不同年级的大学生表现出了一定的差异：从大一、大二到大三年级，大学生的生涯自信水平依次降低，均值顺序为68.35分、66.60分和65.36分，而到了大四年级，生涯自信又回归大一年级的水平，为68.85分。大一年级学生刚进入大学进行专业学习，对自己能够处理好职业发展各方面的问题产生了较高的自信，随着专业课程学习广度和深度的增强，他们逐渐感受到了自身职业发展的局限，对自己职业发展的自信心有所降低在所难免。到了大四年级，学生即将完成学业实现就业，所以他们开始对自己的职业选择重拾信心。从生涯控制发展上看，随着年级的增长，大学生也经历了一个先高后低、大四年级回归高控制水平的历程。而从生涯关注发展看，大学生基本呈现出一种由大一年级的 58.51 分到大四年级的 59.94 分逐级增高的趋势，年级越高，大学生生涯关注度越强。最后大学生的生涯好奇从大一年级到大四年级基本保持在 61 分的水平，发展水平未表现出年级差异。

表 2　大学生职业生涯适应力各指标在年级特征上的均值分布

生涯适应力		年级			
		一	二	三	四
生涯关注	均值	58.51	58.37	58.90	59.94
	样本	1206	977	684	62
	差异显著性	F（3，2925）= 0.24，Sig = 0.87			
生涯自信	均值	68.35	66.60	65.36	68.85
	样本	1206	977	684	62
	差异显著性	F（3，2925）= 4.80，Sig = 0.00			
生涯好奇	均值	61.72	61.28	61.10	62.15
	样本	1206	977	684	62
	差异显著性	F（3，2925）= 0.27，Sig = 0.84			
生涯控制	均值	64.69	63.51	62.95	66.26
	样本	1206	977	684	62
	差异显著性	F（3，2925）= 2.21，Sig = 0.08			

（3）不同专业类别的大学生在生涯适应各方面的发展状况表现也不一样

研究结果表明（见表 3），专业不同，大学生在生涯关注、生涯自信、生涯好奇和生涯控制四个方面的发展水平也不同，社会科学类大学生的发展水平均高于自然科学类大学生。具体而言，社会科学类大学生的生涯关注发展指数为 59.83 分，自然科学类大学生生涯关注发展指数是 57.74 分，前者比后者高出约 2 分，且这一差异具有统计显著性。社会科学类大学生生涯自信发展指数为 68.04 分，而自然科学类大学生的发展指数是 66.23 分，前者高出后者 1.81 分，且差异具有统计显著性。社会科学类的学生在生涯关注、生涯自信这两方面的发展差异具有显著性，这是因为社会科学类大学生极富有时代感，他们需要将理论和社会现象和问题紧密结合起来，并让自己努力成为社会需要的人。然而，在生涯好奇和生涯控制发展水平上，不同专业大学生的发展状况没有显著差异，基本处于相同的水平，因为无论学习何种领域的专业，走向职场都是人生必然经历的阶段。

表 3　大学生职业生涯适应力各指标在专业类别特征上的均值分布

生涯适应力		专业类别	
		自然科学	社会科学
生涯关注	均值	57.74	59.83
	样本	1748	1181
	差异显著性	F（1，2927）=9.51，Sig=0.00	
生涯自信	均值	66.23	68.04
	样本	1748	1181
	差异显著性	F（1，2927）=6.05，Sig=0.01	
生涯好奇	均值	61.27	61.69
	样本	1748	1181
	差异显著性	F（1，2927）=0.45，Sig=0.50	
生涯控制	均值	63.48	64.57
	样本	1748	1181
	差异显著性	F（1，2927）=3.02，Sig=0.08	

（4）不同生源地大学生在生涯好奇发展指数上差异明显，而在其他方面的发展指数上差异不显著

统计分析显示（见表4），在生涯好奇上，来自不同生源地的大学生发展指数不同，来自大城市学生的发展指数为62.80分，中小城市学生的发展指数是62.30分，水平相当，而源于县乡农村大学生的发展指数较低，为60.76分，显著低于城市大学生。究其原因，主要还是在于城乡社会生活环境的不同所致，城市职业分工高度发达，新生职业层出不穷，从业方式也多元、开放，相比较而言，县乡农村则职业结构较为单一，距离现代化工作环境遥远，所以农村籍大学生的职业生涯好奇低于城市籍大学生也在情理之中。研究还表明，不同生源地的大学生虽然在其他三个方面的发展也表现出一定差异，但均不具有统计显著性，说明城乡生活背景对大学生这三个方面适应行为影响是不存在的。

表 4　职业生涯适应力各指标在大学生生源地特征上的均值分布

生涯适应力		不同生源地		
		大城市	中小城市	县乡农村
生涯关注	均值	59.73	59.21	58.05
	样本	405	755	1769
	差异显著性	F（2，2926）=2.08，Sig=0.13		
生涯自信	均值	66.22	67.05	67.29
	样本	405	755	1769
	差异显著性	F（2，2926）=0.62，Sig=0.54		
生涯好奇	均值	62.80	62.30	60.76
	样本	405	755	1769
	差异显著性	F（2，2926）=3.77，Sig=0.02		
生涯控制	均值	64.04	64.57	63.62
	样本	405	755	1769
	差异显著性	F（2，2926）=0.88，Sig=0.41		

（5）大学生生涯自信和生涯控制发展状况地区差异明显，而生涯关注和生涯好奇发展状况没有地区差异

统计结果表明（见表5），大学生职业生涯自信发展水平表现出明显的地区差异，东北地区大学生群体的生涯自信度最高，达到70.69分，而东部地区大学生的生涯自信度最低，为65.61分，西部和中部地区大学生居中，生涯自信度的地区差异十分显著。从生涯控制发展水平看，同样是东北地区大学生的状况最佳，为67.14分，而东部地区的最差，是62.99分，区域差异也是较为显著的。结果还表明，大学生的生涯关注和生涯好奇发展虽显示出一定程度的地区差别，但方差分析结果证明这样的差异不具显著性，说明它们在四个地区大学生群体上的发展水平是一样的。

表 5　大学生职业生涯适应力各指标在地区特征上的均值分布

生涯适应力		地区差异			
		东部	西部	中部	东北
生涯关注	均值	57.94	59.14	59.47	60.17
	样本	1596	771	415	147
	差异显著性	F（3，2925）=1.64，Sig=0.18			

续表

生涯适应力		地区差异			
		东部	西部	中部	东北
生涯自信	均值	65.61	68.80	68.25	70.69
	样本	1596	771	415	147
	差异显著性	F（3，2925）=9.07，Sig=0.00			
生涯好奇	均值	60.97	61.92	61.21	64.67
	样本	1596	771	415	147
	差异显著性	F（3，2925）=2.48，Sig=0.06			
生涯控制	均值	62.99	65.10	64.04	67.14
	样本	1596	771	415	147
	差异显著性	F（3，2925）=5.06，Sig=0.00			

（6）重点院校大学生群体生涯适应发展水平显著高于普通院校的大学生

统计结果表明（见表6），重点院校大学生的职业生涯适应发展状况显著高于普通院校大学生。具体来说，生涯关注发展上，重点高校大学生的发展均值为60.32分，非重点院校的是57.20分，前者高出后者3.12分，差异十分显著。从生涯自信发展上，重点院校大学生的均值为68.64分，而非重点院校大学生得分是65.83分，前者高出后者2.81分，差异也十分显著。从生涯好奇发展情况看，重点院校大学生均值是63.07分，非重点院校大学生均值是60.14分，差距2.93分，极具统计显著性。最后在生涯控制发展方面，重点院校大学生的均值是65.22分，而非重点院校的为62.89分，差距2.33分，均值差异也是较为显著的。重点院校的学生享受着优质的教学资源，接受专业发展的最新前沿知识，且拥有更多接触社会、锻炼才干的机会，福利待遇好的组织也更青睐重点院校的毕业生，这样一来，重点大学的学生意识到自己在未来就业市场中有更强的竞争力和更多的选择权，所以也就有了更高水平的职业生涯适应力。

表6　大学生职业生涯适应力各指标在院校层级特征上的均值分布

生涯适应力		院校层级	
		非重点	重点
生涯关注	均值	57.20	60.32
	样本	1632	1297
	差异显著性	F（1，2927）=21.89，Sig=0.00	

续表

生涯适应力		院校层级	
		非重点	重点
生涯自信	均值	65.83	68.64
	样本	1632	1297
	差异显著性	F（1，2927）= 18.97，Sig=0.00	
生涯好奇	均值	60.14	63.07
	样本	1632	1297
	差异显著性	F（1，2927）= 22.34，Sig=0.00	
生涯控制	均值	62.89	65.22
	样本	1632	1297
	差异显著性	F（1，2927）= 14.06，Sig=0.00	

（7）与他人帮助决定报考专业的大学生相比，自己决定报考专业的大学生职业生涯适应发展状况较佳

统计结果表明（见表7），大学生职业生涯适应发展水平是与其专业报考决定权相关联的，越是自己决定所学专业，其职业生涯适应水平越高。这是因为，自己决定所学专业的学生，通常对所报考的专业领域感兴趣或有着深入的了解，在职场上会占有主动权。相反，那些由他人决定专业的大学生，别人的决定只能说是适应别人的职业发展需要，代表别人的立场，学生在职业选择中往往会随波逐流，被动去做一份工作，而不是主动吸收该领域较为前沿的知识技能，这样会使他们的发展缺乏后劲。比如，报考专业决定自主权由低到高的大学生，其生涯关注均值依次为56.10分、54.17分、57.58分、60.17分和57.92分，统计差异性十分显著。生涯自信发展水平也能显示出这一特点，报考专业决定自主权由低到高，大学生生涯自信得分依次为64.67分、64.80分、64.77分、68.11分和67.66分，差异也是十分显著的。从生涯好奇发展看，随着报考专业决定自主权的逐级提高，生涯好奇得分相应提升，依次为59.24分、58.66分、60.31分、62.95分和60.40分，差异统计显著。最后，报考专业决定自主权由低到高，大学生生涯控制的得分依次为61.56分、62.04分、62.63分、65.20分和63.21分，差异同样极为显著。

表 7 大学生职业生涯适应力各指标在专业报考决定权上的均值分布

生涯适应力		专业报考决定权				
		1	2	3	4	5
生涯关注	均值	56.10	54.17	57.58	60.17	57.92
	样本	144	206	435	1394	733
	差异显著性	F (4, 2907) = 7.15, Sig=0.00				
生涯自信	均值	64.67	64.80	64.77	68.11	67.66
	样本	144	206	435	1394	733
	差异显著性	F (4, 2907) = 4.89, Sig=0.00				
生涯好奇	均值	59.24	58.66	60.31	62.95	60.40
	样本	144	206	435	1394	733
	差异显著性	F (4, 2907) = 6.12, Sig=0.00				
生涯控制	均值	61.56	62.04	62.63	65.20	63.21
	样本	144	206	435	1394	733
	差异显著性	F (4, 2907) = 4.41, Sig=0.00				

(二) 职业生涯探索发展状况

1. 总体状况

大学生职业探索是其生涯发展中重要的一个过程，是指大学生能够认识自我和外部环境的一系列活动，通过该探索活动大学生能够准确认识自己并获得自己与工作世界之间的认定。这里将大学生的生涯探索概念划分为以下两个维度：一是生涯自我探索，指的是大学生个体对自我内在特征如性格、能力、兴趣和价值观等的了解和评价。二是生涯环境探索，主要指大学生个体对不同职业的性质、工作内容和发展前景等关于职业各方面信息的了解和认识。职业生涯探索主要是解决大学生“我是谁、我想干什么、我能干什么、怎样去做”这样一系列问题，通过这一过程大学生可以清晰地意识到自己的长处和兴趣，认识到自己和未来职业之间的关系，从而基于这一探索不断调整、修正和完善自己的生涯发展目标。职业生涯探索的测量主要借鉴了 Stumpf 等人在 1983 年编制的职业探索问卷（Career Exploration Survey，CES）。CES 是目前职业探索研究中常用的问卷之一，职业生涯探索量表由环境探索和自我探索 2 个维度共 11 个题项构成，答案从“非常不同意”到“非常同意” 1~7 分赋值，由大学生自我报告给出自我感受的评估。我们假定大学生的生涯环境探索和生涯自我探索都是无法直接观测的连续潜变量，我们将以上指标测量的层次确定为定距变量，这样就可以用定距指标的验证性因子模型进行分析。

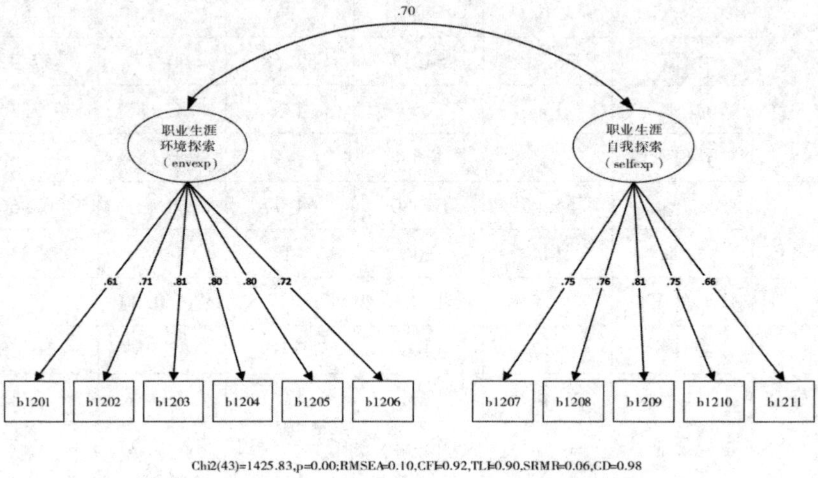

图 4　大学生职业生涯探索行为验证性因子分析模型

定距指标变量的验证性因子分析表明，大学生职业生涯探索量表具有很好的测量效果，各个指标变量在相应因子上的负荷均在 0.4 以上，且均具有极强的显著性。整体模型拟合优度的 RMSEA 等于 0.10，CFI 等于 0.92，SRMR 是 0.06，表明该测量模型是可以接受的。然后我们计算生涯环境探索和生涯自我探索的因子分值，用因子分值代表个体生涯探索水平的高低，标准分越大，表示个体的职业生涯探索水平越高。为了便于阅读，这里对所得到的标准分进行了百分制转换，样本中两个量表的最大值均为 100，最小值都是 0，量程 100。其中，自我探索水平均值为 60.66 分，标准差为 16.24，而环境探索水平均值为 54.89 分，标准差为 17.11，当前中国大学生职业生涯探索发展的两个维度发展表现出了一定的不平衡性，自我探索水平高于环境探索水平。生涯环境探索和生涯自我探索分数的分布状况如图 5 所示。

2. 大学生职业生涯探索的人口社会学特征差异分析

（1）生涯环境探索行为存在显著性别差异，而生涯自我探索行为没有性别不同

统计结果显示（见表 8），在职业生涯环境探索上，男大学生群体的均值为 55.68 分，女大学生群体的均值为 54.05 分，男生高出女生 1.63 分，均值差异具有统计显著性，说明男大学生总体生涯环境探索水平高于女大学生总体水平。这说明，尽管社会倡导男女平等、男女同工同酬的思想观念，但男性还是被赋

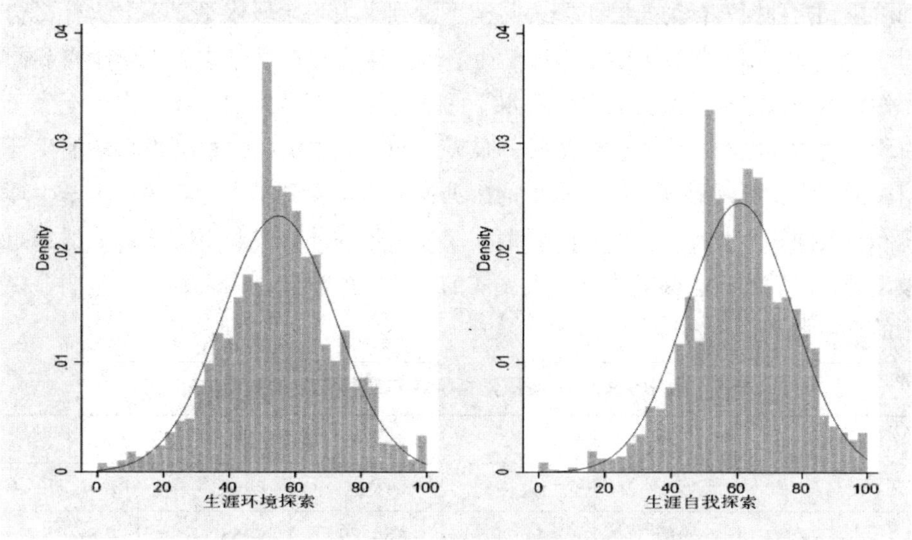

图 5　大学生职业生涯探索行为因子分数的分布状况

予了更多的“工具性角色”的意义，他们会更加努力适应职场环境的要求，积极主动为就业做好准备。对于生涯自我探索行为，男大学生的均值为 60.70 分，女大学生的均值则为 60.61 分，男女水平基本相当，差异不具有统计显著性，说明总体上男生和女生之间在生涯自我探索方面水平没有差别。

表 8　大学生生涯环境探索与生涯自我探索在性别特征上的均值分布

职业生涯探索		性别	
		男生	女生
生涯环境探索	均值	55.68	54.05
	样本	1509	1420
	差异显著性	F（1，2927）＝6.66，Sig＝0.01	
生涯自我探索	均值	60.70	60.61
	样本	1509	1420
	差异显著性	F（1，2927）＝0.02，Sig＝0.88	

（2）大学生在生涯探索上表现出随年级先升后降的变化趋势

从大学生职业生涯探索的年级变化趋势中可以看出（见表 9），大学生收集职业信息的环境探索和自我认识了解的自我探索，从大一年级到大三年级，环境探索和自我探索基本保持一致，甚至在大三年级有了显著性提高。但到了大四阶段，两种探索行为急剧下降，甚至下滑到了大一阶段水平以下。为什么会出现这一反常结果呢？大学一年级学生心理上刚完成由中学生到大学生自我同一性的重新认定，自然会表现一定水平的职业生涯探索倾向，到了大二至大三阶段，大学生已经适应了大学生活，眼界开阔，思想活跃，积极进行职业生涯目标的探索，所以形成了较高水平的生涯探索活动。到了大四阶段，大学生环境和自我探索不增反降，说明前期生涯探索只是一种自发和下意识的憧憬和想象活动，此时的职业探索才算进入真实的、现实的状态，代表着大学生职业探索的真正水平。

表 9　大学生职业生涯探索指标在年级特征上的均值分布

职业生涯探索		年级			
		大一	大二	大三	大四
生涯环境探索	均值	54.72	54.79	55.66	51.35
	样本	1206	977	684	62
	差异显著性	F（3，2925）= 1.39，Sig = 0.24			
生涯自我探索	均值	60.68	60.29	61.32	58.66
	样本	1206	977	684	62
	差异显著性	F（3，2925）= 0.86，Sig = 0.46			

（3）两大类专业大学生在生涯自我探索和环境探索发展上没有不同

统计结果显示（见表 10），大学生在职业生涯自我探索上，社会科学类专业大学生群体的均值为 61.35 分，自然科学类专业大学生群体的均值得分为 60.19 分，前者高出后者 1.16 分，说明总体上社会科学类专业大学生生涯自我探索水平高于自然科学类专业大学生水平，但这一差异并未达到统计上的显著性。另外统计表明，对于生涯环境探索，自然科学类专业大学生的均值为 54.99 分，社会科学类专业大学生则为 54.75 分，前者略高于后者，差异也不具有统计显著性，说明总体上自然科学类和社会科学类大学生在环境探索方面水平相同，没有差别。

表 10　大学生职业生涯探索的专业类别差异

职业生涯探索		专业类别	
		自然科学	社会科学
生涯环境探索	均值	54.99	54.75
	样本	1748	1181
	差异显著性	F（1，2927）= 0.14，Sig = 0.71	
生涯自我探索	均值	60.19	61.35
	样本	1748	1181
	差异显著性	F（1，2927）= 3.57，Sig = 0.06	

（4）城乡背景不同的大学生生涯环境探索指数上差异明显，而在自我探索指数上差异不显著

统计分析显示（见表 11），在生涯环境探索方面，来自城乡不同的大学生发展指数不同，来自大城市学生的发展指数为 55.26 分，中小城市学生的发展指数是 56.23 分，单因素方差分析的多重比较显示它们之间的差异不显著。源于县乡农村大学生的发展指数相对较低，为 54.27 分，显著低于中小城市大学生。生源地为中小城市的大学生会更多思考的是迎接大城市高物价、高房价、大压力下的工作机遇和开阔视野，而生活在农村地区的大学生由于家庭困难、视野狭窄，往往会想有一份正式工作就已经不错了，很少考虑到未来发展状况。统计还发现，在生涯自我探索方面，无论来自大城市、中小城市还是县乡农村，大学生的发展状况没有显著差异，总体上自我探索与城乡背景没有关系。

表 11　大学生职业生涯探索的城乡背景差异

职业生涯探索		城乡背景		
		大城市	中小城市	县乡农村
生涯环境探索	均值	55.26	56.23	54.27
	样本	405	755	1769
	差异显著性	F（2，2926）= 3.70，Sig = 0.02		
生涯自我探索	均值	59.92	61.46	60.48
	样本	405	755	1769
	差异显著性	F（2，2926）= 1.43，Sig = 0.24		

（5）大学生生涯环境探索和自我探索发展状况地区差异明显，东北地区大学生高于其他地区

统计分析结果表明（见表12），就生涯自我探索而言，不同地区大学生的表现状况也不一样，东北地区大学生自我探索水平指数最高，达到63.11分，而东部地区大学生的最低，为59.73分，西部和中部地区大学生自我探索指数居中，分别为62.02分和60.83分，不同地区大学生自我探索指数的差异具有统计显著性，说明生涯自我探索的地区差异确实是存在的。不同地区大学生环境探索水平也有差别，东北地区大学生自我探索指数同样最高，为58.30分；中部地区大学生的指数最低，是52.70分，东部和西部地区分别是54.75分和55.71分，居于中间地位。不同地区大学生环境探索指数的差异也具有统计显著性，说明生涯环境探索的地区差异也是确实存在的。东北地区大学生指数在职业环境和自我探索上的最高值，反映了随着我国经济进入新常态，受老工业基地体制性、结构性及资源性等因素的影响，整个东北地区经济出现了明显快于全国其他地区的下滑，迫使东北地区的大学生纷纷到其他城市探索工作和发展的机会。

表12　大学生职业生涯探索地区差异统计表

职业生涯探索		所在地区			
		东部	西部	中部	东北
生涯环境探索	均值	54.75	55.71	52.70	58.30
	样本	1596	771	415	147
	差异显著性	F（3，2925）=4085，Sig=0.00			
生涯自我探索	均值	59.73	62.02	60.83	63.11
	样本	1596	771	52.70	147
	差异显著性	F（3，2925）=4.72，Sig=0.00			

（6）重点院校大学生群体生涯自我探索高于普通院校的大学生，而环境探索指数却低于非重点院校

中国大学教育一般划分为重点大学和非重点大学，所谓重点大学指的是包括“985工程”大学在内的“211工程”大学及一些省属重点大学，它们在全社会的认可度很高，所招学生的学业成绩层次较高，国家给予高校的支持力度也大，相对于一般院校，重点院校学生的学习环境和条件要好很多。统计分析发现（见表13），重点高校大学生自我探索指数61.10分，高出非重点高校大学生

(60.31 分) 0.79 分，差异性不具有显著性。重点高校大学生环境探索指数为 54.34 分，低于非重点高校大学生（55.33 分）0.99 分，差异同样不具有统计显著性。总之，无论是重点院校还是非重点院校的大学生，他们在职业生涯探索水平上表现相同，并无显著差异。

表 13　大学生职业生涯探索院校层级差异统计表

职业生涯探索		院校层级	
		非重点	重点
生涯环境探索	均值	55.33	54.34
	样本	1632	1297
	差异显著性	F (1, 2927) = 2.43, Sig = 0.12	
生涯自我探索	均值	60.31	61.10
	样本	1632	1297
	差异显著性	F (1, 2927) = 1.70, Sig = 0.19	

（7）随着专业报考决定权的减小，大学生职业探索水平表现出先升后降的变化趋势

大学生的专业报考决策会受到较大的社会影响，如家长的意见、教师的推荐、同学的怂恿和周围他人的提示，等等。研究发现（见表 14），大学生专业报考决定权与职业生涯环境探索水平显著相关，决定权不一样，生涯环境探索水平也不一样，回答"与别人商量后，我自己决定的"的环境探索水平最高，达到 56.29 分，而回答"商量之后，别人帮我决定的"的环境探索水平最低，为 53.20 分，差异具有统计显著性。自我探索发展呈现出相同的趋势，回答"与别人商量后，我自己决定的"的自我探索水平最高，达到 62.19 分，而回答"商量之后，别人帮我决定的"的环境探索水平最低，为 57.71 分，差异具有统计显著性。

表 14　大学生职业生涯探索与专业报考决定权的相关统计表

职业生涯探索		专业报考决定权				
		1	2	3	4	5
环境探索	均值	54.08	53.20	54.03	56.29	53.44
	样本	144	206	435	1394	733
	差异显著性	F (4, 2907) = 4.53, Sig = 0.00				

续表

职业生涯探索		专业报考决定权				
		1	2	3	4	5
自我探索	均值	59.03	57.71	60.11	62.19	59.27
	样本	144	206	435	1394	733
	差异显著性	F（4，2907）=6.64，Sig=0.00				

（5=没有咨询别人，我自己决定的；4=与别人商量后，我自己决定的；3=我和别人一起决定的；2=商量之后，别人帮我决定的；1=没有和我商量，别人决定的）

（三）大学生职业决策困难发展状况

1. 大学生职业决策困难总体状况

这里的职业决策困难是指大学生由于缺乏必要的相关职业信息或个人职业特征信息，或者个人需求与社会需求不一致，也或者个人的愿意与父母的立场相对立以及面临多种得失冲突的情况下，个体职业生涯决策受到影响而使其表现出犹豫、不知所措、无法做出正确决策。职业决策困难是职业心理学中一个较新的概念，这里以 Gati、Krausz 和 Osipow（1996）的“理想职业决策者”模型为基础，按职业决策的不同阶段对职业决策困难进行概念化，把职业决策困难划分为 3 个维度 10 个方面，一是缺乏准备，具体包括缺乏动机、犹豫不决和错误信念 3 个方面。二是缺乏信息，具体包括缺乏决策过程信息、缺乏自我信息、缺乏职业信息和缺乏获得信息的方式 4 个方面。三是不一致信息，具体包括不可靠的信息、内部冲突和外部冲突 3 个方面。职业决策困难量表共有 44 个题项，测量采用 7 点尺度，答案从“非常不同意”到“非常同意”依次赋分 1~7 分。我们假定缺乏准备、缺乏信息和不一致信息是不可以直接观察的连续变量，先采用加总平均的计算方式得到职业决策困难 10 个方面的测量结果，然后对这 10 个指标变量进行验证性因子分析。

验证性因子分析表明，职业决策困难量表表现出较好的测量效果，10 个指标变量在相应因子上的负荷系数均具有统计显著性，且达到了 0.4 的标准［只有错误信念（rd）的因子负荷为 0.38］。然后我们计算缺乏准备、缺乏信息和不一致信息 3 个因子的分值，用因子分值代表职业决策困难的高低，标准分越大，表示个体面临的职业决策困难越大。为了便于阅读，这里对所得到的标准分进行了百分制转换，样本中 3 个量表的最大值为 100，最小值是 0，量程 100。其中，缺乏准备的均值为 50.97 分，标准差是 13.75；缺乏信息的均值是 49.71 分，标准差为 16.96；不一致信息的均值是 50.93 分，标准差为 12.51。可见，当前大学生群体在 3 个维度上面临的职业决策困难程度基本相当。

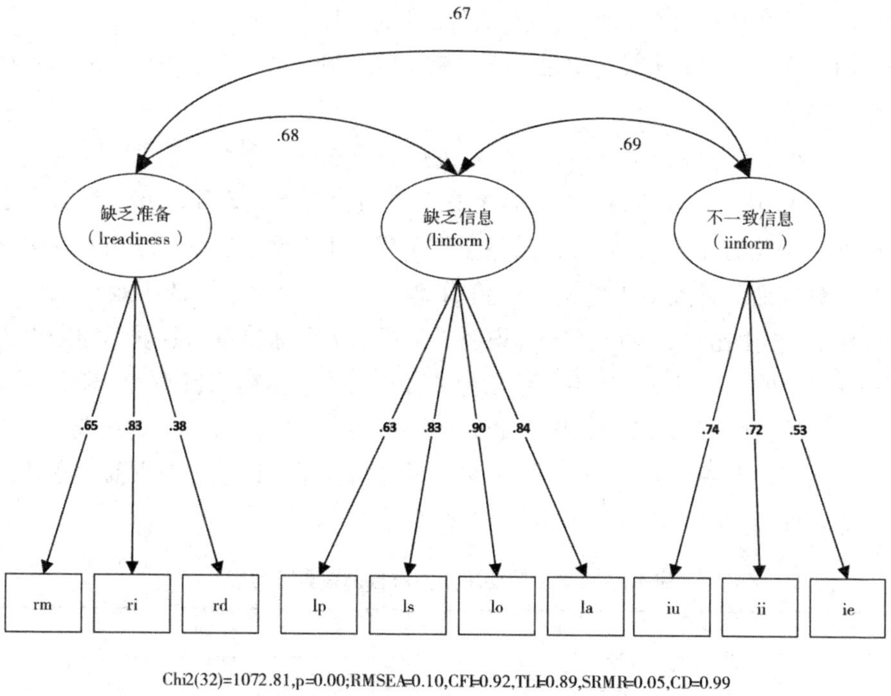

图 6 职业决策困难量表的验证性因子分析

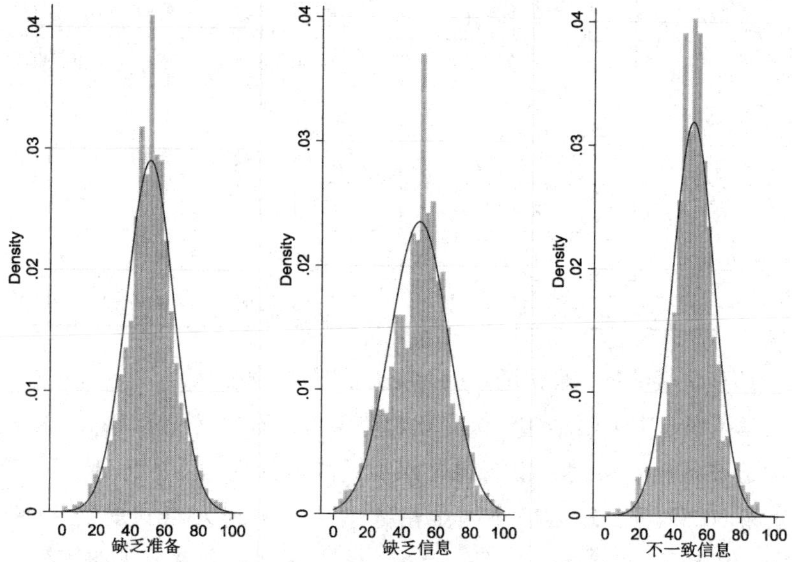

图 7 3 种职业决策困难因子分值的分布

2. 大学生职业决策困难的人口社会性差异分析

（1）大学生职业决策在缺乏准备、缺乏信息和信息不一致 3 个方面均不存在性别差异

统计结果显示（见表 15），在职业决策缺乏准备问题上，男大学生群体的困难均值为 51. 40 分，女大学生群体的困难均值为 50. 52 分，男生高出女生 0. 88 分，说明男大学生在职业决策缺乏准备程度上要高于女性大学生。在缺乏信息困难方面，男大学生的困难均值为 50. 08 分，女大学生的困难均值则为 49. 32 分，男生比女生高 0. 76 分，说明男生面对的职业决策信息缺乏问题上也是高于女生的。在职业决策不一致信息方面，男大学生的均值为 51. 22 分，女大学生的均值则为 50. 62 分，男生比女生高 0. 6 分，说明男生面对的职业决策信息不一致问题也是高于女生的。单因素方差分析显示，以上 3 个方面的职业决策困难在性别上的差异均不具有统计显著性。

表 15　大学生职业决策困难性别差异统计表

职业决策困难		性别	
		男生	女生
缺乏准备	均值	51. 40	50. 52
	样本	1509	1420
	差异显著性	F（1，2927）= 2. 96，Sig = 0. 09	
缺乏信息	均值	50. 08	49. 32
	样本	1509	1420
	差异显著性	F（1，2927）= 1. 48，Sig = 0. 22	
不一致信息	均值	51. 22	50. 62
	样本	1509	1420
	差异性显著	F（1，2927）= 1. 66，Sig = 0. 20	

（2）职业决策困难表现出随年级而先升后降的变化趋势

从大学生职业决策困难随年级变化趋势中可以看出（见表 16），大学生职业决策缺乏准备程度从大一年级到大四年级均值依次为 50. 77 分、51. 43 分、50. 73 分和 50. 53 分，缺乏信息困难指数则从大一到大四分别是 49. 48 分、50. 17 分、49. 56 分和 48. 52 分，不一致信息指数从大一年级到大四年级均值依次为 50. 77 分、51. 18 分、50. 95 分和 49. 76 分。总的来看，大学生从大一年级到大二年级，各项决策困难都是先提高的，然后从大二、大三到大四阶段，各

项困难指数均呈下降趋势，到了大四年级，各类困难均低于大一阶段的水平。尽管如此，单因素方差分析表明，各年级组在以上3个方面决策困难的均值差异都没有达到统计显著性。

表16　大学生职业决策困难年级差异统计表

职业决策困难		年级			
		大一	大二	大三	大四
缺乏准备	均值	50.77	51.43	50.73	50.53
	样本	1206	977	684	62
	差异显著性	F（3，2925）=0.54，Sig=0.65			
缺乏信息	均值	49.48	50.17	49.56	48.52
	样本	1206	977	684	62
	差异显著性	F（3，2925）=0.43，Sig=0.73			
不一致信息	均值	50.77	51.18	50.95	49.76
	样本	1206	977	684	62
	差异性显著	F（3，2925）=0.38，Sig=0.77			

（3）大学生在缺乏信息方面存在着显著的专业差别，而在缺乏准备与面对不一致信息上没有不同

统计结果显示（见表17），在缺乏准备困难上，自然科学类专业大学生群体的均值为50.94分，社会科学类专业大学生群体的均值为51.02分，后者高于前者0.08分，说明社会科学类专业大学生缺乏准备程度高于自然科学类专业大学生；在面临不一致信息困难方面，自然科学类大学生群体的均值是50.79分，社会科学类大学生群体的均值为51.13分，社会科学类专业大学生比自然科学类专业大学生高0.34分；单因素方差分析表明以上差别没有达到统计显著性。统计还表明，在缺乏信息方面，自然科学类专业大学生的均值为50.31分，社会科学类专业大学生的均值则为48.82分，自然科学类专业大学生面临的困难要高于社会科学类专业大学生1.49分，该差异具有统计显著性，说明自然科学类专业大学生缺乏信息的困难更严重。

表 17　大学生职业决策困难专业类别差异统计表

职业决策困难		专业类别	
		自然科学	社会科学
缺乏准备	均值	50.94	51.02
	样本	1748	1181
	差异显著性	F（1，2927）=0.02，Sig=0.88	
缺乏信息	均值	50.31	48.82
	样本	1748	1181
	差异显著性	F（1，2927）=5.43，Sig=0.02	
不一致信息	均值	50.79	51.13
	样本	1748	1181
	差异性显著	F（1，2927）=0.50，Sig=0.48	

（4）在 3 个方面的职业决策困难上，农村籍大学生明显高于城市籍大学生

统计数据表明（见表 18），在职业决策缺乏准备方面，来自农村的大学生群体困难均值是 51.56 分，而来自大城市、中小城市大学生的困难均值分别为 50.40 分和 49.90 分，单因素方差分析表明农村籍大学生缺乏准备程度显著高于中小城市大学生。统计分析显示，在职业决策缺乏信息方面，来自农村的大学生群体困难均值高达 50.45 分，而来自大城市、中小城市大学生群体的困难均值分别是 48.44 分、48.20 分，单因素方差分析表明农村籍大学生信息缺乏困难显著高于中小城市大学生。统计发现，在面对决策不一致信息问题上，依然是农村籍大学生困难均值最高，达 51.56 分，而来自中小城市、大城市大学生的均值分别为 50.20 分和 49.54 分，单因素方差分析表明农村籍大学生面临不一致信息困难显著高于大城市、中小城市大学生。总之，农村籍大学生群体面临的职业决策困难更严重。

表 18　大学生职业决策困难生源地差异统计表

职业决策困难		城乡背景		
		大城市	中小城市	县乡农村
缺乏准备	均值	50.40	49.90	51.56
	样本	405	755	1769
	差异显著性	F（2，2926）=4027，Sig=0.01		

续表

职业决策困难		城乡背景		
		大城市	中小城市	县乡农村
缺乏信息	均值	48.44	48.20	50.45
	样本	405	755	1769
	差异显著性	F（2，2926）＝6086，Sig＝0.00		
不一致信息	均值	49.54	50.20	51.56
	样本	405	755	1769
	差异性显著	F（2，2926）＝6.03，Sig＝0.00		

（5）东北地区大学生职业决策困难最为严重，而职业决策困难在地区间没有差别

统计结果表明（见表19），大学生职业决策困难显示出一定的区域差别。从决策缺乏准备上看，中部地区大学生困难均值最高，为51.07分；东北地区最低，是50.81分；东西部地区状况居中。在决策缺乏信息方面，东北地区大学生困难表现最高，为51.13分；西部地区大学生表现最低，为49.26分。在面对决策不一致信息上，东北地区大学生表现最高，为51.48分；而东部地区最低，为50.80分。这里有一个有趣的现象，东北地区大学生的生涯适应水平在四大地区中表现最佳，然而这一地区大学生面对的职业决策困难在四大地区中表现也最为严重。近些年东北地区整体经济发展形势不容乐观，大学生就业压力较之其他地区更大，所以大学生群体职业生涯适应性表现最强，而正是这种生涯高关注、高好奇、高控制等特征，也导致了他们职业决策面对更大的困难。

表19 大学生职业决策困难地区差异统计表

职业决策困难		地区差异			
		东部	西部	中部	东北
缺乏准备	均值	50.97	50.96	51.07	50.81
	样本	1596	771	415	147
	差异显著性	F（3，2925）＝0.01，Sig＝0.99			
缺乏信息	均值	49.80	49.26	49.69	51.13
	样本	1569	771	415	147
	差异显著性	F（3，2925）＝0.54，Sig＝0.66			

续表

职业决策困难		地区差异			
		东部	西部	中部	东北
不一致信息	均值	50.80	51.06	51.00	51.48
	样本	1596	771	415	147
	差异性显著	F（3，2925）= 0.19，Sig = 0.91			

（6）重点院校与非重点院校大学生面临的职业决策困难有所差异，差异显著性不高

统计结果表明（如表20），重点院校大学生职业决策缺乏准备的问题高于普通院校大学生，前者的困难指数为51.45分，后者的困难指数是50.59分，前者高出后者0.86分，差异在p=0.10的条件下具有显著性。在职业决策缺乏信息这一问题上，重点院校大学生的均值为49.74分，而非重点院校大学生的均值是49.69分，前者高出后者0.05分，差异未达到显著性标准。其实，中国重点大学学生就业前景是明显好于一般院校学生的，正因为容易就业，心理压力就小，生涯适应性强，所以他们不像一般院校学生过早地为职业选择做准备，也无须四处收集职业相关信息，所以他们对自己缺乏准备和信息的评价自然就高。在决策不一致信息问题上，重点院校大学生的评价低于普通院校，一般而言，相比普通高校，重点高校大学生的职业规划目标较为明确，受各种职业信息影响较小，自然所面对的信息不一致程度就低。

表20 大学生职业决策困难院校级别差异统计图

职业决策困难		院校层次	
		非重点	重点
缺乏准备	均值	50.59	51.45
	样本	1632	1297
	差异显著性	F（1，2927）= 2.82，Sig = 0.09	
缺乏信息	均值	49.69	49.74
	样本	1632	1297
	差异显著性	F（1，2927）= 0.01，Sig = 0.94	
不一致信息	均值	51.05	50.78
	样本	1632	1297
	差异性显著	F（1，2927）= 0.33，Sig = 0.57	

(7)“商量之后，别人帮我决定的”大学生职业决策困难度最高，而“与别人商量后，我自己决定的”大学生群体困难程度最低

从大学生职业决策困难与专业报考决策权的关系中可以看出（见表21），报考专业决定权从“完全别人决定”者到“完全自己决定”者，大学生职业决策缺乏准备的均值依次为51.39分、55.17分、51.69分、50.06分和51.14分，其中“商量之后，别人帮我决定的”缺乏准备程度最高，而“与别人商量后，我自己决定的”缺乏准备程度最低。从缺乏信息困难上看，专业报考“商量之后，别人帮我决定的”面临困难程度最高，达55.05分，而“与别人商量后，我自己决定的”面临困难程度最低，为48.52分。从面对信息不一致困难来说，同样是“商量之后，别人帮我决定的”大学生群体面临困难程度最高，均值为54.37分，而“与别人商量后，我自己决定的”大学生群体面临困难程度最低，均值是50.35分。单因素方差分析表明，以上均值差异都具有统计显著性，职业决策困难度与大学生专业报考决定权大小是相关的。

表21　大学生职业决策困难与专业报考决策权相关统计表

职业决策困难		专业报考决定权				
		1	2	3	4	5
缺乏准备	均值	51.39	55.17	51.69	50.06	51.14
	样本	144	206	435	1394	733
	差异显著性	F（4，2907）=6.73，Sig=0.00				
缺乏信息	均值	50.56	55.05	50.26	48.52	50.02
	样本	144	206	435	1394	733
	差异显著性	F（4，2907）=7.14，Sig=0.00				
不一致信息	均值	52.06	54.37	51.40	50.35	50.70
	样本	144	206	435	1394	733
	差异显著性	F（4，2907）=5.16，Sig=0.00				

（5=没有咨询别人，我自己决定的；4=与别人商量后，我自己决定的；3=我和别人一起决定的；2=商量之后，别人帮我决定的；1=没有和我商量，别人决定的）

（四）大学生未来工作自我清晰度发展状况

1. 未来工作自我清晰度的概念建构及其测量结果

未来工作自我的概念源于可能自我，包括希望自我、预期自我和恐惧自我3

个结构。其中希望自我和预期自我都是积极的可能自我，而恐惧自我是消极的可能自我。这里将未来工作自我定义为反映个体关于工作希望和抱负的未来形象的表征，它是可能自我在工作领域的具体化，是一种以未来为导向的、工作中的特定可能自我，与其他可能自我共同构成动态的自我系统。未来工作自我不仅能帮助个体形成关于未来工作自我的清晰图像，还能通过细节丰富图像，为个体设定合理的目标和实现目标的策略或规划，对大学生职业生涯发展至关重要。本研究采用 Guan（2014）等人翻译的 Strauss 等人（2012）的中文版未来工作自我量表，使用了 4 个题项测量未来工作自我清晰度的程度，这四个题项分别是"我很容易想象到我将来职业发展的状况""我对将来的职业发展有一个清晰的想法""我很清楚自己将来要变成什么样子，以及要做什么事"和"我将来的工作状态是很容易想象到的"，选项分别是"极其不同意""比较不同意""有点不同意""中立""有点同意""比较同意""极其同意"，分布编码是 1、2、3、4、5、6、7。我们假定未来工作自我清晰度是一种无法直接观测的连续潜变量，我们将以上指标测量的层次确定为定距变量，这样就可以用定距指标的验证性因子模型进行分析。

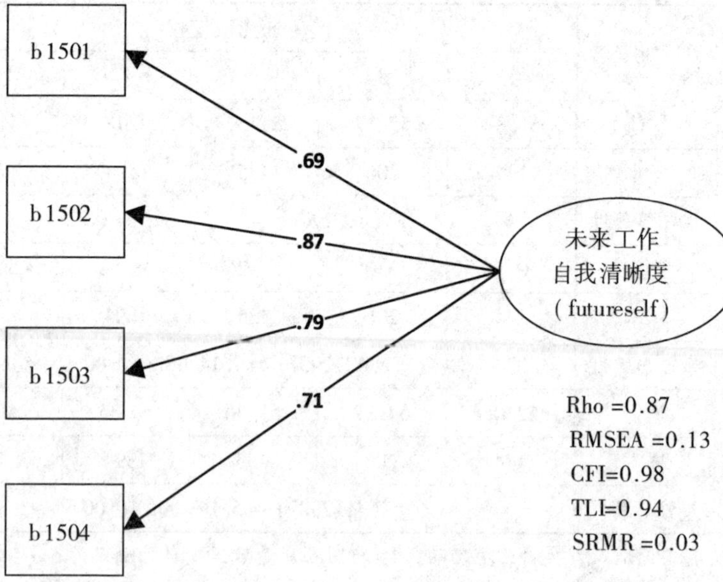

图 8　未来工作自我清晰度量表验证性因子分析

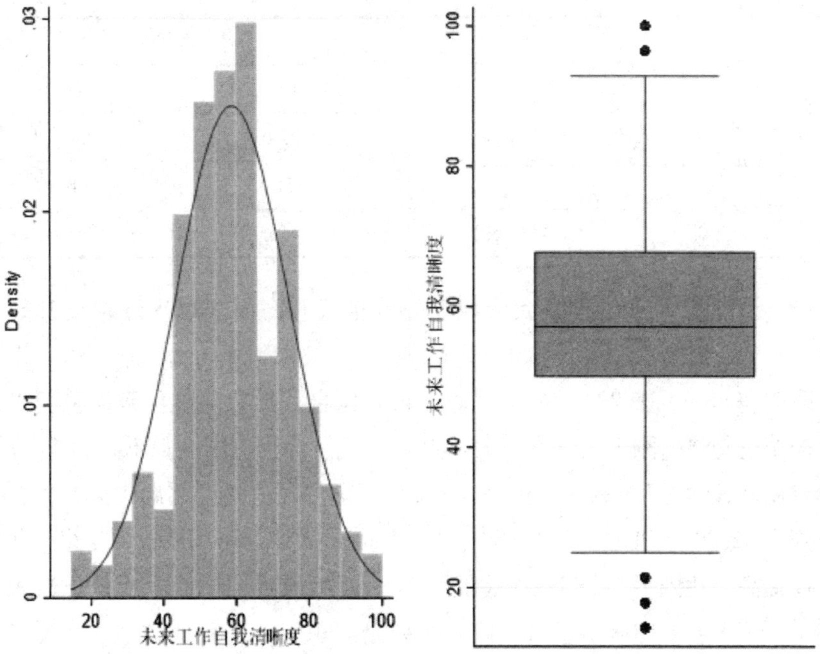

图 9 未来工作自我清晰度分值分布状况

定距指标变量的验证性因子分析表明，未来工作自我清晰度量表具有很好的测量效果，量表的信度系数 ρ 等于 0.87。然后我们计算未来工作自我清晰度的因子分值，用因子分值代表未来工作自我清晰度的高低，标准分越大，表示个体的未来工作自我清晰度越高。为了便于阅读，这里对所得到的标准分进行了百分制转换，样本中这个量表的最大值为 100，最小值是 0，量程 100，均值为 52.15 分，标准差是 18.53。

2. 大学生未来工作自我清晰度的人口社会学特征差异分析

（1）与女大学生相比，男大学生的未来工作自我清晰度更高

统计结果如表 22 所示，男大学生群体形成的未来工作自我清晰度均值为 53.49 分，女大学生群体具有的未来工作自我清晰度均值是 50.71 分，男生高出女生 2.78 分，差异极具统计显著性，说明总体上这种差异确实是存在的。这是因为社会对不同性别青年的角色期望是不同的，对男性的职业角色期望总是有明确目标，而对女性的期望更多是成为家庭中的贤妻良母。因此，大学男生的资源优势和角色期待会使他们在职业选择上目标明确、自信和独立。

表 22　大学生未来工作自我清晰度性别差异统计表

未来工作自我清晰度		性别	
		男生	女生
未来工作自我清晰度	均值	53.49	50.71
	样本	1509	1420
	差异显著性	F（1，2927）=16.63，Sig=0.000	

（2）大学生未来工作自我清晰度随着年级升高而表现出逐级提升的变化趋势

研究表明（见表 23），大学生对未来工作自我形象随着年级而呈现出逐渐清晰的变化趋势。刚入大学时，大学生未来工作自我清晰度最低，为 51.05 分；随着专业课程学习和职业信息了解，未来工作自我清晰度逐渐提高，大二、大三分别为 52.70 分和 53.03 分，到了大四即将进入职业市场阶段，未来工作自我清晰度最高，达到了 54.98 分。总之，大一新生虽然怀揣着职业梦想进入大学开始了专业学习，但是由于这一阶段主要是通识课和基础课的学习，所以对未来职业自我形象会感到模糊不清、茫无头绪。大二、大三阶段是大学生专业课程学习和训练的主要阶段，经过系统的专业课程学习和训练，他们对自己未来工作形象变得清晰起来，到了大四随着职业环境探索活动的增加，大学生总体上对自己将要从事的工作领域和具体职业也就有了更为清晰的自我认识，“我能干什么、怎样去做”的问题也更为明确。

表 23　大学生未来工作自我清晰度年级差异统计表

未来工作自我清晰度		年级			
		大一	大二	大三	大四
未来工作自我清晰度	均值	51.05	52.70	53.03	54.98
	样本	1206	977	684	62
	差异显著性	F（3，2925）=2.69，Sig=0.04			

（3）自然科学类专业大学生与社会科学类专业大学生在未来工作自我清晰度发展上没有差别

文理分科一直是我国高等教育体制的突出特点，理工类和人文社科类专业在教育内容、教育方式和培养目标上差异巨大，那么当前专业类别不同的大学生在未来工作自我清晰度上有区别吗？研究发现（见表 24），自然科学类大学生的工作自我清晰度指数为52.23分，而社会科学类大学生是52.02分，前者略高于后者，但这一差别却并不具有统计显著性。这就意味着无论是自然科学类大学生还是社会科学类大学生，对未来工作形象的自我知觉都是一样的。

表24　大学生未来工作自我清晰度专业类别差异统计表

未来工作自我清晰度		专业类别	
		自然科学	社会科学
未来工作自我清晰度	均值	52.23	52.02
	样本	1748	1181
	差异显著性	F（1，2927）=0.10，Sig=0.75	

（4）城市大学生的未来工作自我清晰度高丁农村人学生

那么大学生的城乡背景与其未来工作自我清晰度还有关系吗？统计显示（见表25），来自大城市和中小城市大学生的未来自我清晰度均值分别为52.67分和52.80分，而农村大学生未来工作自我清晰度均值是51.75分，前者略高于后者，只是这一差异不具有统计显著性。城乡二元结构的消解和快速的城镇化发展，使得中国青少年所接受的教育和生活环境日益趋同，城乡背景对青年职业自我已不再造成实质性影响，仅在这一点上说，中国青年大学生的职业发展都已经站在了相同的起跑线上。

表25　大学生未来工作自我清晰度城乡背景差异统计表

未来工作自我清晰度		城乡背景		
		大城市	中小城市	县乡农村
未来工作自我清晰度	均值	52.67	52.80	51.75
	样本	1748	755	1769
	差异显著性	F（2，2926）=1.04，Sig=0.35		

（5）大学生未来工作自我发展状况地区差异明显，东北和西部地区大学生未来工作自我清晰度更高

中国高等教育发展水平存在着巨大的地区差别，不同区域的经济社会发达程度不同，所造成的大学生未来工作自我形象清晰度也可能会不一样。研究结果表明（见表26），东北地区大学生群体未来工作自我清晰度指数最高，达55.67分，西部地区大学生群体的均值也达到53.65分，相比之下，东部和中部地区大学生发展水平则较低，发展均值分别为51.45分和50.77分，方差分析发

现大学生未来工作自我清晰度呈现出显著性的区域差异。一个地区越是经济发展迟缓、社会发展落后，越是容易在青年群体中造成一种急于就业、赶快就业的社会心理，职业生涯探索活动越是更加活跃，由此形成较高清晰度的未来工作自我意识也就成为不难理解的事情。

表 26　大学生未来工作自我清晰度地区差异统计表

未来工作自我清晰度		所在地区			
		东部	西部	中部	东北
未来工作自我清晰度	均值	51.45	53.65	50.77	55.67
	样本	1596	771	415	147
	差异显著性	F（3，2925）=4.99，Sig=0.002			

（6）重点院校和非重点院校大学生的未来工作自我清晰度不存在显著差别

研究已表明（见表 27），重点院校大学生群体生涯自我探索高于普通院校大学生，而环境探索指数却低于非重点院校，那么基于环境探索而形成的未来工作自我清晰度孰高孰低呢？统计显示，非重点院校大学生未来工作自我清晰度指数较之重点院校略高，分别为 52.16 分和 52.13 分，相差仅 0.03 分，方差分析的 F 检验表明该差异不具有统计显著性，总体上重点院校和非重点院校大学生群体的未来工作自我清晰度没有什么不同。

表 27　大学生未来工作自我清晰度院校层级差异统计表

未来工作自我清晰度		院校层级	
		非重点院校	重点院校
未来工作自我清晰度	均值	52.16	52.13
	样本	1632	1297
	差异显著性	F（1，2927）=0.00，Sig=0.96	

（7）大学生未来工作自我清晰度与其专业报考决定权大小没有关系

我们以为大学生越是自己决定专业报考，其未来工作自我形象就越是清晰，调查结果显示（见表 28），“与别人商量后，我自己决定的”大学生群体的均值最高，为 52.98 分，而“商量之后，别人帮我决定的”大学生群体均值最低，为 49.57 分，方差分析表明大学生未来工作自我清晰度与报考专业决定权没有关系。无论当初报考专业的自主权有多大，一旦进入高校接受专业教育，个体总要学着自己面对职业未来，专业选择自主性可以影响到个体的生涯适应状况，但对于未来工作自我清晰度而言，当初个体专业选择自主权多大似乎与其不再相关。

表 28 大学生未来工作自我清晰度与专业报考决定权的方差分析表

未来工作自我清晰度		专业报考决定权				
		1	2	3	4	5
未来工作自我清晰度	均值	52.86	49.57	51.83	52.98	51.45
	样本	144	206	435	1394	733
	差异显著性	F（4，2907）= 2.04，Sig = 0.08				

（5=没有咨询别人，我自己决定的；4=与别人商量后，我自己决定的；3=我和别人一起决定的；2=商量之后，别人帮我决定的；1=没有和我商量，别人决定的）

三、结论与主要建议

统计研究发现，当前中国大学生职业生涯发展状况主要呈现出以下特点：第一，在生涯适应力方面，男大学生和女大学生在生涯控制和生涯好奇发展水平存在一定差距，而生涯关注和生涯自信的发展没有性别不同；不同生源地大学生在生涯好奇发展水平上差异明显，而在生涯关注、生涯自信和生涯控制上差异不显著；与他人帮助决定报考专业的大学生相比，自己决定报考专业的大学生职业生涯适应发展状况较佳。第二，在职业生涯探索方面，生涯环境探索发展存在显著性别差异，而自我探索发展没有性别不同；城乡背景不同的大学生在生涯环境探索指数上差异明显，而在自我探索指数上差异不显著；大学生生涯环境探索和自我探索发展状况地区差异明显，东北地区大学生高于其他地区；重点院校大学生群体生涯自我探索高于普通院校大学生，而环境探索指数却低于非重点院校。第三，在未来工作自我清晰度方面，男大学生的未来工作自我清晰度高于女大学生；城市籍大学生的未来工作自我清晰度高于农村籍大学生；东北和西部地区大学生未来工作自我清晰度高于东部和中部地区大学生群体；重点院校和非重点院校大学生的未来工作自我清晰度不存在显著差别。第四，在职业决策困难方面，农村籍大学生明显高于城市籍大学生；自科类大学生比社科类大学生在缺乏信息上困难更大；“商量之后，别人帮我决定的”大学生职业决策困难度最大，而“与别人商量后，我自己决定的”大学生群体困难程度最小。

针对上述研究结论，新时代条件下促进大学生职业生涯健康发展高校需要有新思路、新举措、新方法，要瞄准大学生职业生涯发展中的短板和弱项，做到精准辅导、补短强弱。具体建议如下。

（一）构建“四位一体”大学生职业生涯培育模式，实现高校全员、全过程和全方位育人

大学时期是大学生职业生涯发展的重要准备阶段，充分尊重我国大学生特有的成长规律，发挥学校在职业生涯方面的主导作用，激发学生“担当民族复兴大任的时代新人”的责任感与使命感，构建“职业生涯教育、职业生涯辅导、职业生涯咨询、职业生涯服务”四位一体的系统化、全员化、个体化育人模式。(1) 系统化即形成家、校、社会、政府各个子系统间相互配合的育人环境，高校要充分发挥其主导作用，正确引导大学生发挥自身主体作用及其主观能动性，实现大学生自我主动探索、自我灵活选择、自我积极调整、自我为职业生涯负责。家庭要在给予子女自主探索职业生涯发展空间的同时，也要在大学生职业选择、职业价值观以及生涯发展等方面提供一些相关的经验与支持，发挥家庭支持的助推作用。国家要完善相关的教育政策，如推进高校生涯教育、辅导与咨询的督导培训体制的完善，理顺学校与社会组织的对接机制等，为大学生搭建职业生涯顺利过渡的桥梁。(2) 全员化是指充分利用高校、社会、大学生等各类人员主体，利用各种教育宣传媒体，推动大学生生涯教育的普及化发展。一般性职业生涯辅导要充分发挥专业教师群体和学生同辈群体的作用，实现专业课程教师专业辅导、生涯教师生涯辅导和同辈之间互助辅导的有机结合。(3) 个性化是指尊重学生个体化差异，有针对性地将普及性生涯教育、一般性生涯辅导、针对性生涯咨询及全方位生涯服务结合起来，激发大学生积极成长，主动适应不断变化的职场要求。

（二）普及性职业生涯教育要真正实现“三个转变”和“两个结合”

“三个转变”，一是指职业生涯教育在高等教育中的地位要从边缘化走向中心化，努力改变大学专业教育延续中学教育模式的局面，突出职业生涯教育在大学人才培养模式中的中心地位。二是职业生涯教育课程要从单一化、零散化转变到全面化、系统化，要从现有单一、零散的职业规划、就业指导、创新创业等课程中走出来，不断完善形成以“社会主义核心价值观”为指导的职业生涯教育课程体系，更全面系统地涵盖职业价值观的引导、生涯适应力的培养、职业决策的指导，以及职业道德的熏陶等诸多教育内容。三是职业生涯教育方式则要从普遍化转变到个性化、阶段化，生涯教育也要做到因材施教，要适应大学生性别、专业、年级、地区、学校层级等方面的差异性要求，提高生涯教育的针对性、精准性。“两个结合”，一是“在线+课堂”的线上线下相结合，

教师课堂统一指导与课下在线即时辅导要实现无缝对接。二是教师理论教授与学生实践体验相结合，即生涯教育要真正做到理论联系实际，让学生在实践体验过程中获得成长。

（三）促进大学生职业探索水平，提升其未来工作自我清晰度

第一，生涯教育要针对不同年级、不同专业学生的生涯发展特点与需求，开设相应的生涯课程。学校要充分利用网络资源，将中东部地区高校成熟的职业生涯相关课程引入西部偏远地区的院校，实现生涯教育资源共享，缩小大学生生涯环境探索和自我探索发展的地区差异。专业课教师要教育、指导学生了解该专业的发展趋势和行业前景，帮助学生掌握扎实的专业技能，提升专业竞争力。职业生涯辅导专职教师则可以以团体生涯辅导的形式，如叙事团体、萨提亚模式团体、心理剧团体等为载体，围绕职业生涯方面的相关主题，定期举办各种特色生涯辅导工作坊，帮助学生明确职业目标。第二，要积极开展一般性职业生涯辅导活动。高校辅导员、班主任、班级心理委员可以在班级内部适当开展与生涯相关的班级活动，并组织朋辈生涯互助小组，以充分发挥同辈群体的同伴效应，促进学生群体内部之间的生涯分享、学业互助与交流，促使同龄大学生职业生涯教育课程“在线+课堂+活动”的有机结合，以扩大职业生涯教育活动的拓展面。生涯辅导可以把具有共同生涯问题、处在同一生涯阶段的大学生集中起来，分层、分类开展不同性质、不同特色主题的生涯辅导和同辈互助，破除生涯咨询个案服务人数的局限性。第三，要关注不同性别学生在职业生涯自我探索和环境探索发展上存在的显著差异，帮助提升女生生涯环境探索水平，提升其信息收集、加工的能力。普通院校要加大生涯发展辅导力度，提升大学生生涯自我探索的意识与能力。在未来工作自我发展上，要关注性别与生源地的差异，注重提升女大学生、农村大学生的职业自我清晰度，帮助东北和西部地区大学生将较为清晰的未来工作自我转变为相应的外在职业行为。第四，针对大学生因缺乏准备、缺乏信息和不一致信息所造成的职业决策困难，学校可以通过各种宣传形式及时发布行业信息、组织职位信息。真正搭建起校企实践平台，为大学生提供就业招聘、实习与志愿服务机会。要注意积累生涯发展榜样人物信息，举办职业成功校友经验报告会，邀请生涯辅导专家、校内外导师或者聘请用人单位人力资源主管为大学生做讲座或做报告。还要提供职业生涯相关的在线测评网站，帮助大学生了解职业信息，结合自身优势，探索与自身特点相匹配的职业。

（四）收集生涯决策内外信息，帮助学生克服职业决策困难

第一，提升大学生的元认知能力，注重培养其职业决策的信息加工能力，

通过各种生涯辅导活动，帮助大学生提升对自我认知的知识、过程、结果的反思性监控，包括自我言语、自我觉察与自我监控的过程。开展职业决策技能辅导，提升大学生沟通、分析、综合、评估、执行能力，促其职业决策的顺利进行。通过丰富大学生的自我知识与职业知识，帮助他们了解自我兴趣、性格、技能和价值观等，学习收集全面的职业信息，在此基础上使其顺利完成职业决策任务。

第二，要增强学生职业或就业信息的关注程度。在中国香港、美国等高校里，学校和学生的沟通渠道主要是网络邮件，学校会积极收集义工招募、实习就业招聘等方面的信息，通过邮件向全体学生发送，并将纸质版的宣传页张贴在公共布告栏及学生必经的过道门口，学生在上课路上或查看邮件时就会及时获取这些信息，并选择性地在截止日期内报名参与。所以高校任课教师和大学生就业指导中心要密切关注各类社会组织举办的实习就业招聘活动和周末志愿活动，及时详细地通过便捷途径如公众号进行发布并及时更新，通知学生给予关注、及时报名。

第三，发挥生涯咨询的独特功能，对一些因缺乏职业信息、不了解自我、存在未来定位混乱、就业焦虑、择业困难、决策拖延以及职业自我效能感过低等问题的同质性大学生群体和个体，开展针对性的生涯团体辅导和生涯个案咨询，并与生涯教育、生涯辅导相互补充以形成优势合力，以弥补缺乏信息和面临不一致信息在城乡背景不同大学生群体上差异明显的现状。还要培养学生的专门化工具使用能力，引导遇到职业决策困难的学生列出可选择职业的备选项，用职业决策“平衡单”技术，帮助他们梳理自我信息，梳理环境信息，发现职业决策的阻碍，学会进行理性决策。

（五）提升大学生生涯适应力，推动大学生职业生涯发展的动态差异化建构

第一，要切实转变大学生传统就业观念，让他们充分认识到信息化时代职业流动性与组织流动的必然性，深刻意识到现代社会条件下个人职业生涯发展的非线性、无边界性特征，实现大学生就业从传统的“单一式职业”向“多重式职业”（Alboher，2007）的新型思维模式的转化，树立“互联网+”时代下的人尽其才、人力资源高效利用的新观念。

第二，提升大学生就业核心竞争力，发挥学校资源优势，共享网络课程，打通通识课平台，突出专业优势。加强院校之间的合作，为学生提供到国内重点高校短期考察学习的机会。以赛促学，引导学生参加“互联网+”创新创业大赛及专业技能大赛，提升学生的创造力与生涯适应力。

第三，帮助学生了解自己内在渴望、性情倾向以及个体的知识体系和心智模式，广泛收集相关的职业信息，探索适当的职业生涯发展方向，探求未来可持续发展的职业成长空间，避免出现忽视自我因素、盲目选择热门职业、过度追求外在职业生涯的非理性做法。教师还要激发大学生的生涯好奇心，鼓励他们积极进行职业自我的探索和职业环境的探索。

第四，要鼓励大学生积极主动地探索新的未知领域，给他们提供各种培训信息和实习、创业的机会，培养其终身学习的意识与能力，保证他们在遇到阻碍或困难时可以继续学习，不断完善，反思总结成功经验，凸显个人优势，善于审时度势，辩证思维，增强生涯自信。

第五，针对女大学生在职业生涯发展上的困境，一方面要为她们开设专门化课程，引导她们敢于突破传统的就业观念，发现自身的优势，增强就业信心；另一方面则要切实提升她们的职业素质和业务能力，特别是要帮扶生活贫困、就业有困难的女大学生，真正做到职业生涯发展上的精准辅导。

精准扶贫背景下的农村青年教师师德发展报告

——以贵州省团校“千校万师”培训为例

邓希泉　王成龙　郭元凯*

摘　要：教师是教育事业发展的基础，提高贫困地区教师队伍整体素质是推进贫困地区教育可持续发展的关键，也是实现教育精准扶贫需要做的重要工作。通过对贵州省参加“千校万师”教师培训计划的3487名农村青年教师的问卷调查，发现青年教师普遍热爱教师行业，教师师德总体向好，但受社会大环境影响，农村青年教育与70后老教师在抗压能力以及职业认同感方面还存在一定差距。对“千校万师”教师培训计划的案例分析认为，当前应从建立健全制度环境，有效稳定教师队伍，同时发挥榜样典型的示范作用入手不断提升农村青年教师的师德发展。

关键词：精准扶贫；“千校万师”；师德师风

一、问题的提出

2013年11月习近平总书记在湖南湘西考察时指出，“扶贫要实事求是，因地制宜，要精准扶贫，切忌喊空号”①，并提出让下一代接受教育是扶贫要做实的三件事之一。之后在精准扶贫理念的指引下，党和国家相继出台了《关于创新机制扎实推进农村扶贫开发工作的意见》（中办〔2013〕25号）、《关于印发〈建立精准扶贫工作机制实施方案〉的通知》（国开办〔2014〕30号）、《关于打赢脱贫攻坚战的决定》（中发〔2015〕34号）等文件大力支持精准扶贫工作，

---

* 邓希泉，中国青少年研究中心青年发展研究所研究员、博士，主要研究领域为青年本体、青年现象、青年发展理论、马克思主义青年观；王成龙，国家教育行政学院培训部助理研究员、博士，主要研究领域为教育社会学、农村教育、教育干部培训等；郭元凯，中国青少年研究中心青年发展研究所负责人、助理研究员、博士，主要研究领域为青年发展、青年政策。

① 新华网．习近平赴湘西调研扶贫攻坚［R/OL］．新华网，2013-11-03.

也为扶贫工作的开展指明了方向和具体路径。

从国家战略发展来看，精准扶贫是消除贫困、改善民生，全面建成小康社会，实现共同富裕的必然要求，也是发展社会主义的本质要求。多年来的扶贫经验表明，传统的开发式扶贫、救济式扶贫、项目式扶贫等“物质性”扶贫手段虽为贫困地区脱贫做出了很大的贡献，但随着时代的发展，以往的扶贫形式已经不能完全适应贫困地区的实际需要，并且“等、靠、要”思想的存在直接影响了国家扶贫工作的开展和成效。众多研究表明，教育的投入有助于提高受教育者的经济收入，改善受教育者生活质量的功能，并且教育具有很明显的反贫困功能（林乘东，1997）。因此，发展贫困地区的教育事业，通过教育扶贫转变该地区人民的思想，提升劳动者的综合素质，促进贫困人民掌握脱贫致富的本领，进而阻断“年年贫、代代贫”的代际传递机制。

“扶贫必扶智，治贫先治愚”决定了教育扶贫是精准扶贫的基础性工程、先导性工程，也是根本性工程①。众所周知，教师是教育事业发展的基础，提高贫困地区教师队伍整体素质是推进贫困地区教育可持续发展的关键，也是实现教育精准扶贫需要做的重要工作之一。广大乡村教师不仅承担着教书育人的职责，而且承担着传播先进文化和现代文明、培育和践行社会主义核心价值观的使命。当今社会的贫困问题，已经不单是物质层面的贫困，更重要的是精神层面的贫困。精神层面的扶贫与脱贫就需要广大教育者的引领以及以身示范。师德作为教师的灵魂，其思想政治素质和职业道德水平直接关系到乡村学生德育工作状况和亿万青少年的健康成长，关系到国家的前途命运和民族的未来。教师在引导和帮助学生把握好人生方向，特别是引导和帮助青少年学生扣好人生的第一粒扣子，起到极其重要的作用。

随着年龄和代际的更迭，在很多中西部集中连片贫困地区，大批由民办教师转正的教师陆续进入退休高峰期，以 80 后为主的青年教师逐渐成为农村教育主力。面对新农村建设、脱贫攻坚的战略目标，农村青年教师的师德建设逐渐成为打赢精准扶贫攻坚战的关键因素之一，也是真正实现教育公平、阻断贫困代际传递的重要抓手。在当前脱贫攻坚、全面建成小康社会的决胜性时期，加强和改进乡村教师的师德建设、探索农村青年教师师德培养机制与路径应成为教育精准扶贫攻坚的重点。

2016 年，中国青少年研究中心联合贵州省团校开展了“精准扶贫背景下农

① 胡蝶．扶贫必扶智：教育精准扶贫是摆脱贫困的内生动力［J］．改革与开放，2016（21）：84-86.

村青年教师师德培养研究”项目，该项目以贵州省为主要调查地区，通过对参加（过）“千校万师”教师培训的3487名农村青年教师的问卷调查，详细了解了农村教师的生存现状以及对师德师风的认知、对教师培训的看法、对自身参与精准扶贫的定位等具体内容，获取的一手数据为探究精准扶贫背景下农村青年教师的师德培养积累了基础材料。

二、当前农村青年教师师德师风的现状与问题

（一）青年教师师德总体向好，但与70后老教师间存在差距

当前以80后、90后为代表的农村青年教师的师德状况整体较好，但与70后教师相比，还存在一定差距。数据显示，农村青年教师和老教师对自己师德表现评分最高的三项都是爱国守法、遵守教育法律法规和为人师表；农村青年教师评分最低的三项分别是与家长关系、激发学生创新精神和业务水平，农村老教师评分最低的三项分别是终身学习、激发学生创新精神和业务水平。现代社会知识更新速度快，老教师在终身学习方面不如青年教师（见图1）。

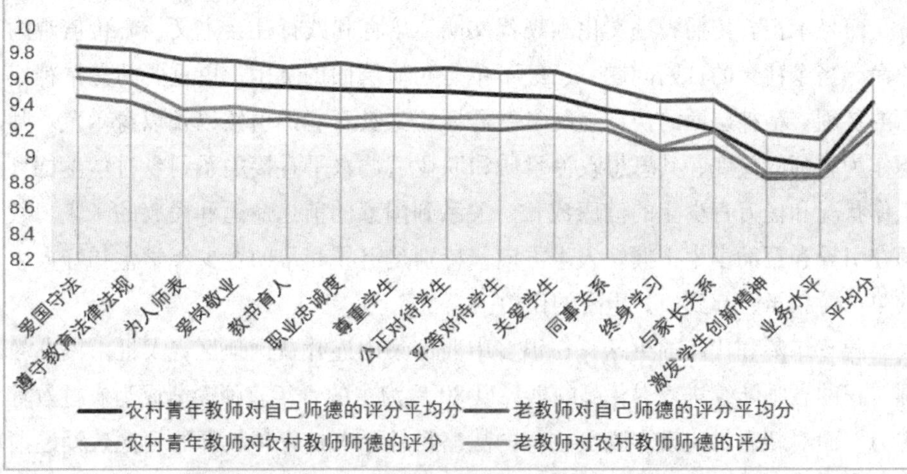

图1　农村青年教师与老教师在师德自评与对教师队伍师德评价对比

此外，在对整个乡村教师队伍师德的评价方面，农村青年教师对乡村教师师德评分最高的三项是爱国守法、遵守教育法律法规和教书育人，评分最低的三项分别是终身学习、业务水平和激发学生创新精神。老教师对乡村教师师德评分最高的三项是爱国守法、遵守教育法律法规和爱岗敬业，评分最低的三项分别是终身学习、激发学生创新精神和业务水平。

（二）青年教师热爱教师行业，乡村从教与职业目标基本一致

职业态度是师德的重要组成部分，不同的职业态度成就不同的教育人生，同时也会影响个体如何看待教育、如何对待被教育者，以及如何履行各种教师义务等。调查结果显示，农村青年教师选择教师行业大多是基于对教育工作的热爱，其中选择“我喜欢当老师”的人数比例为71.93%，选择“为了支援贫困地区教育”的人数比例为30.91%（见图2）。

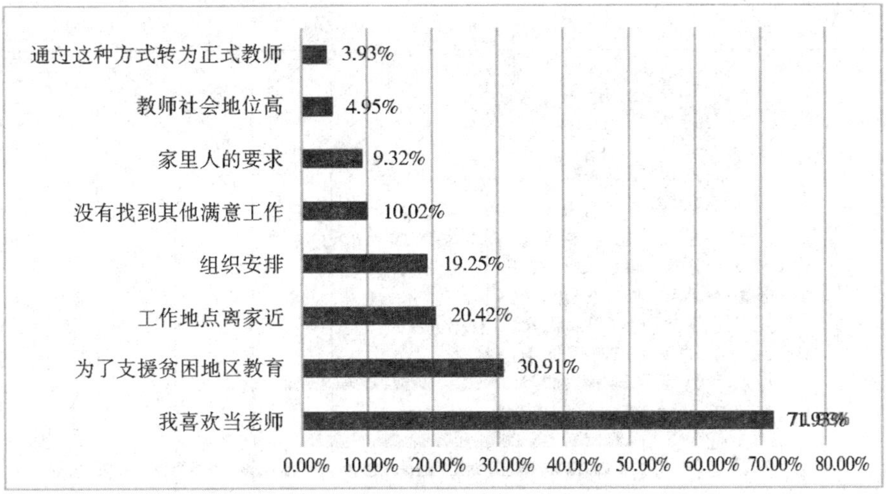

图2　青年选择当农村教师最主要的原因（多选题）

从职业发展目标看，青年选择当农村教师与个体以往的职业生涯规划基本一致，普遍反映“我有很强的职业成就感”，并且认为“乡村教师经历对我来说是一笔宝贵的财富”（见表1）。

表1　青年对从事农村教师的主观感受

选项	我有很强的职业成就感	乡村教师经历对我来说是一笔宝贵的财富
非常赞成	20. 43%	41. 43%
比较赞成	52. 48%	45. 08%
不太赞成	19. 64%	8. 32%
很不赞成	3. 15%	1. 41%
说不清	4. 30%	3. 76%

（三）青年教师工作压力较大，对提升自身能力存在较大诉求

随着经济社会转型的加速，乡村教师职业压力过大在我国已是不争的事实，高强度的工作压力使青年教师很容易产生职业倦怠感和教学疲劳，一定程度上影响教学质量的提升。调查发现，超过 8 成的教师认为当前岗位带来的工作压力较大。其中青年教师的经济负担大（62.63%）、职称晋升难（46.03%）以及教学任务重（45.77%）、学生的学习基础差（32.92%）造成的压力是比较常见的（见图 3）。

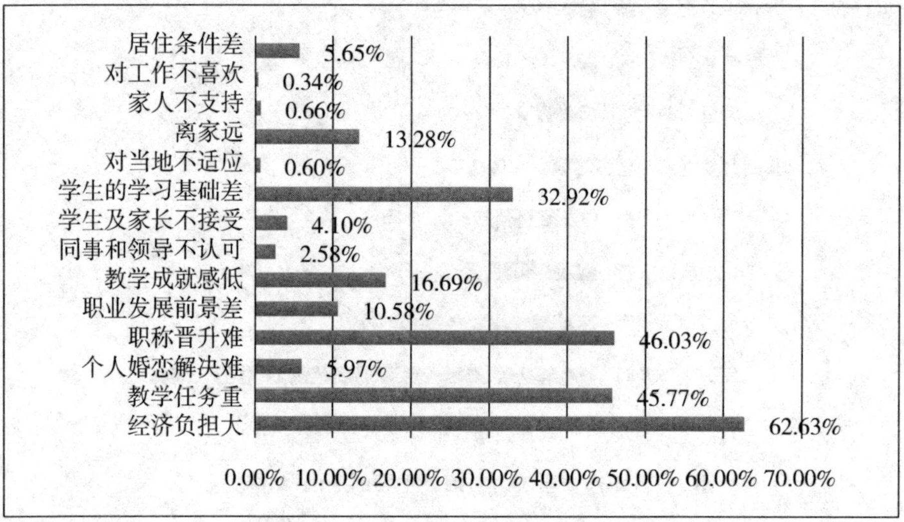

图 3 农村青年教师工作压力来源（多选题）

为了减轻自身的工作压力，很多青年教师采取参加各类培训改善自身发展状态。其中参加过“国培计划”和“省培计划”的青年教师比例分别为 70.26%和 30.57%。参加过“千校万师”培训计划和各类教师进修的人数比例分别为 50.10%和 34.90%（见图 4）。

在参加各类培训的目的上，青年教师表现出较为明显的内在驱动。数据显示，7 成以上的青年教师是为了提高教育教学能力，12.65%是为了满足自己的继续教育需求。而为了完成上级规定必须参加（11.17%）以及考核、晋级需要（1.49%）则是主要的外部因素（见图 5）。

（四）青年教师参与扶贫的意愿较强，但参与路径相对单一

精准扶贫工作是一场多方参与的攻坚战和阻击战，不是单一部门、一方力量就能顺利完成。农村青年教师身处乡村基层，对农村教育现状及发展情况相

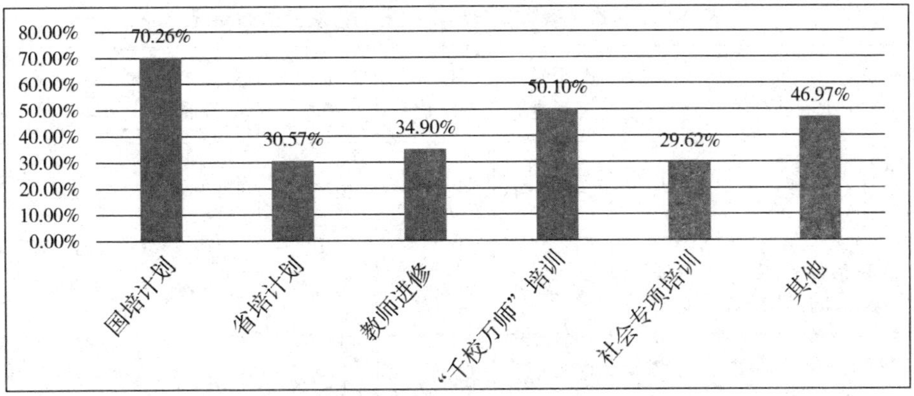

图4 农村青年教师参加过的培训项目

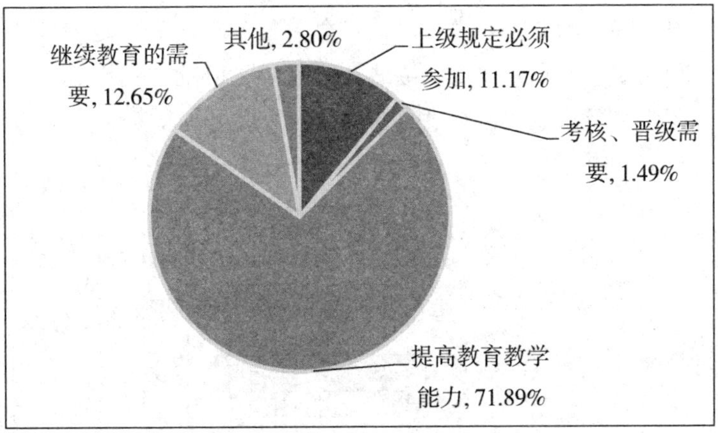

图5 农村青年教师参加各类培训的目的

对了解，是精准扶贫的利益攸关方和间接受益者。习近平总书记在给“国培计划（2014）”北京师范大学贵州研修班全体参训教师回信中强调：“发展教育事业，广大教师责任重大、使命光荣；要努力做教育改革的奋进者、教育扶贫的先行者、学生成长的引导者，为贫困地区教育事业发展、为祖国下一代健康成长继续作出自己的贡献。”调查结果显示，大部分农村青年教师很愿意为农村的扶贫工作贡献力量，并感到自己“有责任为当地农村做点事”（见表2）。

表 2　农村青年教师参与精准扶贫的态度及认知状况

项目	非常赞成	比较赞成	不太赞成	很不赞成	说不清
我有义务参与农村精准扶贫工作	40.67%	38.00%	12.50%	4.56%	4.27%
我在精准扶贫过程中能发挥很大的作用	25.55%	40.64%	20.10%	5.74%	7.97%
我感到有责任为当地农村做点事	45.92%	44.59%	4.76%	0.77%	3.96%

虽然农村青年教师参与扶贫的意愿较为强烈，但他们的参与路径还相对单一。数据显示，84.77%的青年教师认为“教育好农村学生”是参与精准扶贫的重要方式。而采取“运用专业知识帮助农民致富”以及“运用信息技术帮助农村获取致富资讯”的人数比例则没有超过半数（见图 6）。

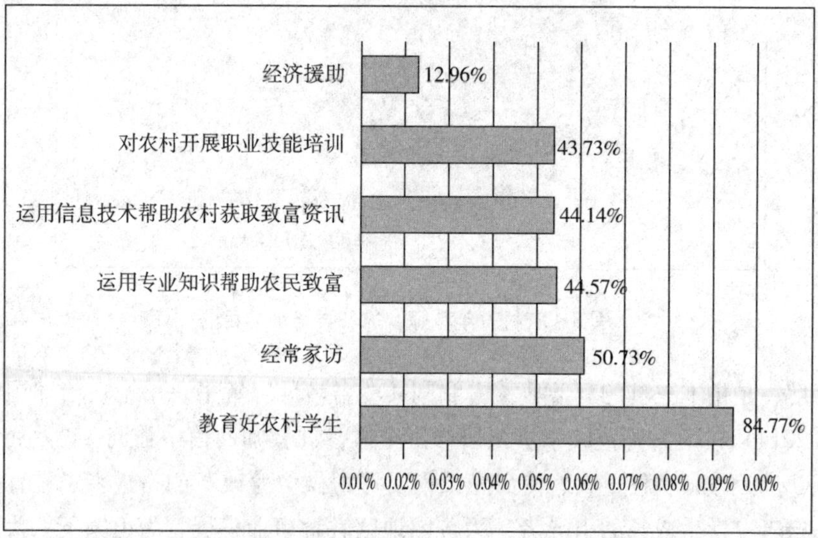

图 6　农村青年教育参与精准扶贫的主要方式

三、农村青年教师师德培养的路径——以“千校万师”为例

（一）“千校万师”项目介绍

近年来，为加强和促进师德建设，我国先后通过颁布加强师德建设的规范

和条例，构建了覆盖大中小学完整的师德建设制度体系，有效地促进了师德建设的全面发展。教育部先后出台了《教育部关于进一步加强和改进师德建设的意见》（2005 年）、《教育部关于建立健全中小学师德建设长效机制的意见》（2013 年）、《中小学教师违反职业道德行为处理办法》（2014 年）、《严禁中小学校和在职中小学教师有偿补课的规定》（2015 年）等相关文件，将师德建设推向制度化、规范化和法治化轨道。各省区也结合本土特色，积极开展各项教师师德建设活动。

贵州省作为西南地区人口大省以及相对贫困的省份之一，担负着国家精准扶贫以及发展西南地区教育事业的重任。2010 年，为贯彻《中共中央　国务院关于进一步加强和改进未成年人思想道德建设的若干意见》和贵州省委、省政府《关于进一步加强和改进未成年人思想道德建设的实施意见》，由贵州省委宣传部、贵州省文明办、贵州省教育厅、共青团贵州省委联合实施，贵州省团校开始具体承办“千校万师”未成年人思想道德建设骨干教师培训工程（以下简称“千校万师”项目）。“千校万师”项目是贵州省团校立足于国家、社会所需，结合贵州省实际情况和群团工作的特点，为贵州省农村青年教师师德培训开辟的一个具有较强推广性的品牌项目，而且具有相对持久的生命力。

本项目自启动以来，深受广大农村教师的喜爱，其成果也是十分明显的。“千校万师”已经成为贵州省未成年人思想道德建设的品牌工作，并被人民网、新华网、中国文明网及贵州省主要新闻媒体多次宣传报道。该项目被收录到 2011 年中国精神文明建设年鉴，2012 年、2013 年均列为全国未成年人思想道德建设工作测评体系，2015 年被中央文明委授予“全国未成年人思想道德建设工作先进单位”称号。据统计，截止到 2016 年 12 月，该项目已完成未成年人思想道德建设骨干教师培训 150 期，培训 20298 人，覆盖全省 11904 所中小学，为贵州省的精准扶贫事业以及农村教师的师德培养做出了巨大的贡献。

因此，在新形势新任务和适应党的群众工作形势变化的群团改革工作中，贵州省团校开展的“千校万师”项目提供了可资借鉴的新思路。为此，有必要深入挖掘“千校万师”培训项目取得的若干经验，并进行总结、提升，以推广到其他省区，促进农村教师的师德水平提升和专业能力的发展，从而进一步实现群团组织适应发展变化的深刻自我革新。

（二）“千校万师”项目的特点

1. 团教齐抓共管，引领师德培训

团校是共青团教育培训团干部的重要基地和有形载体。贵州省团校以党的

十九大精神为指导，贯彻落实习近平新时代中国特色社会主义精神和习近平总书记关于青年工作重要思想，永远做好党的助手和后备军，发扬党有号召团有行动的光荣传统，结合团情、省情，确立了新的发展思路和方向。

贵州省团校发挥团校教育培训共青团干部的主渠道、主阵地作用，积极担负起培训共青团干部的责任和义务，培育团校新的功能和亮点，力求拓展团干培训的层次和空间，培训团队干部从源头抓起，延伸团干培训的始端，瞄准未成年人德育骨干教师培训这一项目。为此，贵州省团校基于多年来每年暑期的中小学少先队辅导员培训班报到率高、反响好的实践经验，延伸团干培训始端的理论依据，即通过培训德育教师，由德育教师培育未成年人，让未成年人成为明天的优秀青年和共青团干部，使其最终成为中国特色社会主义事业合格建设者和可靠接班人。

按照这样的工作思路与背景，作为共青团系统的贵州省团校携手教育系统，团教一家齐抓共管，结合贵州省团校结合贵州的政治、文化、经济、社会发展背景，承担了“千校万师”未成年人思想道德建设骨干教师培训工程。通过培训工程的实施，贵州省团校进一步提高农村青年教师从事思想道德教育的能力，切实加强和改进未成年人思想道德建设，促进青少年全面发展、健康成长。

2. 多部门协同，组织构架科学合理

“千校万师”项目是由贵州省、各市（州）多部门共同参与，组织架构科学合理，各部门职责任务明确，为“千校万师”项目的实施提供了组织保障。培训工程在贵州省文明委的领导下，由贵州省宣传部、省文明办加强对培训工作的组织协调，贵州省教育厅负责做好业务指导，团省委全力保障培训工作顺利实施，贵州省团校承担具体工作任务。

为进一步保障“千校万师”项目的顺利实施，贵州省文明办、省教育厅把培训工程纳入中小学校德育工作考核测评内容，作为学校评先选优的重要依据；贵州省文明办在培训经费上大力支持，对参训教师免费培训，目前已累计投入经费近200万元，确保了工程的顺利进行；各市（州）党委宣传部、文明办、教育局、共青团等部门积极组织，认真落实培训计划，为“千校万师”工程的顺利实施提供了坚实的组织保障。

3. 项目化管理科学缜密

贵州省团校打破传统行政管理体制，实行项目化运作管理，以项目为中心，成立八个项目组，各工作组均制订具体工作方案。八个项目组包括学员联络组、学员管理组、教学管理组、安全保卫组、宣传报道组、对外宣传组、后勤保障组和回访调研组（见表3）。各个环节细分责任，落实到人，保证了“千校万师”项目的顺利实施及有效性。

贵州省团校实行格式化教学流程管理。从学员进入团校报到开始，实行“白加黑”的日程安排，充分利用和珍惜每个学员在校的6天144小时的每一分钟；坚持高质量完成每天的课程、讨论、交流、分享等教学规定动作；坚持每周一次的教学、管理、后勤工作小结工作，收集学员反馈意见，布置下期工作。

同时强化校园文化建设。倡导无论是讲台上的教师或是讲台下的教师（后勤管理服务人员）都要以身示范，注重课堂、食堂、宿舍立体化教学服务管理，让每一位参训学员听得进心、住得舒心、吃得放心；建立学员感言集、QQ群、学习园地，开展班级活动为参训学员之间，学员与授课教授、专家之间搭建起工作情感交流的平台，使参训学员思想得到洗礼、思路得到启发、视野得到开阔。

表3 “千校万师”项目组责任与分工表

八个项目组的职责划分如下。 学员联络组：落实培训计划，联系各市（州）、县教育局相关部门，确定当期培训学员名单；及时反馈和解决联络过程中出现的问题；联络每位参训学员和接听来电咨询。 学员管理组：负责培训资料的准备及相关表格、证书的制作、审核、打印工作；负责建立并完善学员管理信息系统及学员档案管理工作；班主任管理和学员日常培训管理。 教学管理组：负责设置培训课程、联系授课教师及教学实践基地和安排教学服务车辆工作；安排每期课堂跟踪服务教师和组织讨论教师；完成教学情况问卷发放与统计工作，并及时反馈学员意见和建议。 安全保卫组：维护校园治安秩序，负责校园内常规巡逻、检查和治安隐患排查工作，处置各类治安、消防等突发事件；负责校园车辆进出停放管理，杜绝无证人员进入教学生活区。 宣传报道组：负责学校网站新闻报道的更新管理工作；负责培训追踪报道、精彩瞬间制作和宣传栏更换工作；学员培训感言的筛选、收集及编辑等工作。 对外宣传组：负责《青年时代·千校万师》师德专刊的编辑工作；负责QQ群和微信群平台的管理工作；校园宣传栏、展厅、校园网络和相关设施的管理维护工作。 后勤保障组：为学员培训期间提供符合安全健康标准的食宿条件；对校园环境和教学区环境的布置和清理。 回访调研组：对参训教师及学校进行随机抽查回访，及时跟踪培训成效；定期组织召开相关部门座谈会，对培训工作征求意见，不断改进、总结提升。

此外，贵州省团校特别注重对学员培训效果的跟踪回访工作。以座谈、询问、问卷等方式收集每期学员对培训内容、课程设置、教学管理、后勤服务等方面的意见和建议，不断改进、完善培训工作。同时，组织“千校万师”培训回访调研组，不定期深入基层调研了解参加“千校万师”培训工程的骨干教师的工作动态。仅在2011年2月至2012年6月，回访调研组行程万余千米，先后

走访了贵州省9个市（州、地）教育局、部分县教育局和100余所农村中小学校，通过召开座谈会、征询意见、通报培训情况，了解学校德育工作情况，倾听基层德育工作者的心声，了解他们的困惑，为“千校万师”培训工程的深入开展提供了参考。

4. 课程设置针对性强

“千校万师”工程一开始就坚持把社会主义核心价值体系学习教育作为培训重点，作为培训的重要内容和基本课程，培训主题实行“一主线三结合”的方式。一主线是指培育和践行社会主义核心价值观，弘扬中华优秀传统文化，加强法制教育，坚持立德树人。三结合是指结合贵州省未成年人思想道德教育工作的实际，注重培训内容的针对性；结合教育专家和各级领导的意见建议，注重培训内容的科学性；结合新时期未成年人教育工作的动态和最新研究成果，注重培训内容的前瞻性。

“千校万师”工程针对要解决的问题，构建了实现的目标、达到的目的、解决的问题以及具体课程连贯的课程体系。同时，该课程体系与时俱进，将习近平总书记提出的“四有好老师”标准也确定为“千校万师”项目要达到的目的。为保证教学质量，在整个培训过程中，贵州省团校从省直有关部门聘请政治素质高、理论功底厚、语言表达能力强的领导、专家，从高校中聘请具有理论和专业特长的学者、教授做专题讲座，同时邀请省内道德模范和春晖使者来校谈体会，充分整合、利用省内外的优质培训资源，取得良好的培训效果，受到学员的普遍欢迎。据统计，60%以上的授课教师都是通过各种渠道外聘（40%的授课教师是省团校教师），有效地整合各类优质教学资源为培训工作服务。至今，共聘请省直有关部门、高校有关领导、专家300余人次做讲座。

（三）“千校万师”师德培养的成效分析

1. 有效提升了中小学德育骨干教师的能力素质

在对每期参训学员的问卷调查反馈中，96%的学员认为实施“千校万师”培训工程非常必要、及时；97.5%的学员认为培训方案好，课程设置好；98.5%的学员认为教学组织管理好；有98.5%的学员认为学有所获，提高了认识、提升了水平。在对100所基层中小学、300名参训学员、500名中小学生的随机抽样调查中，得出参训培训学员返校后坚守工作岗位率达100%；开展“千校万师”二级培训达95%；校长、学生对参训学员返校后的工作表现及开展德育工作的满意度达100%。

培训工程实施以来，得到了贵州省农村中小学德育骨干教师的普遍欢迎和广泛赞誉。通过“千校万师”项目，为农村青年教师提供了开阔视野、丰富知识、提升任教信念的平台。比如，一位教师在座谈会上评价该项目：“和其他培训有很大的差别，有很多机会出去看。沿海地区，广东、深圳也有很多，他们的培训不接地气。贵州省‘千校万师’项目，对青年教师是一片很严谨的净土。课程设置，包括老师的搭配、师资队伍、团队，今天下午和晚上的两节课，都有很大的收获。年轻人很浮躁，很难静下心来做事情。我们来了之后，一下子找到了十几年前充实的生活。踏入社会之后，有一些世故，应付工作。今天来了之后，有很大的收获。今天吴祖平老师讲的社会主义核心价值观，从大到小，对我们的感触很大。”①

为研究“千校万师”培训效果，课题组对“国培计划”“省培计划”“教师进修”“千校万师”以及“社会组织专项培训”这五类培训方式进行了对比研究。研究发现，农村青年教师参加“国培计划”的人数最多，占 66.65%；参加“千校万师”培训的有 1322 人，占 48.93%；参加教师进修的人数为 849 人，占 31.42%；参加“省培计划”和社会组织专项培训的人数均为 766 人，占总人数的 28.35%。虽然参加培训人数最多的是“国培计划”，但是培训效果最好的是“千校万师”培训项目。38.23%的农村青年教师认为“千校万师”培训项目效果最好，其次是 21.95%的农村青年教师认为“国培计划”培训效果最好，认为教师进修、社会组织专项培训和“省培计划”效果好的人分别占 13.88%、6.70%和 2.89%（见表 4）。

表 4 各类培训项目效果对比

选项	培训项目情况		效果最好的培训项目	
	人数	百分比	人数	百分比
国培计划	1801	66.65%	593	21.95%
省培计划	766	28.35%	78	2.89%
教师进修	849	31.42%	375	13.88%
“千校万师”培训	1322	48.93%	1033	38.23%
社会组织专项培训	766	28.35%	181	6.70%
其他	1284	47.52%	442	16.36%

调查结果显示，参加“千校万师”培训项目后在职业道德方面得到提升最

① 2016 年 8 月 15 日贵州省团校农村青年教师座谈会。

大的人数为829人，占参加总人数的80.25%，其次是提高工作积极性、创新教育教学理念、改善教育教学方法、强化职业认同、葆有更强的工作热情、端正教学态度、学生观的改善、课堂教学技能指导和更好处理家校关系，认为提升最小的方面是理解精准扶贫内涵，这也提醒“千校万师”项目今后要紧跟国家政策，积极开发新的课程设置及教学安排等（见表5）。

表5　参加“千校万师”培训后，得到有效提升的选项

选项	人数	百分比
提升职业道德	829	80.25%
提高工作积极性	574	55.57%
创新教育教学理念	537	51.98%
改善教育教学方法	429	41.53%
强化职业认同	391	37.85%
葆有更强的工作热情	378	36.59%
端正教学态度	219	21.20%
学生观的改善	150	14.52%
课堂教学技能指导	136	13.17%
更好处理家校关系	62	6.00%
理解精准扶贫内涵	35	3.39%

2. 承担了留守儿童的心灵守护者及乡村建设者的责任

根据《中国2010年第六次人口普查资料》样本数据推算，全国有农村留守儿童6102.55万，占农村儿童的37.7%，占全国儿童的21.88%。贵州省由于外出务工人数较多，留守儿童问题也成为困扰农村教育发展的瓶颈之一。2013年贵州省在校中小学生为658万人，农村留守儿童约为240万人，在校生留守儿童为98万人，学龄前留守儿童约150万人，占留守儿童总数的60%。本次调查发现，农村青年教师所教班级的留守儿童超过10%的占64.32%，享受低保的学生超过10%的占24.16%。

精准扶贫不仅是强调经济上的脱贫，它还强调从心理上树立战胜贫困的意志。留守儿童由于长期与父母分离，缺少必要的家庭支持，使得他们很容易产生心理懈怠等其他心理问题。在此情况下，参加了“千校万师”培训的农村教师，尤其是农村青年教师便承担起了“知心哥哥”“知心姐姐”的角色，通过关爱、鼓励、资助等方式，用爱心和行动守护着留守儿童，伴随着他们健康成长，成为孩子们心灵的守护者。正如贵州省习水县教育局的一位领导所言，充分发挥学校留守儿童之家的作用，乡下孩子多数是留守，很多父母外出务工，孩子留给爷爷奶奶代管。留守孩子分给教师，代替父母的亲情，重在心理疏导，一个人的成才，知识是多少并不重要，更重要的是情商，践行社会主义核心价值观。数据显示，在被抽样的教师人群中，有超过85%的农村教师经常能够做家访，与家长沟通学生的在校表现，从而制订有针对性的教育方案。

表6　我能够经常去家访，和家长沟通学生的在校表现

选项	小计	比例
非常赞成	1325	37.88%
比较赞成	1694	48.43%
不太赞成	315	9.01%
很不赞成	43	1.23%
说不清	121	3.46%

此外，在精准扶贫背景下“千校万师”项目的开展还使得农村青年教师认识到他们不仅是教育梦想的传播者，同时肩负着西部精准扶贫以及美丽乡村建设的重任。调查显示，在对精准扶贫的认识方面，农村青年教师大部分（68.43%）认为农村贫困主要是由农村地区资源有限导致脱贫困难；67.02%的农村青年教师认为大量务工人员外出，农村青年人才流失导致农村贫困；59.44%的农村青年教师认为“读书无用论”的观点致使不重视教育问题导致农村贫困；43.12%的农村青年教师认为农村贫困是因为没有找到脱贫致富的方法；36.57%的农村青年教师认为原因是农村学校成为文化孤岛，与农村隔离，没有发挥应有作用；认为农村贫困是乡村知识分子作用未有效发挥的人最少，占28.20%。

表7　农村贫困的主要原因

选项	人数	百分比
农村地区资源有限，脱贫困难	1849	68.43%
大量务工人员外出，农村青年人才缺失	1811	67.02%
“读书无用论”的观点致使不重视教育问题	1606	59.44%
没有找到脱贫致富的方法	1165	43.12%

续表

选项	人数	百分比
农村学校成为文化孤岛，与农村隔离，没有发挥应有作用	988	36.57%
乡村知识分子作用未有效发挥	762	28.20%

因此，作为教育扶贫的生力军和主力军，农村青年教师也认识到自己在精准扶贫中的角色，并认为能发挥很大作用。数据表明，79.79%的农村青年教师对参加精准扶贫工作持肯定态度，16.21%的农村青年教师对参加精准扶贫工作持否定态度（见表8）。67.69%的农村青年教师认为自己能在精准扶贫过程中发挥很大的作用，24.90%的农村青年教师认为自己不能在精准扶贫过程中发挥很大的作用（见表9）。

表8　农村青年教师对“我有义务参加农村精准扶贫工作”的认知

选项	人数	百分比
非常赞成	1133	41.93%
比较赞成	1023	37.86%
不太赞成	321	11.88%
很不赞成	117	4.33%
说不清	108	4.00%

表9　青年教师对“我在精准扶贫过程中能发挥很大的作用”的认知

选项	人数	百分比
非常赞成	710	26.28%
比较赞成	1119	41.42%
不太赞成	534	19.76%
很不赞成	139	5.14%
说不清	200	7.40%

在具体帮扶方面，农村青年教师通过家访、家长会等方式，向家长和学生传递不等不靠、致富靠自己的思想。唤醒、重塑乡村学生远大的志向，对家长多方引导，把贫困家庭家长和学生自己主动脱贫之志气“扶”起来，把“内因”激活起来，从思想上、精神上帮扶，帮助他们树立战胜困难、摆脱困境的信心和斗志。

此外，可以运用所学专业知识指导贫困家庭脱贫致富。利用所学专业知识，帮助村民更新农业种植理念、推广农业技术，以进一步培养有现代科技素养、农业致富技能、商业经营能力的新型农民，适应农业现代化的新需要。如贵州省习水县教育局一位局长谈道："大中专毕业生见多识广，自身加强师德学习和培养，在学生中树立志气。青年教师发挥自身的年轻优势，向贫穷宣战，从音乐、艺术等方面，传授致富典型，从小树立勇气和信心。"借助互联网的平台，很多青年教师动员公益组织和社会力量参与扶贫，加强资源统筹，为乡村社会的发展募集了较多的资源。可以说，农村青年教师的到来无疑给乡村社会带来了都市的气息和时尚的元素，为日益凋敝的乡村注入了新鲜的血液，也为国家的精准扶贫、阻断贫困的代际传递打下了良好的基础。

3. 得到了各级教育行政部门、学校的广泛认同

现有的教师培训项目中，如国培、省培等，培训主题一般为学科知识培训或业务技能培训，针对农村教师师德素养提升项目较少。"千校万师"项目则在一定程度上弥补了其他项目培训内容的不足，得到了各级教育行政部门和学校的认同。贵州省各市（州）认、县反映，"千校万师"培训课程设置合理，管理严格，工作具有前瞻性和创新性，体现了培训的系统性、针对性。为教育部门搭建了加强未成年人思想道德教育工作的平台、开了先河。遵义市教育局一位局长谈到道"'千校万师'培训定位好、针对性很强，教育系统内的培训主要是学科培训，围绕中考、高考的学科培训。其他学科，音体美、书法等素质教育学科，逐步有一些培训，相比之下培训比较少，中小学德育教育，师资培训，以前非常少。省团校、省教育厅，解决了教育系统培训中的一个短板，其他学科都有培训，德育培训比较少，我们自己搞了共青团的培训，但也很少。定位很好，在中小学，特别是农村中小学，培训效果非常突出。市教育局和县中小学，高度重视培训。"

参训学员返校后将先进的教学理念、教学手段和方法带回学校、带到课堂、带入教学，个人的教学能力大幅提升。同时通过"千校万师"项目还有效调动了省内各地教师参与思想道德建设培训的积极性。目前，全省各地教师参与培训的积极性高涨，要求增加培训名额的学校在增多，计划外培训名额更是逐期增加。

4. 以团校自身功能转型，助推群团改革

多数团属院校陆续成为青年管理干部学院、青年政治学院、职业学院或者成了一些大学的分院等，而贵州省团校却还继承着传统的团干培训模式。尽管贵州省团校多次尝试申办青年政治学院、职业学院、联合办学、办高考补习学

校、挂靠省内外大学、办函授等方式，但都未获得成功，没有较好地履行团属院校的功能。但“千校万师”培训工程，在很大程度上助推了贵州省团校的群团工作的转型与发展，认识到团校能够充分发挥教育培训共青团干部的主渠道、主阵地作用，并积极担负起培训共青团干部的责任和义务。通过对贵州省农村中小学德育骨干教师，由德育教师培育未成年人，让未成年人成为明天的优秀青年和共青团干部，使其最终成为中国特色社会主义事业合格建设者和可靠接班人。可以说，在当前群团工作改革时期，贵州省团校开展的“千校万师”培训项目，为深入挖掘团属院校的功能起到了示范作用。

同时，“千校万师”培训工作的开展和所取得的成效及影响力，有效地带动了贵州省团校其他工作。一是团干培训，每年均超额完成计划数，仅 2011 年 8 月贵州省团校就完成了全省基层团干及全国第九届民运会志愿者培训任务，培训人数达 3600 人；二是团校经济实力得到增强，其中 2010—2013 年度争取得到的政府资金投入是前 10 年总和的 2 倍，培训创收及其他创收超过前 10 年总和；三是学校软件、硬件基础设施得到了改善，摆脱了困境，初步实现了“建设花园团校、构建和谐团校、创建效益团校”的思路和目标。

四、精准扶贫背景下改善农村青年教师师德培养的政策建议

育有德之人，需有德之师。高尚的师德，对于引导和帮助学生把握好人生方向，特别是引导和帮助青少年学生扣好人生的第一粒扣子，起到极其重要的作用。新时期面对新农村建设、脱贫攻坚的战略目标，农村教师的师德又被赋予了教育扶贫的新功能。但“下不去、留不住、用不好”这是贴切描述我国 330 万乡村教师的真实状态，也说明了我国乡村教师队伍现状。要培育一支具有高尚师德的乡村教师队伍，实现精准扶贫的目标，必须立足乡村教师真实状态及客观需要，尽快出台实施有针对性、有力度和有实质性吸引力的教师待遇和地位保障的政策，以改变乡村教师队伍“下不去、留不住、用不好”的状况，稳定乡村教师队伍。具体来说，为引导大批优秀青年到农村长期、稳定地从事教师职业，应各部门联动，尽快出台实施有针对性、有力度和有实质性吸引力的教师待遇和地位保障的政策。

（一）建立健全制度环境，多措并举，稳定教师队伍

1. 大幅度提高教师的工资水平

经济负担重成为农村青年教师最主要的压力来源。建议大幅度提高在边远贫困地区任教的教师工资待遇，设立在边远贫困地区任教教师专项津补贴计划，

如精准扶贫补贴计划。应考虑教师的任教环境偏远、艰苦的特点，增加对在边远农村地区工作的乡村教师机会成本补偿，因地制宜设立多样化的津补贴。同时，应大力在严把审批关的基础上，鼓励企事业单位及社会团体设立奖励乡村教师奖项，营造良好的社会舆论环境，提高教师社会经济地位，真正使乡村教师过上相对体面的生活，提升教师职业认同感。

2. 因地制宜建立多种类型的津补贴制度

应建立中央统筹、省级支持、县级补充的三级联动专项资金支持制度，借鉴国外经验，大幅提高乡村教师待遇，真正落实教师工资高于公务员工资，按照任教学校实际情况，给予乡村教师多种类型的津补贴。如日本为教师提供多种津贴，以提高教师职业的吸引力，如抚养津贴、调动津贴、住房津贴、初任津贴、交通津贴、特殊勤务津贴、住校津贴、管理人员特别勤务津贴、管理职务津贴、期末津贴、勤勉津贴、义务教育教员特别津贴、通信津贴（校长）、特定任期职员业绩津贴、退职津贴等。通过上述措施，使乡村教师既衣食无忧、不为日常生计奔波，又能解决他们任教的后顾之忧，逐步使乡村教师成为一个有吸引力的职业。

3. 改善任教环境，满足教师文化需求

乡村社会的任教环境也不甚乐观，这也成为乡村教师“下不去、留不住、用不好”的主要原因之一。应建立各部门联动机制，进一步完善乡村基础设施配套建设。为方便乡村教师的日常生活，应建立由县政府牵头、各职能部门积极参与的联动机制，进一步完善乡村的基础设施建设。大力改善任教环境，满足农村青年教师的基本生活需求。应制订出台住房、交通、卫生医疗、子女教育、网络与现代快递服务等一揽子的配套方案。此外，更应为教师创造良好的精神文化环境，加快休闲娱乐基础设施建设步伐，避免乡村社会成为精神文化的夹心层。

4. 继续加大周转房建设力度

应进一步加大农村教师周转房建设力度，调整完善教师周转房布局设点工作，进一步加大中央和地区专项经费保障力度。调研发现，贵州省农村青年教师群体中，虽然以已婚教师为主，但是也存在为数不少的教师居住在县城或市区现象。住房方面，大部分青年教师是与父母同住或自己购买房屋居住，居住在学校提供的周转房的教师比较少，这在一定程度上反映出乡村教师的周转房建设亟须改善。我们建议应该建立“中央政府专项出资、省级和地区县配套经费、乡镇政府划拨土地、教师轮流周转使用”的模式，为乡村教师建设数量充足、功能齐全、设备完善的周转房，解决乡村教师在乡村任教的住房隐忧。

（二）因地制宜树典型，发挥榜样的力量

1. 增加师德培训专项，引领农村青年教师的高尚情操

在总结贵州省团校“千校万师”工程经验的基础上，结合各地实际情况，适当推广该项目的可借鉴经验。同时，要通盘考虑中西部偏远贫困地区学校的特殊性以及乡村教师“工学矛盾”等现实因素，提供适宜于农村教师实际需要的德育培训研修活动。在“国培计划”“省培计划”等培训项目中，增加农村青年教师德育培训专项。农村教师队伍管理，尤其是师德管理，应以管理为主线，以培训提高为载体，以改革为突破口，大力加强教师队伍建设。一是加强对全县中小学校长、书记任职资格培训；二是培养选拔年富力强、政治思想觉悟高、业务能力强、懂“双语”的中青年教师补充到学校领导岗位；三是加大教师培训力度，进一步加强“师德标兵”的评选和宣传，坚定广大教师的职业理想和信念，激发他们工作的事业心和责任感。

2. 建立县级师德发展中心，增强师德培训的适切性与时效性

虽然贵州省农村青年教师接受的培训类型多样，包括“国培计划”“省培计划”、教师进修、“千校万师”，以及社会公益组织培训等，但是由于很多培训都在外地开展，培训成本较高，难以惠及大部分乡村教师，这在很大程度上阻碍了农村教师的专业发展水平。我们建议，高层次的培训机会应更多地惠及每一位乡村教师，应建立分级培训保障制度，确立国家级、省级、地区级、县级、校级五级教师培训联动机制。有条件的地区可以专门建设农村青年教师德育发展中心，以专业培训引领农村青年教师的德育发展，尤其是依托本区域资源优势（依托本县内的教育局教研室、教师进修学校、骨干教师，成立县域范围内的“导师团队”，采取“送教下乡”的培训方式①），加强师德培训的时效性与针对性，为农村教师的专业发展提供更优质的培训支持。

3. 充分挖掘农村青年教师潜力，助力精准扶贫工作

调研发现，认为运用专业知识、信息技术帮助农村获取致富资讯和对农村开展职业技能培训可以实现农村教师精准扶贫任务的人分别占45.48%、44%和43.34%。可见，农村青年教师自身已经认识到通过专业知识和信息技术帮扶农民脱贫致富的重要性。但事实上，92.3%的农村青年教师攻读过一个或多个专业中属于师范类专业，绝大部分均为师范类专业，这就导致他们在大学接受的

① 郑新蓉，魏曼华，王成龙，佟彤．把水浇到根儿上——“移动教育资源与培训中心项目”的理念和设计［J］．中国教师，2015（7）：6-11.

师范教育类技能较多，但信息技术以及如何在农村开展职业能力培训的能力相对欠缺。从“千校万师”培训中在“更好处理家校关系”以及“理解精准扶贫内涵”方面得到有效提升的仅为6.00%和3.39%。可见，“千校万师”培训项目虽然有助于农村青年教师的师德水平的提升，但在精准扶贫方面的培训相对较少。建议在培训项目中增设“农村青年教师如何开展精准扶贫”课程板块，充分挖掘农村青年教师的自身潜力，助推精准扶贫工作的顺利开展。

“北漂”青年的离京意愿及其影响因素

——基于“2015年北京市青年人口发展状况调查”的数据分析

李 倢*

摘 要：青年是城市发展创新的重要源泉，青年流动体现着城市发展的活力。以“北漂”青年为切入点，从时间规划、去向、直接要因、外部影响因素及内在因素决策等方面，对“北漂”青年离京意愿进行了较为系统的分析。发现“北漂”青年的离京意愿一方面受到区位、政策、环境等外部因素影响，同时也依据自身特征表现出不同的亚群特点，从而为以青年的实际需求为基础更好地服务青年，以及动态、多向、有序引导人口疏解，促进京津冀协同发展提供实证依据和支撑。

关键词：“北漂”青年；离京意愿；京津冀协同

随着我国的经济发展和国际地位的提升，首都北京在全球的政治、经济、文化体系中占据着越来越重要的地位，首都的政治、文化、国际交往和科技创新中心定位与区域首位城市的行政、经济、教育、医疗等功能重度叠加，从而导致北京城市功能和人口过度集中，引起交通拥堵、环境恶化、资源紧张等一系列城市承载力极限以及城市发展和管理问题。

依据2015年中央政治局会议审议通过的《京津冀协同发展规划纲要》，推动京津冀协同发展、促进产业和空间结构升级、有序疏解北京非首都功能成为当前一项重要的国家战略。依据规划以及同年北京市政府颁布的《关于贯彻京津冀协同发展规划纲要的意见》，北京提出至2020年城市人口要小于2300万，城六区常住人口要在2014年基础上每年降低2%~3%，力争至2020年下降15%的目标。

自政策实施以来，北京市在2016年间常住人口仅增加了2.4万人，年增长

* 李倢，中国青少年研究中心青年发展研究所助理研究员、博士，主要研究领域为青年发展研究、青年社会流动研究、青年参与研究。

率为0.11%。但其中适龄劳动人口比重以及青年在适龄劳动人口中的占比都有所下降。青年蕴藏着巨大的创造能量和活力，也是城市发展创新的重要源泉。适龄劳动人口比重尤其是青年在适龄劳动人口比重的降低不可避免地会给城市的发展活力和发展效益带来巨大的影响。

在这样的背景下，本文以北京市团市委2015年年底开展的北京市青年人口发展状况调查为基础，以其中非京籍青年所构成的“北漂”青年为切入点，从时间规划、去向、直接要因、空间分布及外部影响因素、内在因素及离京意愿判别等几个方面对“北漂”青年离京意愿进行了较为系统的解析。一方面通过较为全面的分析，了解掌握青年的流动意愿以期更好地服务青年，为以人为本、以意愿为基础的人口疏解政策的制定和实施提供依据和支持；另一方面通过探究影响“北漂”青年离京意愿因素间的关系以及在一定程度上预测其行为，为创造同时吸引所需人力资源、疏解过度聚集人口压力的动态疏解，以及在区域内形成“大城市—省会城市—二三线小城市—农村”多向吸引的发展思路提供实证基础，从而切实有效地促进北京非首都功能疏解以及京津冀协同发展。同时，北京作为超大城市的代表，对其青年人群流动趋势的分析也可为超（特）大城市的人口和功能疏解提供实证经验以及有益思路。

一、文献综述

“北漂”一词最早出现于20世纪80年代后期，最初特指从外地来京从事演艺、文化等事业的人群①。之后随着流向北京的外来人口越来越多，“北漂”群体的涵盖面也越来越广②，从之前主要在文化及高新技术产业中寻求机会的年轻人逐步扩展到各行各业的人，其主要特点是从外地来京寻求发展、不具有北京户籍的人群③。“北漂”族的大部分为青年，随着流向北京的外来人口的极速增长，“北漂”青年的数量也日益庞大，对北京的经济和社会发展起着越来越重要的作用。

---

① 陈静．想象中的北京：都市人类学电影中的“北漂”群体［J］．电影文学，2008（6）：33-35.

② 陈静．想象中的北京：都市人类学电影中的“北漂”群体［J］．电影文学，2008（6）：33-35；张羽．80后“北漂”的生存状态研究［D］．中国青年政治学院，2008.

③ 孙运宏．“北漂”现象的社会学解读——基于布迪厄文化再生产理论视角［J］．西安社会科学，2011（4）：27-28；杜红芳，高曼，柴彦言．关于北漂一族若干社会问题的思考［J］．赤子，2013（7）：172-173；范丽娜．“北漂”群体生存状况探析［J］．北京市工会干部学院学报，2014（4）：34-40；杨金花，黄大庆，于海涛．80后北漂群体的主观幸福感与城市认同状况及关系研究［J］．甘肃高师学报，2015（5）：63-68.

由于“北漂”一词最初所指范围较为狭窄，因此，关于“北漂”的研究大多针对大学毕业生等具有较高学历的“北漂”群体，研究内容主要集中在对其生存状况的探析以及对城市的认同和社会融入等方面。左鹏、桑李娜（2006）通过对隐性就业的大学毕业生调查发现，不能落户是隐性就业大学毕业生“漂”的根源，较高的收入、稳定的工作和生活可以在一定程度上弥补没有户口的缺憾①；郭星华、邢朝国（2009）以社会认同链为框架，对高学历“北漂”的社会认同状况及其影响因素进行分析，提出“北漂”对城市发展和形象与自身关系持较肯定态度，但对城市的归属感不强②；何仕（2014）借助供给/需求模型，从经济学角度对大学生就业中的“北漂”等现象进行了解释③。

近年来对“北漂”族的定义逐步扩展，基本扩展为来京寻求发展的非京籍人群。其中孙运宏（2011）从布迪厄文化再生产视角，对“北漂”现象进行了社会学解读；杜红芳等（2013）阐述了对北漂族所遇到的诸如住房、子女上学等社会问题的思索；范丽娜（2014）从住房、收入、职业发展、社会保障等方面对“北漂”群体的生存状况进行了分析；杨金花等（2015）以“北漂”中的一部分80后“北漂”群体为对象，探讨幸福感与城市认同之间的关系。随着“北漂”族定义的逐步定型，今后有望从更广义和整体层面综合把握这一重要群体的特点，充分发挥其作用和潜能，从而更好地促进北京的城市发展和建设。

但同时也可以看出，目前关于“北漂”或“北漂”青年的研究，也偏重于生存状况描述以及城市认同和社会融入等方面，对随政策和生存压力不断加大，“北漂”群体离京意愿的研究较少，或仅限于较高学历的青年。其中，对年轻人重新回到二、三线城市寻求发展，“逃离北上广”现象，胡小武（2013）指出大都市极化发展、人口超负、非均衡发展与社会排斥等造成的“大都市化陷阱”是青年白领出现了漂族综合征的主要原因④；马莉萍、董璐（2015）分析了在北京限制人口规模及收紧户口政策的背景下，性别、成绩、学历、学籍等对北

① 左鹏，桑李娜．漂在北京——隐性就业的大学毕业生调查［J］．青年研究，2006（10）：44-48.

② 郭星华，邢朝国．高学历青年流动人口的社会认同状况及影响因素分析——以北京市为例［J］．中州学刊，2009（6）：103-108.

③ 何仕．大学生就业中“北漂”“啃老”现象的经济学分析［J］．福建论坛·人文社会科学版，2014（3）：159-163.

④ 胡小武．候鸟型白领：逃离北上广与“大都市化陷阱”［J］．中国青年研究，2013（3）：33-36.

京就业和落户的影响①；朱迪（2015）通过对大学毕业生就业区域流向分析，发现毕业生选择一线城市的比例呈下降趋势②。这些研究都反映出政策和生存压力共同对"北漂"人群形成了一定的推力，但显然仍难以克服北京对人口聚集的强大吸引，政法大学课题组（2017）通过对"北漂"人群疏解效果的调查，指出北京市虽然多管齐下对"北漂"人口进行疏解，但单纯靠"疏"很难达到"解"的目的，提出"融解"与"疏解"并举的发展思路③；纪秋发（2017）也总结需进一步提高区域内经济、社会、文化、教育的综合实力，从而加强津冀两地对人口的拉力效果④。

二、总体概况

本文主要以2015年北京市青年人口发展状况调查数据为基础。该调查是由北京市团市委组织部署的一项综合性社会调查，以北京市16个区18~35岁青年人口为抽样主体，涵盖京籍原住、京籍迁入、非京籍三类青年群体以及35岁以上原住、迁入、非京籍三个对照组共6个组别。调查采用与人口规模成比例的概率抽样法，入户填写调查问卷10769份。其中京籍原住青年2565人，京籍迁入青年889人，非京籍青年5142人，分别占青年总样本的29.8%、10.3%和59.8%，与三类人群实际占比结构基本相同⑤。本文以其中的非京籍青年定义"北漂"青年。

（一）近年来北京市青年人口比重下降较为明显

外来人口大量流入是北京常住人口变动的主要原因。在此分别以15~34岁和15~60岁人口来近似青年和适龄劳动人口。从表1和图1的近年北京劳动人口及青年占劳动人口比重变迁中可以看出，青年占适龄劳动人口的比重与适龄劳动人口占总人口比重的变化趋势具有很大程度的相似性，且青年占据适龄劳

① 马莉萍，董璐．逃离还是北漂？——高校毕业生落户北京政策与毕业生的就业选择［J］．教育与经济，2015（3）：23-30.

② 朱迪．北上广还是二线？——大学毕业生就业区域流向分析［J］．中国青年研究，2015（10）：96-102.

③ 政法大学课题组．流动人口疏解效果评价及政策建议——对北京市的问卷调查［J］．国家行政学院学报，2017（1）：114-119.

④ 纪秋发．京津冀协同发展战略下北京外来青年农民工的疏散对策［J］．北京青年研究，2017（4）：74-82.

⑤ 35岁以上对照组中京籍原住人口591人、京籍迁入人口294人、非京籍人口1288人，分别占35岁以上总样本的27.2%、13.5%和59.3%，亦与三类人群实际占比结构基本相同。

动人口的近50%，青年人群的数量变化会极大地影响北京劳动力数量变化。从图中来看，虽然自2010年以来北京人口增长率逐年下降，但适龄劳动人口占比基本维持在一个稳定状态。而自2014年以后，适龄劳动人口占比、青年在劳动人口中的占比以及青年实际人数均出现较为明显的下降，表现出青年人口减少以及劳动力结构性短缺的态势。

表1　北京劳动人口及青年占劳动人口比重变迁

	总人口（万人）	劳动人口（万人）	青年人数（万人）	人口增长率（%）	劳动人口/总人口（%）	青年/劳动人口（%）
2010年	1961.2	1546.4	790.6	5.44	78.85	51.13
2011年	2018.6	1566.4	781.0	2.93	77.60	49.86
2012年	2069.3	1588.0	795.7	2.51	76.74	50.11
2013年	2114.8	1621.7	855.9	2.20	76.68	52.78
2014年	2151.6	1726.3	949.8	1.74	80.23	55.02
2015年	2170.5	1610.9	766.4	0.88	74.22	47.58
2016年	2172.9	1600.7	744.5	0.11	73.67	46.51

注：数据来源于《北京统计年鉴》。2010年为第六次全国人口普查数据，其他为年末人口抽样推算数据。

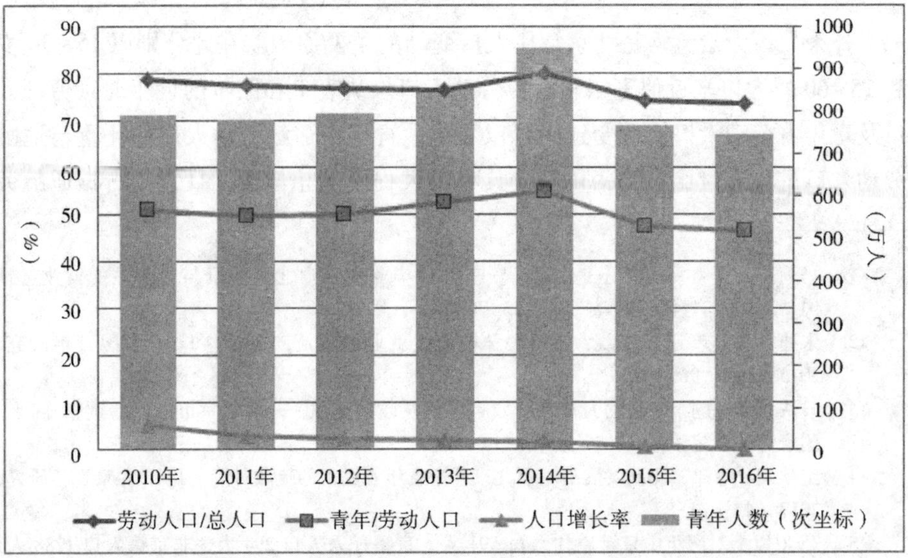

图1　北京劳动人口及青年占劳动人口比重变迁

（二）北京整体人口京外发展意愿略高于留京意愿

图2为依据调查制成的北京整体人口京外发展意愿。其中三成人口（32.8%）对未来去京外发展表示“完全不可能/不太可能”（下文略称为“不可能”），即预期会留在北京；近三成人口（29.5%）表示“不确定”；近四成人口（37.7%）表示“比较可能/非常可能”（下文略称为“可能”），即表现出较强的离京意愿。“不可能”“不确定”“可能”三者基本各占比三分之一，可能去京外发展人群的占比略高于不可能人群，说明只要政策合理、引导措施得当，北京人口可以得到良好的治理和疏解。

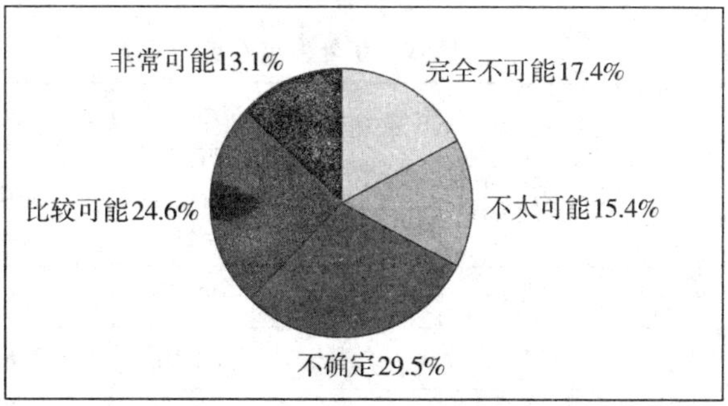

图2　京外发展可能性

（三）非京籍青年的京外发展意愿最高

表2和图3为京籍原住型青年、京籍迁入型青年、非京籍青年、35岁以上原住型对照组、35岁以上迁入型对照组及35岁以上非京籍对照组6个组别，显示的不同群体的京外发展意愿。其中京籍原住型青年对未来去京外发展表示“不可能”“不确定”和“可能”的占比分别为48.0%、28.8%和23.2%；京籍迁入型青年的此三项占比分别为44.0%、30.9%和25.1%；非京籍青年的此三项占比分别为19.4%、32.7%和47.9%。三类青年中非京籍青年离京意愿最强（接近五成），顺次为迁入型青年（超过四分之一）和原住型青年（超过两成）。

对于离京意愿，35岁以上对照组中也表现出相似趋势，非京籍人群离京意愿最强（接近五成），顺次为原住型（超过两成）和迁入型（接近两成），后两者占比非常接近；留京意愿在35岁以上原住型和迁入型中明显增多，远远高出其对照群体，35岁以上原住型和迁入型人群成为留京意愿最强的群体。

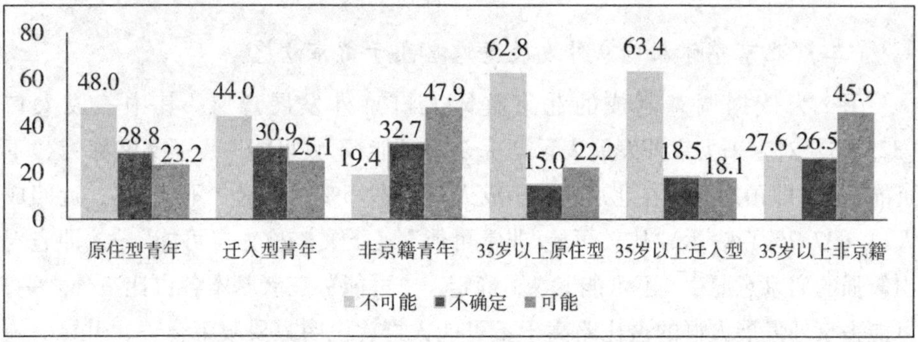

图 3　不同群体的京外发展意愿（%）

表 2　不同群体的京外发展意愿（%）

离京意愿	京籍原住型青年（n=2565）	京籍迁入型青年（n=889）	非京籍青年（n=5142）	35 岁以上原住型对照组（n=591）	35 岁以上迁入型对照组（n=294）	35 岁以上非京籍对照组（n=1288）
完全不可能	26.6	20.0	8.5	40.8	40.8	16.3
不太可能	21.4	24.0	10.9	22.0	22.6	11.3
不确定	28.8	30.9	32.7	15.0	18.5	26.5
比较可能	15.1	15.4	32.4	9.0	8.9	27.9
非常可能	8.1	9.7	15.5	13.2	9.2	18.0

进一步对比可以发现，无论是在青年组还是35岁以上对照组，京籍原住型和京籍迁入型的离京意愿都明显低于整体人口离京意愿（37.7%），而非京籍人口的离京意愿则明显高于整体人群，其中非京籍青年的离京意愿略高于35岁以上对照组。6个群体中非京籍青年的离京意愿最为显著，因此，本文以非京籍青年，即“北漂”青年为主体，进一步对其离京意愿的时间规划、去向、空间分布差异及外部要因、内因决策等展开分析。

（四）非京籍青年的总体发展现状

1. 近七成为农村户籍，已婚青年超过六成，五成已有子女。从年龄来看，非京籍青年中80后占比70.8%，90后占比29.2%，基本接近北京青年中80后与已成年90后的代际占比；从性别来看，男青年占比50.3%，女青年占比49.7%，男青年占比略高于女青年；从出生户籍来看，出生时所入户籍分别为农村66.7%、乡镇12.6%、县城9.7%和市区11.0%，农村户籍所占比重较高，并且远高于京籍原住型（38.2%）和京籍迁入型青年（37.5%）中的农村户籍比重；非京籍青年未婚、已婚、离婚（或丧偶）的比例分别为34.2%、64.7%和1.1%，已婚比例远高于京籍原住青年（54.8%），但也较大幅度低于京籍迁入型青年（78.2%）；非京籍青年有子女的比重为52.8%，远高于京籍原住型青年（40.7%），但也较大幅度低于京籍迁入型青年（65.1%）。

2. 学历分布偏低，多从事个体经营和非公企业，收入略低。非京籍青年的学历分布为初中及以下28.0%、高中/职高/中专技校27.2%、大专/高职20.1%、本科及以上24.7%，初中及以下学历占比远高于京籍原住型（4.2%）和迁入型青年（6.0%）；本科生和研究生的占比则远低于京籍原住型（50.3%）和迁入型青年（71.7%），在3类青年中学历分布偏低。非京籍青年目前工作单位类别的前三位分别为个体经营（33.1%）、非公企业（25.2%）和自由职业（9.5%）；与京籍原住型和迁入型青年相比，国有企业和事业单位的占比很小，主要集中在个体经营和非公企业；主要从事行业的前三位分别为批发/零售业（16.1%）、住宿/餐饮业（11.7%）和制造业（10.0%）。非京籍青年2014年税后工资总收入的分布为0~9999元占21.2%、10000~29999元占11.6%、30000~59999元占39.7%、60000~119999元占20.3%和12万元以上占7.0%；与京籍原住型青年的0~9999元档（34.1%）和30000~59999元档（31.2%）占比相比，工资收入结构略占优势；与京籍迁入型青年的30000~59999元档（22.3%）和60000~119999元档（28.7%）占比相比，工资收入结构稍处劣势。

3. 四成居住于五环到六环之间，通勤时间短，自购房比例低。有约四成（40.6%）的非京籍青年居住在五环到六环之间，远高于京籍原住型青年（23.4%）和京籍迁入型青年（26.4%）在五环到六环间的居住占比；近五成（49.0%）的非京籍青年上班单程所需时间在0.5小时内，远高于京籍原住型青年（31.1%）和迁入型青年（33.5%），反映出非京籍青年在职场附近居住，居住场所相对自由和对短通勤时间偏好的特征。非京籍青年居住状况的前三位分别为平房独租（22.8%）、楼房独租（15.5%）和自购商品房（12.9%），其自购商品房的比率远低于京籍原住型青年（30.5%）和京籍迁入型青年（46.5%）。

4. 在京倚重“同事圈”和“老乡圈”，与家人亲戚交往相对较少。非京籍青年在北京交往最多的前三位为“同事”（36.4%）、“老乡”（22.8%）和“家人/亲戚”（19.3%）。京籍原住型青年的此三项为“家人/亲戚”（40.2%）、“同学”（38.0%）和“同事”（17.6%）；京籍迁入型青年的此三项为“同事”（34.4%）、“家人/亲戚”（31.7%）和“同学”（25.2%）；从中可以看出非京籍青年与迁入型青年一样以“同事圈”为主，同时倚重“老乡圈”，以及在京与家人亲戚交往相对较少的特点。

5. 超过六成青年认为处于中层以下，五成青年喜欢北京。非京籍青年对自己在北京所处层次划分为上层 0.9%、中上层 3.5%、中层 30.9%、中下层 40.9%和下层 23.8%，与京籍原住型青年（45.0%）和迁入型青年（44.7%）的中层相比比重较低；超过六成的非京籍青年（64.7%）认为自己处于中层以下，超过京籍原住型青年（46.3%）和迁入型青年（47.5%）自认为处于中层以下占比。非京籍青年总体上“非常喜欢/比较喜欢”北京为 53.7%、“一般”为 39.9%、“不太喜欢/非常不喜欢”为 6.4%，总体对北京的喜欢程度大幅低于京籍原住型青年（81.2%）和迁入型青年（72.9%），对北京的心理黏性一般。

三、非京籍青年的离京意愿现状

（一）非京籍青年离京的时间规划、直接要因和去向

1. 超过四成的青年有较为明确的离京时间预期。图 4 中非京籍青年预计在京时间“三年以内”的不足一成（6.8%）、“三年至五年”的为一成（11.1%）、“五年至十年”的为一成（15.7%）、“十年以上”的近一成（9.6%）、“一直在北京”的为一成（14.2%），另有超过四成的非京籍青年表示“不好说”。从中可以看出有超过四成（43.2%）的非京籍青年有较为明确的离京时间预期，与表 2 中超过四成（47.9%）的离京意愿表述基本相符。

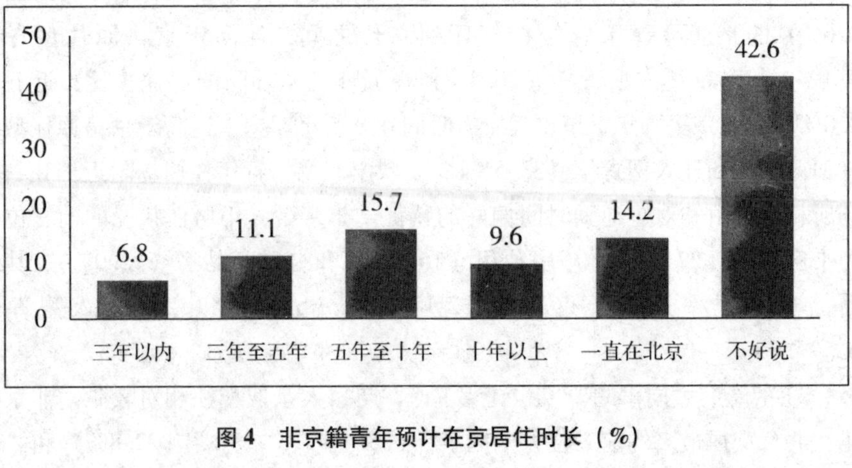

图 4　非京籍青年预计在京居住时长（%）

2. 离京的第一直接缘由为经济状况长期得不到改善。图 5 和图 6 分别为非京籍青年离京首要和第二位、第三位缘由。非京籍青年的首要离京缘由反映出促使其离开北京的直接原因，这也是以下分析中外部环境因素和青年内部因素

共同作用的结果。首要缘由的前三项分别为“经济状况长期得不到改善”(34.3%)、“子女无法在北京上学”（21.6%）和“看不到职业发展前景”(10.8%)，这三项共占据了离京首要缘由的近七成（66.7%)。

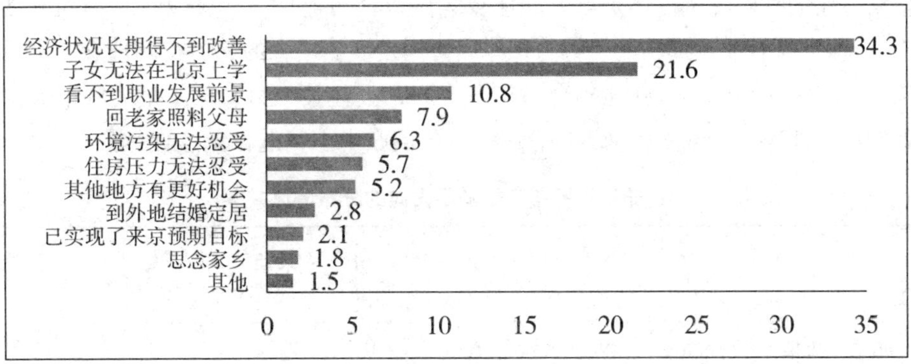

图5　非京籍青年离京的首要缘由（%）

此外在图5中占比不是很高的“回老家照料父母”（7.9%)、“环境污染无法忍受”（6.3%)、“住房压力无法忍受”（5.7%)、“其他地方有更好机会”(5.2%）等项分别为离京第二位、第三位缘由中的主要因素（详见图6)。从中可以看出非京籍青年流动因素中因“其他地方有更好机会”等正向因素的流动比例较低，而因经济压力、发展不顺利、子女上学、照料父母以及环境污染等负向因素而导致流动的占比较大。

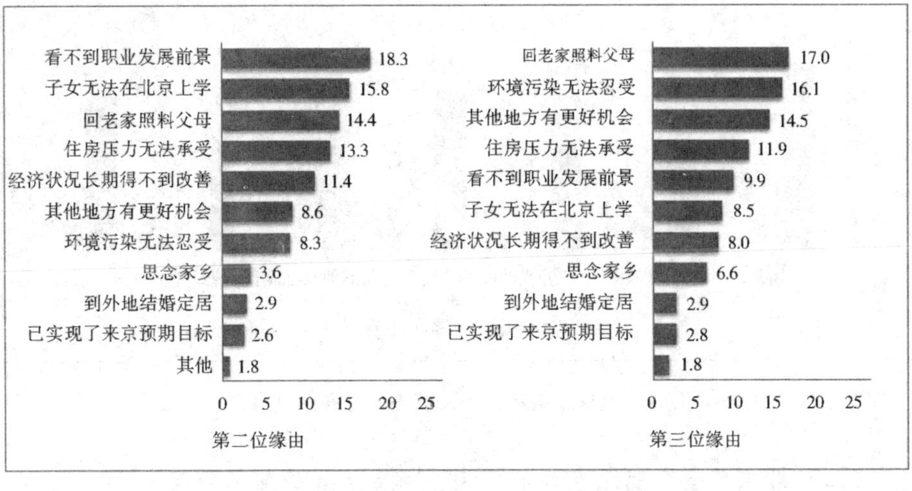

图6　非京籍青年离京的第二位、第三位缘由（%）

3. 京外发展去向的首选是津冀大城市。据调查，非京籍青年京外发展“可能”去向可分为七类（详见表3和图7）：国外、津冀大城市、长三角大城市、珠三角大城市、其他省会城市、二三线小城市和农村。从中可以看出，北京非京籍青年的京外发展首选是就近的津冀大城市（可能性占比23.9%，近四分之一），流向符合非首都功能疏解与京津冀协同发展相结合的人口疏解理念；之后顺次是二三线小城市、其他省会城市和农村，去往长三角、珠三角大城市或国外的可能性较低，流向也基本符合吸引青年回归中小城市和乡村的发展思路。

表3　非京籍青年京外发展去向的分布情况（%）

	国外	津冀大城市	长三角大城市	珠三角大城市	其他省会城市	二三线小城市	农村
完全不可能	43.8	19.2	28.6	29.0	22.2	22.2	32.8
不太可能	31.3	25.1	34.4	34.9	26.6	27.3	29.6
不确定	17.4	31.8	28.0	27.6	34.6	32.1	24.8
比较可能	4.8	16.9	6.9	6.7	13.3	14.6	8.6
非常可能	2.7	7.0	2.1	1.8	3.3	3.8	4.2
合计	100.0	100.0	100.0	100.0	100.0	100.0	100.0

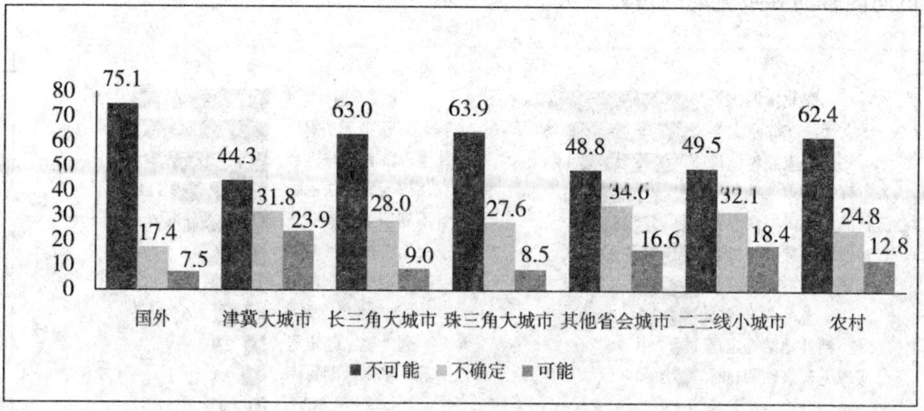

图7　非京籍青年京外发展去向分布图（%）

（二）非京籍青年离京意愿的空间分布差异及外部影响因素

1. 中心地区离京意愿较弱而外围离京意愿较强。从表4和图8中可以看出，首都功能核心区中东城区（51.8%）的非京籍青年离京意愿较强，超过五成，西城区（47.3%）接近五成；城市功能拓展区的朝阳（48.5%）、丰台（46.6%）、石景山（33.3%）、海淀（46.7%）四区中，除石景山的非京籍青年离京意愿较弱，另外三区均超过四成，不足五成；城市发展新区的房山（41.3%）、通州（48.5%）、顺义（62.0%）、昌平（49.4%）、大兴（44.7%）五区中，非京籍青年的离京意愿除顺义较强外，其余四区均超过四成，不足五成；生态涵养发展区的门头沟（64.5%）、怀柔（43.7%）、平谷（60.0%）、密云（37.5%）、延庆（54.8%）五区中，非京籍青年的离京意愿差异较大，密云、怀柔的离京意愿较低，门口沟、平谷、延庆的离京意愿较高。

表4 北京各区非京籍青年的离京意愿现状（%）

	区县	完全不可能	不太可能	不确定	比较可能	非常可能
首都功能核心区	东城	5.8	8.9	33.5	31.9	19.9
	西城	11.4	9.8	31.5	32.1	15.2
城市功能拓展区	朝阳	6.9	10.6	33.9	29.6	19.0
	丰台	9.6	10.1	33.6	35.5	11.2
	石景山	20.4	15.1	31.2	24.7	8.6
	海淀	9.4	12.7	31.2	31.0	15.7
城市发展新区	房山	10.3	9.8	38.6	29.3	12.0
	通州	6.4	15.0	30.1	34.2	14.3
	顺义	2.8	12.3	22.9	52.0	10.0
	昌平	10.6	9.2	30.8	35.7	13.7
	大兴	8.1	9.7	37.5	28.3	16.4
生态涵养发展区	门头沟	4.2	2.1	29.2	35.4	29.1
	怀柔	9.4	15.6	31.3	34.4	9.3
	平谷	16.7	0.0	23.3	36.7	23.3
	密云	12.5	3.1	46.9	28.1	9.4
	延庆	9.7	3.2	32.3	35.5	19.3

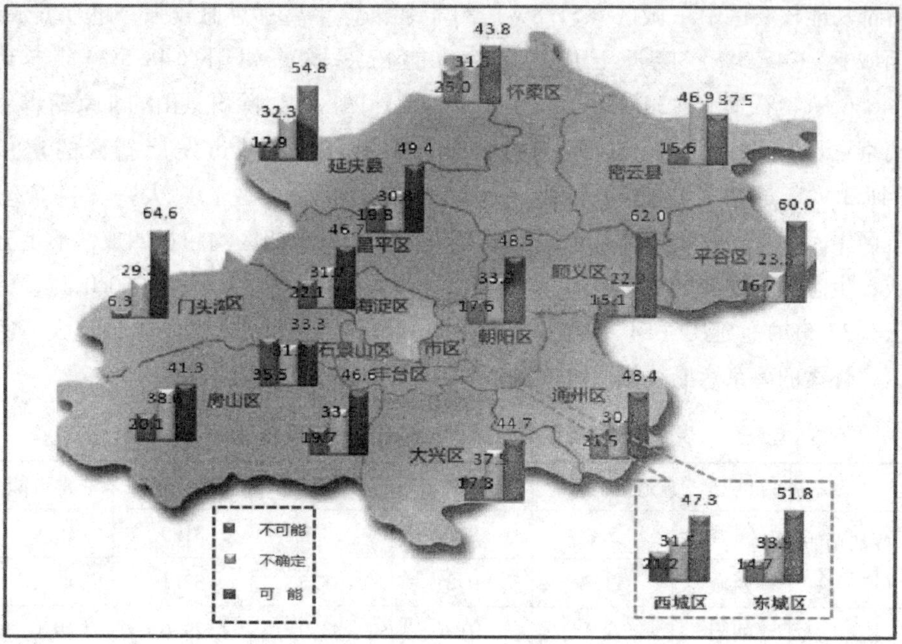

图 8　北京各区非京籍青年离京意愿空间分布（%）

总体来看，与非京籍青年整体 47.9%的离京意愿相比，各区非京籍青年在北京的空间分布基本呈现出城市发展新区（五区中三区高于平均）和生态涵养发展区（五区中三区高于平均）的离京意愿较强，首都核心区（两区中一区高于平均）、功能拓展区（四区中一区高于平均）的离京意愿相对较弱的状态，即中心地区离京意愿较弱而外围离京意愿较强的分布结构。

2. 中心六区将进一步加强人口及功能疏解力度。从国家宏观政策上，随着北京非首都功能疏解、京津冀协同发展的全局规划，2016 年年底北京各区都提出了较为明确的人口调控上限，并分别或联合采用“以业以学控人、以房以证管人”等方式进行人口及城市功能疏解。其中，朝阳、昌平和石景山三个区提出至 2017 年人口控制目标分别为 374.1 万人、206 万人和 61.6 万人，与 2015 年年末常住人口 395.5 万人、196.3 万人和 65.2 万人相比，年变化率分别为-2.71%、2.47%和-2.76%；

丰台、海淀、通州三个区提出到 2020 年人口控制目标分别为 195.5 万人、312.6 万人和 160 万人，与 2015 年年末常住人口 232.4 万人、369.4 万人和 137.8 万人相比，年变化率分别为-3.18%、-3.08%和 3.22%；东城、西城、房山、顺义四个区提出在未来五年内人口控制目标分别为 76.2 万人、110.7 万人、

130 万人和 130 万人，与 2015 年年末常住人口 90. 5 万人、129. 8 万人、104. 6 万人和 102 万人相比，年变化率分别为-2. 63%、-2. 45%、4. 05%和 4. 58%；从中可以看出在抑制北京总体人口增长的趋势下，各区人口有增有减，其中城市功能拓展区的人口向下调控力度最大，丰台、海淀的年减少率均在 3%以上，石景山、朝阳也在 2. 7%以上；其次为首都功能核心区，年减少率为 2. 5%左右；按照人口调控规划，城市发展新区为人口承接地区，房山、通州、顺义、昌平的年调控增长率分别为 4. 05%、3. 22%、4. 58%和 2. 47%。北京整体表现出明显的中心六区人口向外疏解的调控趋势，今后其调控力度预期会进一步增强。

3. 中心地区原住民对外来人口接纳程度相对较低。在北京原住民对外来人口接纳程度的调查中，本文以原住民人群是否愿意与外地人聊天、工作、做邻居、让其参与社区事务管理以及做亲密朋友等作为参考指标。从图 9 中可以看出，“很不愿意/不愿意”占比 43. 9%、“无所谓”占比 36. 5%、“愿意/很愿意”占比 19. 6%，近一半的原住民对外地人的接纳程度不高。

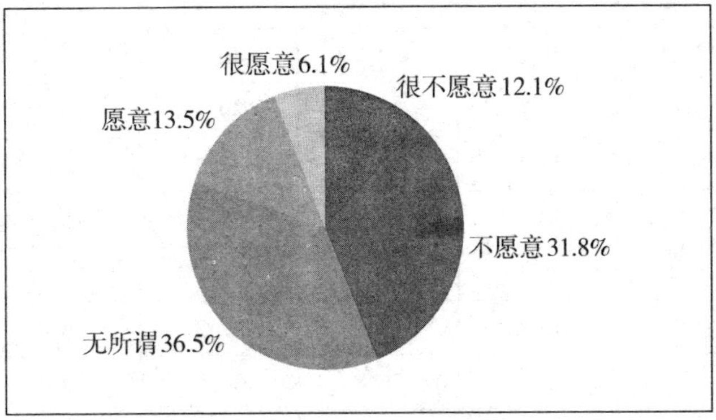

图 9　对外来人口接纳程度

按照北京市各地区的分布来看（详见表 5），首都功能核心区的东城区（42. 1%）和西城区（54. 9%）中，原住民对外来人口的不接纳程度分别接近和超过北京平均程度（43. 9%），核心区的原住民对外来人口表现出较强的排斥性；城市功能拓展区的朝阳、丰台、石景山、海淀四区中，只有海淀区（40. 4%）的不接纳程度低于北京平均水平；城市发展新区的房山、通州、顺义、昌平、大兴五区中，只有大兴区的不接纳程度（51. 1%）超过北京平均；生态涵养发展区的门头沟、怀柔、平谷、密云、延庆五区中，门头沟（53. 3%）和延庆（45. 7%）的不接纳程度超过北京平均，基本呈现出首都核心区和城市功能拓展区原住民对外来人口接纳程度较低，城市发展新区和生态涵养发展区对外来人口的接纳程度较高的状态。其中怀柔（27.1%）和密云（28.6%）对外来人口的排斥度最低，良好的接纳氛围很可能是促使怀柔、密云青年离京意愿较低的一个原因。

表 5 北京市各区对外来人口接纳程度（%）

	区县	很不愿意	不愿意	无所谓	愿意	很愿意
首都功能核心区	东城	13.9	28.2	37.7	12.6	7.6
	西城	18.8	36.1	33.0	7.5	4.6
城市功能拓展区	朝阳	18.6	32.4	35.3	8.8	4.9
	丰台	17.3	36.1	29.7	11.3	5.6
	石景山	7.6	36.7	43.0	8.9	3.8
	海淀	11.1	29.3	36.8	14.9	7.9
城市发展新区	房山	9.0	27.0	41.6	15.5	6.9
	通州	4.8	31.6	45.9	15.8	1.9
	顺义	3.8	38.7	40.3	9.7	7.5
	昌平	6.2	26.9	39.3	19.2	8.5
	大兴	11.8	39.2	31.2	13.4	4.3
生态涵养发展区	门头沟	13.3	40.0	28.3	15.1	3.3
	怀柔	2.9	24.2	35.7	22.9	14.3
	平谷	13.6	18.2	37.3	26.4	4.5
	密云	1.8	26.8	36.6	29.4	5.4
	延庆	10.0	35.7	30.0	20.0	4.3

整体来看，尽管北京中心六区的人口调控力度不断增强，且原住民对外来人口的接纳程度较低，但青年的离京意愿仍低于周边地区。这一方面表现出中心城区由于经济和社会要素的极优配置，对人口和产业聚集有着强大的吸引力，同时也反映出人口调控政策仍需要有较大的调整和提升。

（三）非京籍青年离京意愿的内因及其主要表现

1. 影响青年离京的内在因素涉及面广、内容繁杂。表 6 为依据调研数据，按照个人状况、家庭状况、工作及收入、住房、交友和对北京的评价 6 个方面所选取的27个具有代表性的结构性指标①与离京意愿的相关系数。由于离京意愿与指标之间的关系复杂，且样本数量庞大时相关系数的绝对值容易偏小，因此，表6中大多数指标与离京意愿之间虽相关性显著，但绝对值都相对较低，均表现出弱相关性。

表6　结构性指标与离京意愿相关系数

分类	指标	离京意愿
个人状况	性别	-.106**
	代际	.108**
	出生时所入户籍地	-.114**
	最高学历	-.068**
	最后全日制学习学校所在地	.075**
	自身评价在京社会层次	.102**
	来京年数	-.113**
家庭状况	在京同住家庭成员人数	-.080**
	在京同住的家庭成员包括配偶	-.098**
	在京同住的家庭成员包括子女	-.110**
	是否生二胎	.055**
	父亲单位类型	.035*
工作及收入	目前工作单位类型	.036*
	2014年税后工资总收入（元）	-.063**
	工作是否有住房公积金	.057**
	近三年总共更换工作次数	.116**
住房	在京住房人均面积（平方米）	-.102**
	上月房贷支出（元）	-.027
	上月房租支出（元）	-.022
	在京本人/配偶/子女名下共有房产数	-.114**
	父母是否在乎在京拥有自有住房	.108**

① 依据调查数据结构及前期相关系数筛选而成。

续表

分类	指标	离京意愿
交友	京籍朋友数量	-.067**
	男/女朋友或配偶是否京籍	.153**
	平均多长时间回老家（含配偶老家）	-.101**
对北京的评价	总体上讲喜欢北京的程度	.126**
	对北京市发展经济/增加居民收入评价	.085**
	对发展教育/儿童全面发展评价	.082**

＊＊：双侧置信度为0.01时，相关性显著。＊：0.05时，相关性显著。

从相关系数来看，绝对值大于0.1，表现出显著弱相关性的指标涉及本次调查中个人状况、家庭状况、工作及收入、住房、交友和对北京评价所有6个方面。其中绝对值的前10位分别为男/女朋友或配偶是否京籍（0.153）、总体上讲喜欢北京的程度（0.126）、近三年总共更换工作次数（0.116）、出生时所入户籍地（-0.114）、在京本人/配偶/子女名下共有房产数（-0.114）、来京年数（-0.113）、在京同住的家庭成员包括子女（-0.110）、代际（0.108）、父母是否在乎在京拥有自有住房（0.108）、性别（-0.106）。从表中可以看出，男/女朋友或配偶不具有北京户籍、总体上不喜欢北京、换工作次数多、出生户籍偏远、在京拥有房产数少、来京时间短、在京同住家庭无子女、90后、父母不在乎在京有房的男性青年具有更强的离京意愿。

2. 代际差异显著，90后的离京意愿明显高于80后。由于影响离京意愿的各指标关系复杂，且样本数量庞大，各指标与离京意愿的相关系数虽具有显著性，但相关系数的绝对值却不高。在此选取代际、性别、户籍、学历、职业和收入等几个具有代表性的人口学特征指标展开进一步的分析。

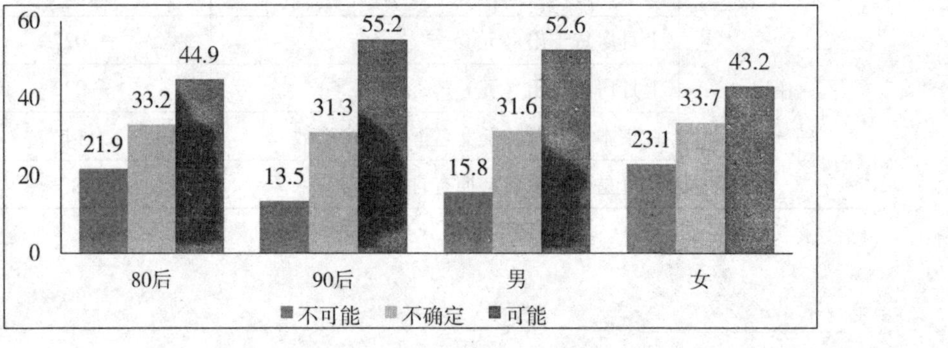

图10　不同代际、性别非京籍青年的离京意愿（%）

从图 10 中可以看出，按照代际和性别的不同，非京籍青年所表现出的离京意愿亦有所不同。80 后的离京意愿分别为“不可能”21.9%、“不确定”33.2%和“可能”44.9%；90 后的离京意愿分别为“不可能”13.5%、“不确定”31.3%和“可能”55.2%，90 后的离京意愿占比明显高于 80 后，离京意愿在代际间的差异较为显著。与非京籍青年整体的离京意愿（47.9%）相比，80 后青年的离京意愿低于整体，而 90 后青年的离京意愿高于整体。

3. 性别差异显著，男性离京意愿明显高于女性。图 10 中，男性的离京意愿分别为“不可能”15.8%、“不确定”31.6%和“可能”52.6%；女性的离京意愿分别为“不可能”23.1%、“不确定”33.7%和“可能”43.2%，男性的离京意愿占比明显高于女性，离京意愿在性别间的差异也较为显著。与非京籍青年整体的离京意愿（47.9%）相比，男性青年的离京意愿高于整体，而女性青年的离京意愿低于整体。

4. 户籍差异显著，农村户籍青年表现出较强的离京意愿。从图 11 中可以看出，按照出生时所入户籍地的不同，非京籍青年表现出的离京意愿亦有所不同。其中农村户籍青年（51.6%）的离京意愿较强，乡镇（41.7%）、县城（42.1%）和市区户籍青年（37.7%）的离京意愿较弱。离京意愿占比最高的群体为农村青年，最低的为市区青年。与非京籍青年整体的离京意愿（47.9%）相比，农村户籍青年的离京意愿高于整体，而乡镇、县城和市区户籍青年的离京意愿均低于整体。

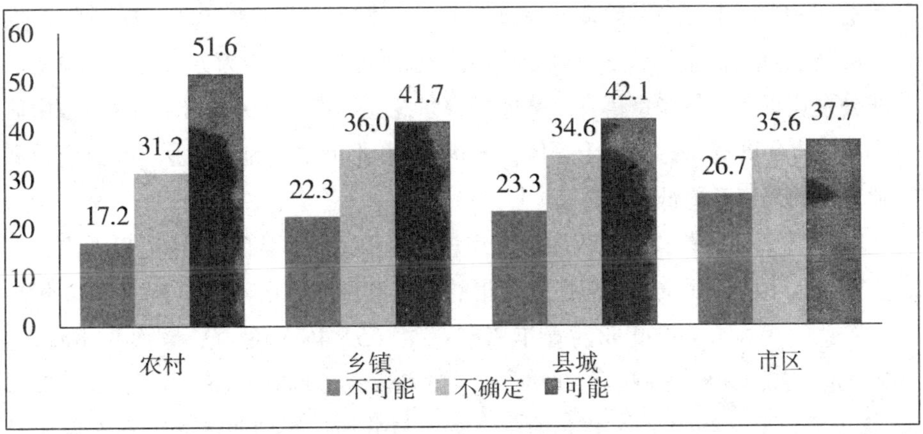

图 11　不同户籍非京籍青年离京意愿（%）

5. 学历差异显著，高学历青年离京意愿较弱。从图 12 中可以看出，按照学历不同，非京籍青年所表现出的离京意愿亦有所不同。其中小学及以下（53.4%）、初中（49.6%）、高中/职高/中专技校（51.4%）和大专/高职（49.0%）学历的青年离京意愿较强，本科（40.9%）和研究生（42.8%）学历青年离京意愿相对较弱。离京意愿占比最高的为学历小学及以下青年，最低的为本科青年。与非京籍青年整体的离京意愿（47.9%）相比，学历为大专/高职及以下青年的离京意愿高于整体，而本科及以上学历青年的离京意愿低于整体。

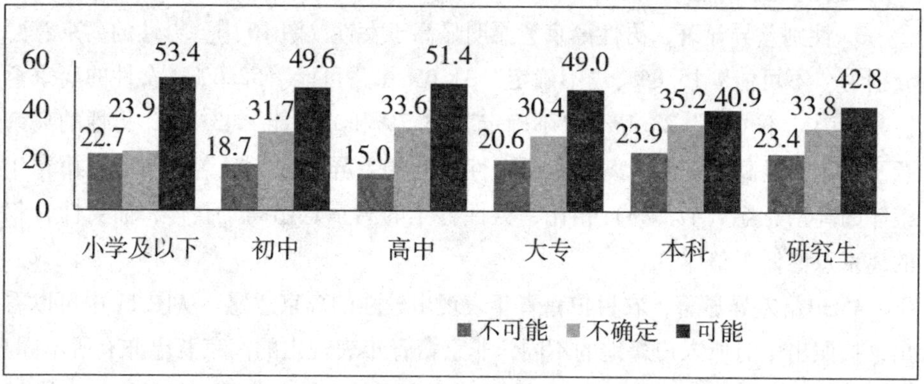

图 12　不同学历类别非京籍青年的离京意愿（%）

6. 职业差异显著，个体/自由职业和务农青年的离京意愿较强。从图 13 中可以看出，按照当前职业类别不同，非京籍青年所表现出的离京意愿亦有所不同。其中机关/事业单位（46.4%）、国有企业（46.5%）、非公企业（46.0%）和无业（46.3%）青年离京意愿较弱，个体/自由职业（50.1%）和务农（55.8%）青年的离京意愿相对较强。离京意愿占比最高的为务农青年，最低的为非公企业青年。与非京籍青年整体的离京意愿（47.9%）相比，个体/自由职业和务农青年的离京意愿高于整体，而机关/事业单位、国有企业、非公企业和无业青年的离京意愿低于整体。

7. 收入差异显著，随收入增加离京意愿逐步减弱。从图 14 中可以看出，按照工资收入不同，非京籍青年所表现出的离京意愿亦有所不同。其中 2014 年税后工资总收入在 0～9999 元的青年离京意愿（52.4%）最强，顺次为 10000～29999 元（50.5%）、30000～59999 元（47.3%）、60000～119999 元（44.8%）和 12 万元以上（42.9%），青年的离京意愿与分档后工资收入之间存在着明显的负相关关系。而在表 6 的相关系数表中，我们可以看到工资与离京意愿之间虽相关性显著，但相关系数仅为-0.063，这可以考虑是因为对每个青年个体，其离京意愿会受到多种因素的影响，而对按照工资收入分档归类的青年亚群体，

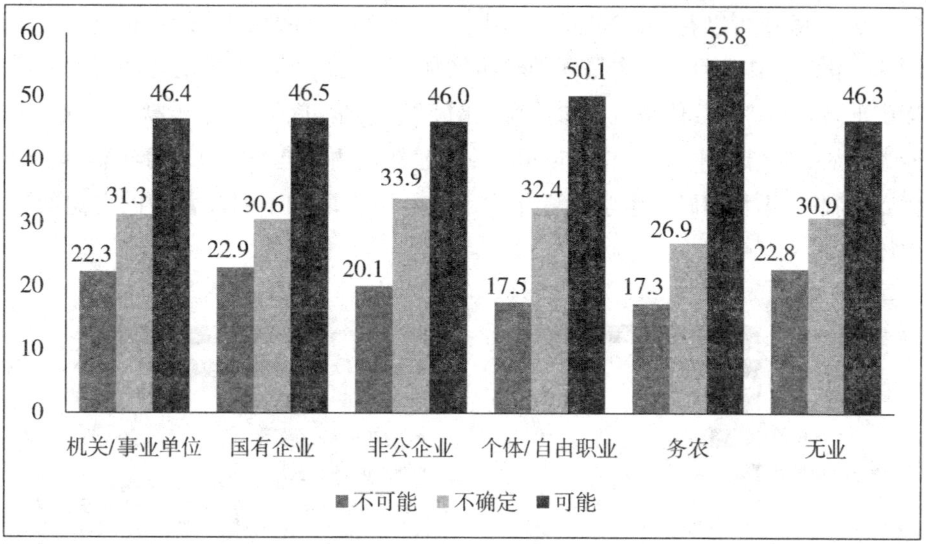

图 13 不同职业类别非京籍青年的离京意愿（%）

因受异常值干扰较小，其离京意愿表现出与工资收入明显的负相关特征。

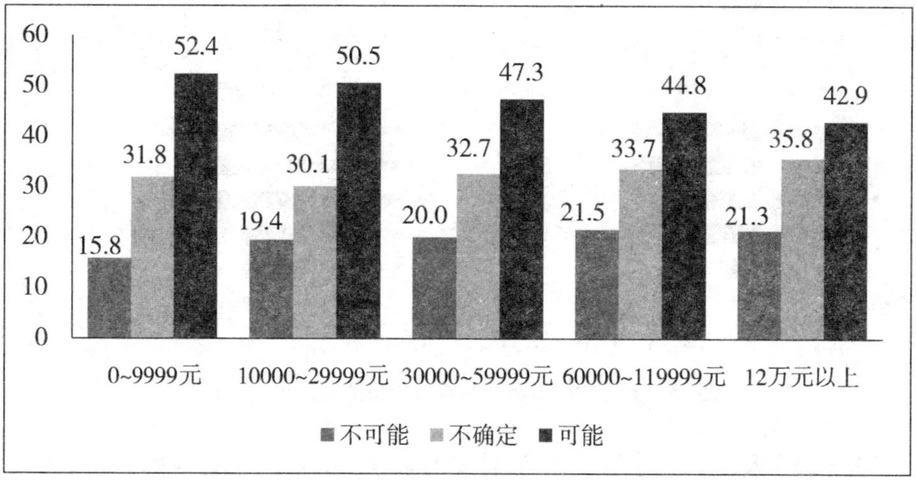

图 14 不同收入类别非京籍青年的离京意愿（%）

8. 不同户籍类别、学历、收入群体首要离京缘由存在较为显著差异。从前面的分析得知（详见图 5），非京籍青年可能离京首要缘由的前 3 项分别为“经济状况长期得不到改善”（34.3%）、“子女无法在北京上学”（21.6%）和“看不到职业发展前景”（10.8%）。下面以人口调控中的主要指标——学历为例，对按学历划分形成的人口亚群进行进一步的分析。

从图 15 中可以看出，按照学历不同，非京籍青年首要离京缘由也会产生不同的变化。整体上看，基本呈现随学历增加，首要离京缘由中的经济要素占比逐步下降的趋势。具体来看（参照对比图 5），小学以下、初中、高中/职高/中专青年的离京缘由中，“经济长期得不到改善”的占比高于非京籍青年整体，而大专/高职、本科和研究生学历青年中，“经济长期得不到改善”的占比低于整体。

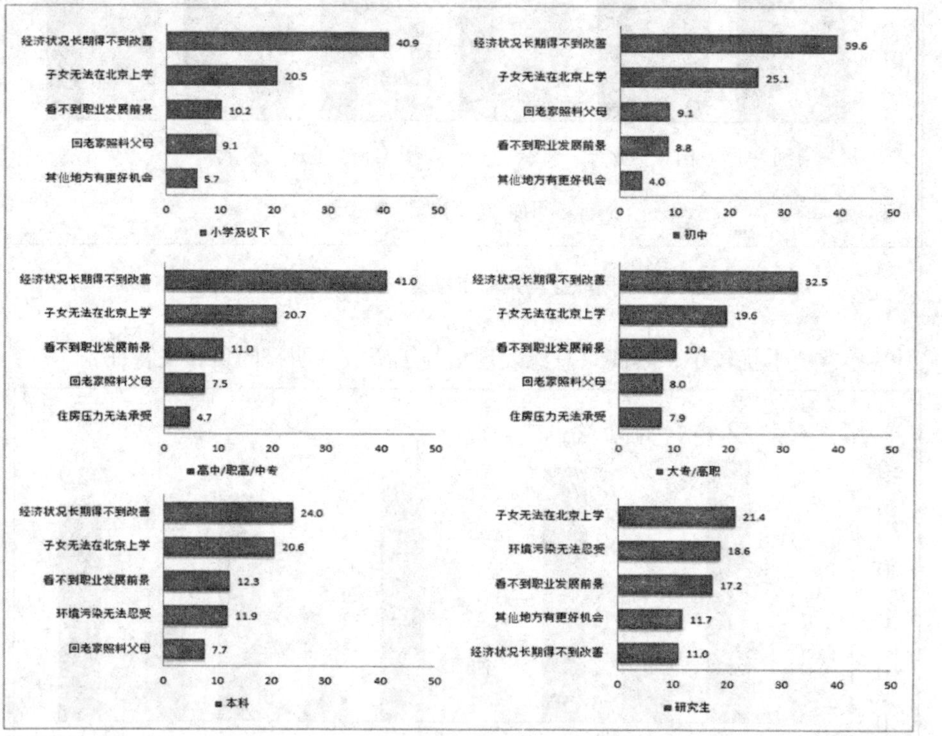

图 15 不同学历青年离京首位缘由的前五项（%）

对于大学及以下学历青年①，其首要离京缘由的前三项基本和非京籍青年整体保持一致，顺次为“经济长期得不到改善”“子女无法在北京上学”和“看不到职业发展前景”；而学历为研究生的青年，其首要离京缘由的前三项分别为“子女无法在北京上学”“环境污染无法忍受”和“看不到职业发展前景”，从中可以看出高学历青年对子女就学、环境质量以及职业发展更加重视。

此外，不同户籍类别、不同收入群体之间的首要离京缘由也存在较显著差

① 其中仅初中学历首位离京缘由的第 3 项以 0.3%之差，应换为“回老家照顾父母”。

异。对出生户籍为农村、乡镇、县城的青年，其首要离京缘由的前三项与非京籍青年整体相同，分别为“经济长期得不到改善”“子女无法在北京上学”和“看不到职业发展前景”，而出生户籍为市区的青年，其首要离京缘由的前三项分别为“经济长期得不到改善”“子女无法在北京上学”和“环境污染无法忍受”，表现出户籍为市区的青年对环境质量比较重视的特点。

对收入为0~9999元、10000~29999元、30000~59999元、60000~119999元的青年，其首位离京缘由的前3项与非京籍青年整体一致，分别为“经济长期得不到改善”“子女无法在北京上学”和“看不到职业发展前景”，而收入12万元以上青年，其首要离京缘由的前三项分别为“子女无法在北京上学”“环境污染无法忍受”和“经济状况长期得不到改善”，表现出高收入青年对子女就学以及环境状况更为敏感的特点。

而不同代际、性别和职业类别群体之间，首要离京缘由的前三项虽然在数值上存在差异，排序均和非京籍青年整体保持一致。综上可以看出，对大多数亚群来讲，以经济状况改善和职业发展为代表的经济因素、以子女在京就学为代表的家庭因素是决定离京意愿的直接要因；而高学历、高收入和户籍为市区的青年，尤其是高学历青年对家庭整体发展、环境质量更为重视，因此，直接影响其离京意愿的因素也更加多元化，而且对这些青年亚群体，“其他地方有更好机会”等正向疏解因素的占比也较高。

（四）非京籍青年离京意愿内因指标决策树分析

之前文中通过相关系数从调查中抽取了6个方面的27个内因指标，并进一步按照人口学指征对代际、性别、户籍、学历、职业和收入不同群体的离京意愿进行了更为详细的分析。在错综复杂的指标中，为了更加简明地析出影响青年离京意愿内因指标的层级关系，以表6中的指标为基础①，通过决策树法进一步确定影响离京意愿指标间的内部结构，并将青年人群进一步细分，尝试分不同亚群探讨其不同的影响因素。

1. 代际、户籍、性别和更换工作次数是影响青年离京意愿的重要内在因素。以下采用SPSS20中决策树卡方自动交互检测法（CHAID）对指标进行综合评价及分层。CHAID是一种基于因变量（目标变量）自我分层的方法，形式上非常直观。根结点是因变量，自变量（预测变量）根据卡方显著性生成父节点和子

① 去除了其中4个与离京意愿具有较为明显替代性且非基础性人口统计学指标：在京本人/配偶/子女名下共有房产数、父母是否在乎在京拥有自有住房、男/女朋友或配偶是否京籍和总体上讲喜欢北京的程度。

节点，并可自动归类合并自变量中的类别，使之显著性最大。其基于特征选择的树状结构可以清晰地展现出决策顺序，便于分层次、分阶段周密考虑复杂的多因素问题，从而做出相应的决策与政策支持。

在此将离京意愿设定为因变量①，其余指标设为自变量，最大树深为3。从图16可以看到，“代际”作为首优变量浮现在第一层，第二层分别为“户籍”和“近三年总共更换工作次数”，第三层为“性别”和“近三年总共更换工作次数”。此4个指标可达到61.2%的预测正确率。从图中可以看出，依据“代际”，分为节点1（90后）和节点2（80后），其离京可能性分别为62.4%和44.7%，90后更具有离京倾向。

节点1（90后）的离京意愿受到“近三年总共更换工作次数”的影响，分为节点3（≤1次）和节点4（>1次），其离京可能性分别为57.0%和72.9%，更换工作大于1次的青年具有较为明显的离京倾向；节点3（更换工作≤1次）又受到性别的影响，分为节点7（女）和节点8（男），其离京可能性分别为48.7%和66.3%，男青年更具有离京倾向。

节点2（80后）的离京意愿受到“户籍”影响，分为节点5（农村）和节点6（乡镇/县城/市区），其离京可能性分别为50.4%和35.0%，农村青年更具有离京倾向；节点5（农村户籍）又受到“性别”的影响，分为节点9（女）和节点10（男），其离京可能性分别为43.0%和58.4%，男青年更具有离京倾向；节点6（乡镇/县城/市区户籍）又受到“近三年总共更换工作次数”的影响，分为节点11（0次）和节点12（1次及以上），其离京可能性分别为23.9%和42.8%，没有更换过工作的青年具有较强的留京意愿。

从图16中可以看出，非京籍青年的离京意愿受代际因素的影响最为明显。80后受到出生户籍、性别和更换工作次数的影响，其中农村户籍的男青年离京意愿较强，乡镇/县城/市区户籍且工作稳定的青年留京意愿较强；而90后受到出生户籍的影响相对较小，可能缘于90后比80后具有更强的自主和主体意识，因而受到户籍的束缚较小；90后中频繁更换工作的青年和其他年龄段男青年具有更强的离京意愿。

① 因非京籍青年离京意愿中“可能”的比例远远超过“不可能”，为规避判别指标对“可能意愿”过度强调，运算中对“可能”个案进行了随机筛选，使初始数据中“可能”和“不可能”个案数目趋近平衡。同理，35岁以上非京籍人口对照组中，亦对“可能”个案进行了随机筛选，使初始数据中两者的个数趋于平衡。

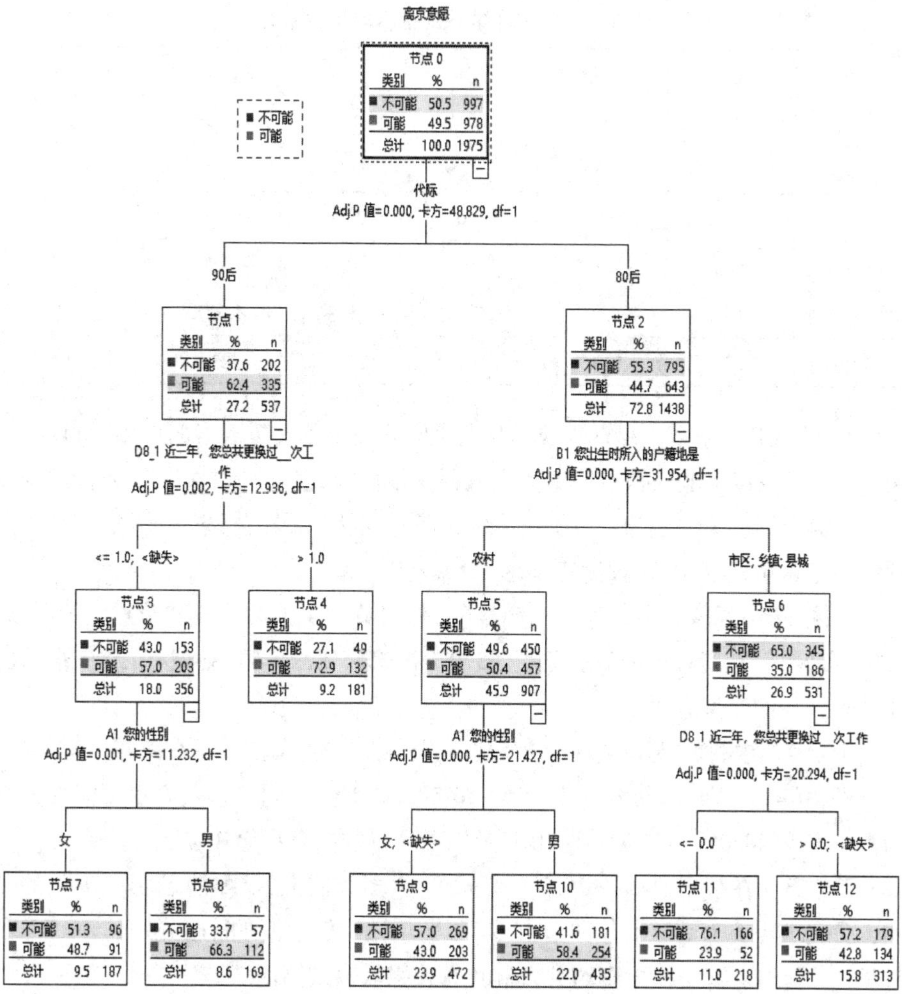

图 16　非京籍青年离京意愿决策树

对于非京籍青年，众多指标中主要析出了“代际”“户籍”“性别”和“近三年总共更换工作次数”四个指标。人口统计基础指标中的“学历”“单位类型”和“收入”并没有显现。参照表 7，可以看到“户籍”与“学历”(0.368)、“单位类型”(-0.210)和“收入”(0.127)均表现出显著相关，其中与学历的相关最强，因此，可以考虑“户籍”这一指标在一定程度上体现出了其他人口学基础指标的特性，因此，在决策树分析中没有重复出现。

表7　人口统计学基础指标间相关系数

	代际	户籍	性别	学历	单位类型	工资分组
代际	1.000	-.108**	-.008	-.103**	.026	-.171**
户籍	-.108**	1.000	.049*	.368**	-.210**	.127**
性别	-.008	.049*	1.000	.054*	.044	-.107**
学历	-.103**	.368**	.054*	1.000	-.358**	.269**
单位类型	.026	-.210**	.044	-.358**	1.000	-.211**
工资分组	-.171**	.127**	-.107**	.269**	-.211**	1.000

2. 对照组中户籍、在京年数、与老家联系以及子女等因素的作用明显提升。图17为35岁以上非京籍对照组离京意愿决策树。其中，“户籍”作为首优变量浮现在第一层，第二层为“在京年数”，第三层为“多久回老家一次”和“同住家庭是否包括子女”，预测正确率为61.8%。

从图17中可以看出，依据“户籍”，分为节点1（农村）和节点2（乡镇/县城/市区），其离京可能性分别为55.0%和35.8%，乡镇/县城/市区户籍的群体具有较强的留京意愿。

节点1（农村）受到“在京年数”的影响，分为节点3（在京年数≤5~10年，即10年及以下）和节点4（>5~10年，即10年以上），其离京可能性分别为64.1%和48.0%，在京年数10年及以下人群的离京意愿较强。

节点3（在京年数≤5~10年）还受到“多久回老家/配偶老家一次”的影响，分为节点5（≤半年）和节点6（>半年），其离京可能性分别为76.2%和52.8%，即与老家交往更密切的人群具有较强的离京倾向。

节点4（在京年数>5~10年）受到“同住家庭是否包括子女”的影响，分为节点7（是）和节点8（否），其离京可能性分别为42.0%和58.8%，同住家庭中无子女的人群离京意愿较强。

与之上的非京籍青年的决策树分析对比可以看出，35岁以上对照组中“代际”不再是影响离京意愿的最重要因素，而“户籍”的重要性则更加明显。此外，在京年数、在京家庭是否有子女、与老家的交往频度等都成为判别离京意愿的重要指标。

对于“学历”“单位类型”“收入”等人口统计基础指标在决策树中并没有出现的原因，参照“户籍”与“学历”（0.405）、“单位类型”（-0.201）和

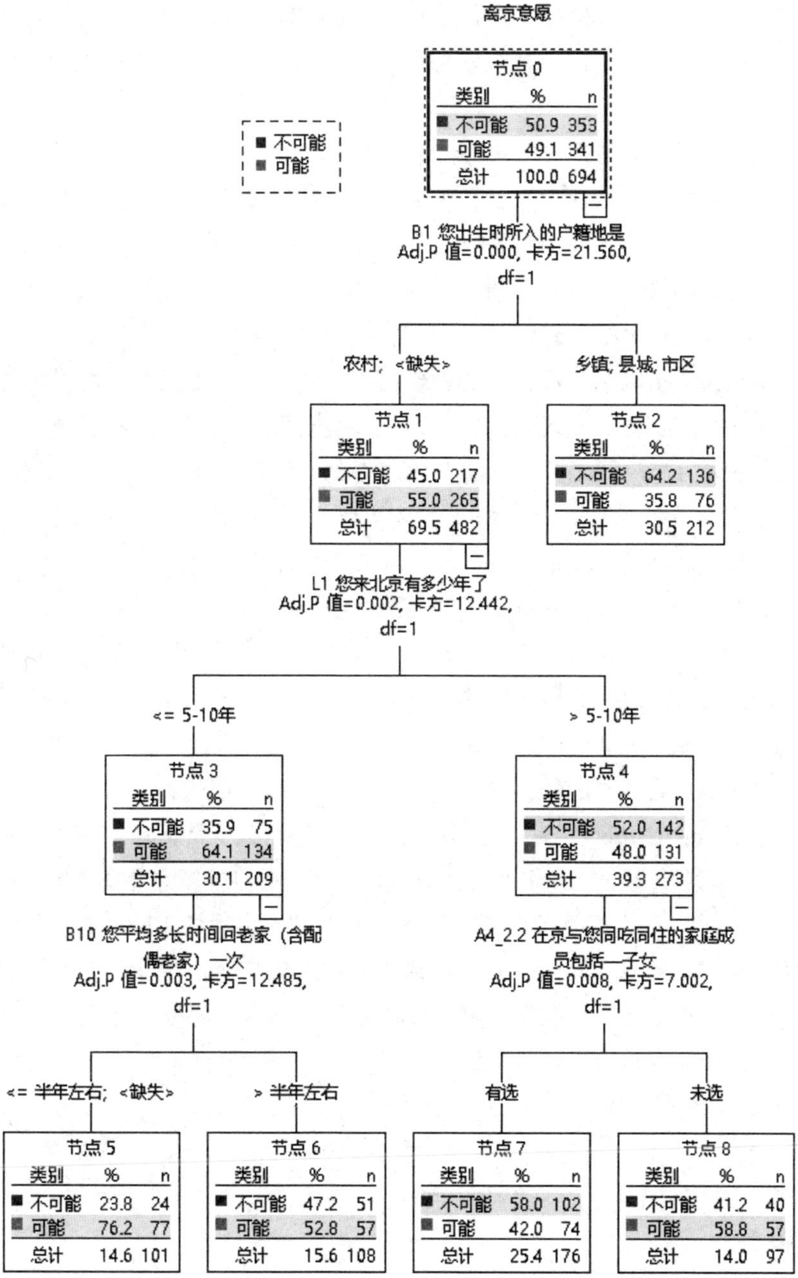

图 17　35 岁以上非京籍对照组离京意愿决策树

“收入”（0.164）所具有的显著相关性①，同样可以考虑“户籍”这一指标在一定程度上体现出其他人口学基础指标的特性，因此，在决策树分析中没有重复出现。

截至2016年年末，北京人口为2172.9万人，面积16411平方千米，人口密度1324人/平方千米。日本首都东京都面积约2188平方千米，截至2016年年末人口为1365万人，人口密度6239人/平方千米，是日本各都道府县中人口最多、人口密度最高的城市，占日本总人口的10%以上。与北京相比，东京都面积约为北京的1/8，人口约为6成，人口密度约为5倍。

东京圈通常指以东京都为中心，包括神奈川县、埼玉县和千叶县的一都三县，约为从东京都心向外半径50~70千米的同心圆范围②。东京圈人口超过3600万，面积13572平方千米，人口密度超过2600人/平方千米，聚集了全日本30%左右的人口。从面积、人口规模以及人口密度来看，东京都面积偏小，人口的密集程度远高于北京，北京市应与东京圈处于相似量级。

（1）长期以来日本人口向“东京一极集中”现象明显

日本人口向“东京一极集中”现象由来已久，除去个别年份，东京都长期以来呈现出人口净流入的局面（详见图18）。在1955—1970年，每年有10万~40万人口的净流入；20世纪70年代两次石油危机导致日本经济增速放缓，出现了人口向地方转移的趋势；1980年左右人口向东京都的聚集再次开始，直到泡沫经济破裂前的1986年人口达到峰值，之后随泡沫经济破裂，向东京都聚集的人口逐渐减弱；20世纪90年代后期随着东京中心地区住宅开发等原因，人口向城市中心回归，以2005年为流入顶峰，再次呈现出年约10万的人口净流入；之后随着日本经济持续低迷，向东京都的人口聚集也有所放缓，但仍保持净流入的趋势。近年，随福岛震灾影响的减弱并以2020年东京奥运会为契机，向东京都的人口净流入再次出现急增趋势。

---

① 双侧置信度为0.01时，相关性显著。

② 郑京淑，郑伊静．东京一极集中及其城市辐射研究［J］．城市观察，2013（5）：30-52.

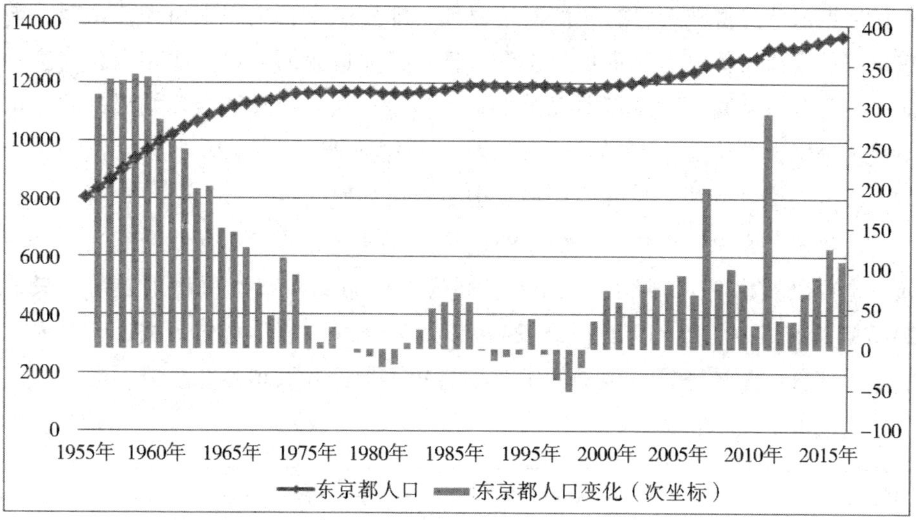

图 18 东京都人口变迁（千人）

注：数据来源于日本总务省统计局各年 10 月 1 日推算人口。

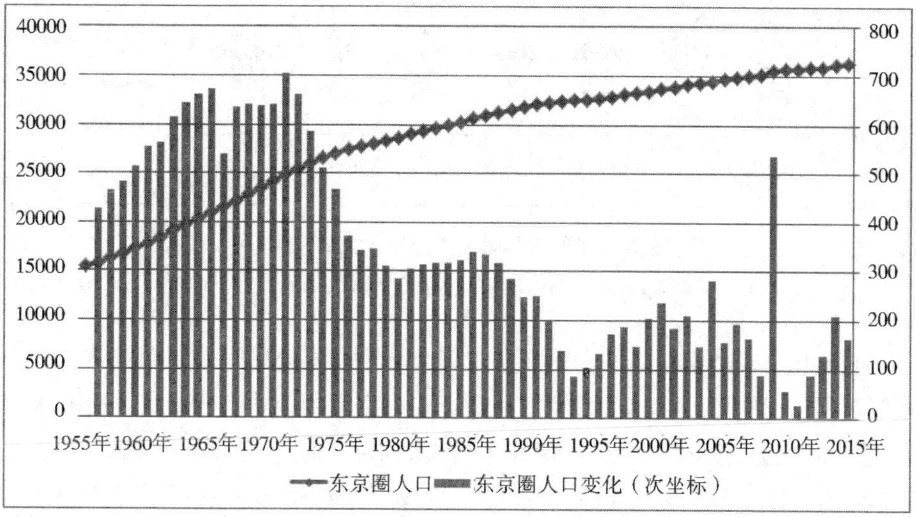

图 19 东京圈人口变迁（千人）

注：数据来源于日本总务省统计局各年 10 月 1 日推算人口。

对照图 19 的东京圈人口变迁可以看出，由于东京都强大的吸引力，东京圈长期以来人口一直保持着增长趋势。无论是 20 世纪 70 年代的石油危机还是 80

年代后期泡沫经济破灭后的经济低迷时期，即使东京都出现人口净流出时，向东京圈的人口聚集也不曾止步。如果和日本其他地区的人口减少相对比，这种向东京都及东京圈的一极集中现象则更为显著。从人口长期变迁结果来看，东京圈占全国人口比重从1955年的17.3%，增加到2016年的28.6%。

（2）以青年为中心“东京一极集中”有所加速

近年来“东京一极集中”加速的现象，从图20的东京都年龄分组人口净流入中也可以看出①，2011年后向东京都的人口净流入基本呈增加趋势，只是2016年稍有减少。15~19岁、20~24岁以及25~29岁青年群体占据迁入总人口的绝大部分。尤其是20~24岁的求职期青年不但绝对数值逐年上升，在迁入人口中的比重也在不断攀升。

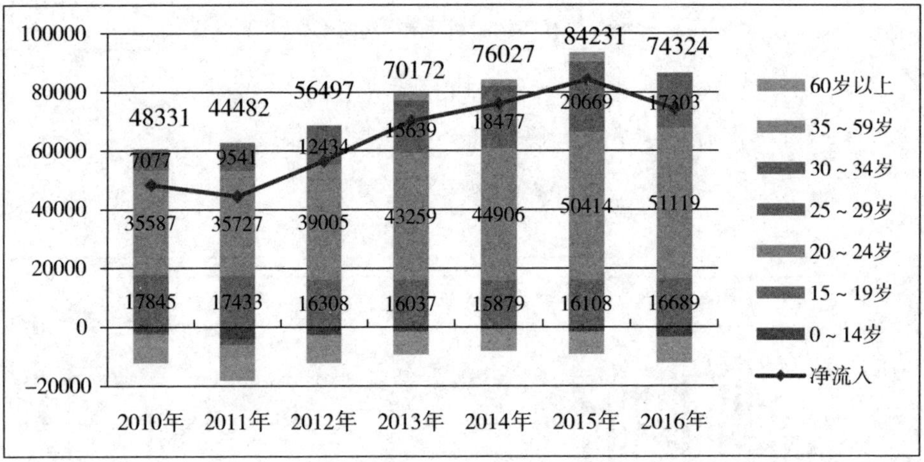

图20　东京都年龄分组净流入人口（人）

注：数据来源于日本总务省统计局年龄分组净流入人口。

与此相应，企业本部也进一步向东京圈聚集。依据民间信用调查机构——帝国数据银行的调查②，2015年将本部迁往东京圈的企业有335家，比上年增长了13%，为自1981年有统计数据以来的最高值。而从东京圈迁至地方的企业有231家，比去年减少了14%。2016年1~9月企业本部向东京圈的迁入已达225家，大幅超出迁出的164家。

青年为了求学就职而大量涌向东京都（圈），因此，形成的地方人才不足又

① 虽数值不同，东京圈的年龄分组人口净流入亦表现出相同趋势。

② 高田泰．“東京一極集中”がさらに加速、いよいよ“危険水域”に到達か［J］．阿修羅・経世済民，2017.

会导致企业向东京都（圈）的又一轮迁移，这两者之间相互推进形成循环。虽然为了抑制这一趋势，已有政策禁止在东京23区内新增设大学，但普遍认为仅凭这一项政策，很难扭转当前“东京一极集中”的趋势。

（3）矫正“东京一极集中”的系列政策效果甚微①

向“东京一极集中”带来了道路拥堵、极度通勤高峰、住宅环境恶化等一系列人口过密问题。再加上对东京抵御大规模风险脆弱性的担忧，以及国土平衡开发、促进地方城市活力、减少企业与政府之间过密联系等发展宗旨，日本自20世纪60年代起提出了一系列矫正“东京一极集中”的政策措施。

1963年制定的《全国综合开发计划》(《一全総》）里提出通过工业分散政策，以据点开发实现“地区之间平衡发展”的口号。1969年《新全国综合开发计划》(《二全総》）也以大规模划定新的工业开发区等方式，将地方区域发展作为目标。《第三次全国综合开发计划》(《三全総》）制定实施的20世纪70年代，是从中央集权向地方分权过渡的“地方时代”。由于日本经济增速放缓，曾一度出现了人口从大城市向地方转移的趋势，区域差距缩小，地方经济活动趋于活跃。1987年的《第四次全国综合开发计划》(《四全総》），为应对“东京一极集中”明确提出了以“多极分散型国土”策略作为推进国土开发利用的基本方针。1998年的《21世纪国土宏伟计划》(《五全総》）则改变了以往以“点”“极”促进日本国土开发的方式，更加重视以“国土轴”为方式的区域统领式发展。

从《一全総》到《五全総》，日本制订了五次全国综合开发计划，一贯以纠正“东京一极集中”，促进地方发展为宗旨，但从结果来看，并没有扭转功能、企业和人口向东京都及东京圈聚集的趋势。近年来，关于纠正“东京一极集中”的呼声渐微。福岛震灾的影响逐渐消退以来，反而出台了一系列有利于地方青年在东京圈求职的政策，如东京都的法人税下调、为东京企业聚集提出的国家战略特区构想等，都被认为会进一步促进“东京一极集中”。

综上所述，可以看到日本长期以来一系列矫正“东京一极集中”的政策收效甚微，这一方面说明超大城市区位、经济和社会要素的优化配置必然会吸引产业和人口的聚集，这种城市自身的发展规律，仅通过行政手段并不能从实质上解决企业和人口的涌入。另一方面也说明了人口的大量聚集不一定就会带来严重的“大城市病”，人口尤其是青年的聚集是城市发展动力和活力的源泉。无

① ウィキペディア. 東京一極集中 . http：//ja. wikipedia. org/wiki/東京一極集中［R/OL］, 2017.

论是超大城市、大城市，还是小城市和乡村，其发展都需要吸引人力资源，尤其是青年人群的聚集。

同时，人口密度近似于北京市 5 倍的东京都、人口密度近似于北京市 2 倍的东京圈，其高度集约的城市构成、多中心式空间结构、通达的交通网络，以及东京都外围的东京圈和更为广义的首都圈，建立起较为合理的城市内部结构和城市体系，这些都在一定层面上缓解了其资源紧张、环境恶化的程度，增强了城市环境对人口的承载能力。

（4）以促进地方活力改变“东京一极集中”的趋势

随着向东京都（圈）的人、物、资金、信息、服务、功能以及娱乐的集中，除了东京都（圈）之外，日本其他地区的经济大多表现出下滑趋势。青年与人才不能留在当地，而是大量流入东京。尤其是企业本部向东京的进一步聚集，导致东京就职人数急剧增长，从而使更多的人口定居在东京都（圈）。其长期结果会使地方优秀人才空洞化加剧，从而进一步导致地方发展的停滞和萎缩。

《一全総》至《五全総》全国综合开发计划收效甚微，也使得日本近年来逐步改变了从中央下达地方的传统开发方式，转变为以地方自立、地方为主体的国土利用方式，并进一步拓展以地方、企业、大学、NGO、市民等多种主体参与的地域开发。有学者提出应将以往“抑制”“东京一极集中”，转变为促进包括东京在内的各地区的“集中”发展，即进一步促进现有各级城市的发展，增强各级城市的生产性及发展活力①。相对于人口逐步稀少、高龄化日益严重的山村地区，现有城市是生产性相对较高，对企业和人口聚集相对具有魅力的地方，因此，有必要最大限度地发挥这些城市所蕴藏的潜能，促进各级城市的经济和人口聚集，从而促进国土的平衡开发。

四、人口疏解及推动“北漂”青年发展的政策建议

以上从时间规划、去向、离京直接缘由、空间分布及外部影响因素、内因及意愿决策等多个方面对以非京籍青年构成的“北漂”青年离京意愿进行了较为系统的分析，从分析结果可以得知，在原住型、迁入型、非京籍（北漂）青年以及 35 岁以上原住、迁入、非京籍（北漂）对照组的 6 个组别中，“北漂”青年的离京意愿最为显著，有近五成的青年有离京意愿。

与以往大多由于生活成本高、生存环境差、发展空间低于预期等促使“北漂”青年“逃离北京”的主动离京意愿不同，新时期“北漂”青年的离京意愿

① 小峰隆夫．東京一極集是正論への疑問［J］．日本不動産学会誌，2015（2）：36-41.

也受到一定程度外部政策及因素的影响，同时也依据自身特性表现出不同的亚群体特点。其中离京意愿受代际因素的影响最为明显，青年群体与35岁以上对照组相比更具有离京意愿，90后与80后相比亦具有更强的离京意愿；与90后相比，80后受到出生户籍的影响更大，农村户籍的男青年具有更强的离京意愿。以下，对北京人口疏解及“北漂”青年发展提出四点建议。

（一）控人、疏解政策应与京津冀协同发展紧密结合

从前面离京意愿空间分布及外部因素分析中可以看出，对北京尽管中心六区的调控力度不断增强，且原住民对外来人口的接纳程度较低，但青年的离京意愿仍低于周边地区。这一方面是缘于中心城区经济和社会要素的极优配置，使其对人口和产业有着强大的吸引力，同时也说明“控人”政策不仅是中心城区产业及内涵的进一步升级，还要与周边地区的产业扶持、产业配套、基础设施建设以及社会服务的提升相结合，在周边地区的新区、新城内部形成人口和要素的环流，才能将人口留在周边，从而切实有效地减轻中心城区的压力。

北京交通拥堵、资源紧张、环境恶化，其表象是人口大量、快速涌入与城市环境承载极限的矛盾，但其主要原因是对城市内部空间以及城市外部分工体系规划的不足。人口的聚集是城市发展的动力和活力，大量聚集也并不一定就会带来“大城市病”。“大城市病”的深层根源在于城市功能过度叠加，以及没有形成真正的多中心式空间结构，在城市内部没有形成可以有效疏解主城区人口和功能的次中心，在城市外部没有形成合理分工的城市体系。因此，正如十九大报告明确提出的要“以疏解北京非首都功能为‘牛鼻子’推动京津冀协同发展”，必须将控人、疏解和京津冀协同发展联系在一起，将控人、疏解与北京多中心空间结构建设以及城市体系建设紧密结合起来，才有可能切实推动北京的人口和功能疏解。

（二）应以动态、多向为原则，合理促进亚群体进一步分层疏解

从文中分析可以看到，随着代际、性别、户籍、学历、职业、收入等基本特征的不同，不同青年亚群表现出不同强弱程度的离京意愿，以及促使其离京的不同缘由。城市的发展离不开人口和产业的聚集，更离不开代表着活力和创造力的青年群体。人口尤其是青年群体的流入，在有效缓解人口老龄化压力、弥补劳动力结构性短缺的同时，也将更多的创造力、更加多元的文化、更多的活力注入北京的建设和发展中。因此，北京市的人口疏解政策不应只是简单的外迁和驱除，而是应按照城市自身需求同时进行吸引和疏散的动态疏解过程。这就需要根据不同群体的选择偏好，以经济手段为主导，社会服务和行政手段

为辅助，合理促进不同亚群的分层流动，一方面进一步吸引所需要的人力资源，同时疏解过度聚集的人口压力。

同时，也应以区域为范围，进一步提升京津冀城市体系里大中小城市、城镇、乡村的吸引力，通过优化经济、社会服务、环境资源配置吸引各地区所需要的人力资源，形成以多向吸引为通道的人口疏解方式，将北京的单点被动式疏散，转变为整个区域内“大城市—省会城市—二三线小城市—农村”的多方主动式吸引机制。不是抑制超大城市的发展，而是要进一步增强各级城市和地区的生产性及发展活力，进一步拓展以地方、企业、大学、NGO、市民多种主体积极参与的地域开发。以自主选择与社会所需相结合的原则，将青年输送到各自所需的不同层级的城市和地区，从而切实解决我国当前各地区不平衡、不充分发展的矛盾。

（三）科学预测，以人为本引导、促进人口疏解

首都北京是区位、经济和社会要素优化配置的集合，必然会对产业和人口产生巨大的吸引力。从我国经济发展阶段以及城市发展状态来看，预期在很长一段时间，人口、产业还会持续向北京等超（特）大城市聚集。这种城市自身的发展规律，仅通过行政手段，尤其是户籍管理和行政干预，并不能从实质上得以解决，而仅是人为地降低了外来人员的社会福利，且增加了城市的管理难度。

城市是人类文明的标志，是经济、政治的中心，但更是社会生活的中心。城市的功能治理应体现以人为本、公平共享的原则，本文中试用的决策树分析作为一种综合分类方法，能够从影响青年离京意愿的众多复杂因素中筛选出主要影响因素，清晰地展现出不同阶段的决策过程，还可通过指标对青年进行分类，并可在一定程度上预测他们的行为，为更加深入地了解、掌握青年意愿，为以人为本、依据不同青年亚群意愿以及各地区不同需求建立动态疏解模式提供了可能。今后随着指标范围和结构的进一步扩展以及数据质量的进一步提升，可以期待更加准确的评估和预测，从而为科学、有效促进青年分层流动，引导人口有序疏解提供支持和服务。

（四）进一步发挥共青团引领、组织青年的积极作用

青年是国家经济社会发展的中坚力量，自然也是城市发展的中坚力量。参照日本的发展经验可以看出，青年人群的流向对城市的发展和活力有着巨大的影响，在很大程度上决定着城市的繁荣和衰退。青年、企业的流向和城市发展之间相互推进或相互抑制，形成一个相互作用的循环圈。如何将青年从“首都

一极”引向各地区及各级城市和乡村，将是解决我国当前不平衡、不充分发展的关键举措。

当代青年具有更加完备的知识和更高的素质、更强的自主性和务实性，价值观也更为多元化。这一代青年被赋予了更多、更高的社会期望，共青团作为青年的核心组织，也担当着越来越重要的职责。2016 年我国制定了首部《中长期青年发展规划（2016—2025 年）》，从思想道德、教育、就业、社会融入、社会保障等 10 个方面提出了青年发展的具体目标和措施，其中首次提出了“党管青年”原则，提出以有效引领青年思想作为促进青年更好、更快发展的重要理念。这就要求团组织在中国特色社会主义建设新的历史时代中率先做出调整，以“党管青年”为原则，创新工作方式和内容，将无序散在的青年组织起来，引导青年为创建和谐社会、振兴乡村，消除不平衡、不充分发展矛盾，实现中华民族的伟大复兴贡献自己的力量。这首先要以青年的真实诉求为基础，同时要建立在科学的理论指导和分析之上，全面、客观地认识到当代青年的本质，掌握其发展特征和趋势。还要“先”青年一步，从更加宏观的角度洞察国家、社会对青年的需求，从而引导青年将自身诉求和社会需求有机地结合在一起，将青年的活力、动力和创造力输送到可以实现青年理想、展现青年风采以及迫切需要青年力量的各个地区，从而让青年切实感受到不懈追求的美好梦想，始终与振兴中华的历史进程紧密相连。

第四篇 04

青年热点焦点现象研究

趣群化还是阶层化？

——网络时代的青年群体演变路径分析及讨论

田　丰*

摘　要：本研究从青年人在网络中聚集的新特点归结出网络时代青年群体出现了趣群化发展趋势，并对网络青年群体趣群化所依赖的条件，以及趣群化发展对网络和现实社会的反向影响进行了分析，最终对青年趣群化未来发展走向进行了讨论。趣群化在当前网络时代可能是一种新的发展趋势，但与阶层化相比，还缺少充分的经验研究加以支撑，且趣群化在预测青年人行为上可能还不足够有力，因而需要更多的后续研究来关注这一特点。

关键词：网络；青年；趣群化

一、问题的提出

中国人经常说“物以类聚，人以群分”，意思就是聚在一起的都是相似的人，但是这句俗语并没有说明相似究竟来源于何处。如何解释人群之间的相似性往往是一个社会发展过程中需要关注和了解的问题，也是解读一个社会结构的基础性问题。传统上社会学对社会人群的划分往往依据一个人的家庭出身、教育、收入、消费、品位等因素将人群区分成不同的社会等级，也就是通常所说的社会阶层或者是社会阶级。社会阶级阶层分析的演进路径主要是按照青年人所占据的资源，包括经济资源、文化资源、政治资源等分布不均衡的情况，将青年人划分成不同等级的社会层次，并且试图通过对青年人所处社会等级生活方式的差异，把他们区分为不同共同的具有阶级意识的“类”。

社会阶级阶层分析属于传统的青年群体分析模式。在互联网时代，传统的资源分布模式对生活方式和共同阶级意识产生的作用已经发生了转变。以往，

---

* 田丰，中国社会科学院社会发展战略研究院志愿服务研究室主任、中国志愿服务研究中心常务副秘书长、研究员、博士生导师，主要研究领域为青年与网络。

较高社会阶层所能够独占或者垄断相应的资源，特别是相应的文化资源和知识技能，进而形成独特的生活方式和消费品位。网络时代是一个信息高度发达的时代，任何文化产品、消费商品，任何知识技能，在网络当中几乎都是公开的。任何青年人只要借助网络，几乎可以学习到各种各样的文化品位和知识技能，那么，不再是个别阶层所垄断的生活方式和消费品位的状况不复存在，由资源分布不均体现在生活方式和行为方式上的差异被公开的网络信息逐渐打破。另一方面，随着互联网的普及，青年人的生活方式也发生了极大的改变，他们不再局限于血缘关系、业缘关系和地缘关系的小圈子，网络中能够接触的社会人群超出了传统的血缘、业缘和地缘的限制。甚至可以说，青年群体的结合方式往往已经超出了传统社会群体的概念，各种各样的网络群体的组织方式也摆脱了传统基于地缘、血缘、业缘的组织模式。比如说，近些年出现的最明显的一个青年群体区分变化就是趣群化。所谓的趣群化指的是青年人在网络及在线下生活的聚集模式不再是所处的阶层阶级，也不再依赖于个人所占有的社会资源多寡，而是根据青年的兴趣、爱好。趣群化的划分趋势在几乎所有网络应用中都有所体现，比如说，在社交软件微信和QQ中会出现各种各样的基于兴趣产生的微信群和QQ群，还有QQ兴趣部落。除了社交工具之外，还可以看到在知乎平台、百度贴吧，以及在直播和短视频的平台上都出现了依据相应兴趣、爱好聚集的青年人群。甚至，在处理二手物品的闲鱼平台上都形成了基于兴趣、爱好为基础的趣群部落——鱼塘。青年人趣群化的聚集模式实际上抹杀了传统社会学习惯的按照富人和穷人、有文化的人和没文化的人差别区分社会人群的方式，会不会意味着在互联网时代，青年人的社会分化方式会发生一个根本性的转变？

二、趣群化产生的条件

当代青年趣群化现象的产生并不是没有踪迹可循的，从研究的观察来看，至少要具备相应的物质因素和技术条件，在社会文化极大丰富和资本引导下，兴趣、爱好的介入门槛不断降低和青年心理诉求的不断提升，最终实现了趣群化的特点。

第一，趣群化现象产生所需要基本的物质因素。当代青年大多出生和成长在中国经济快速成长的腾飞期，与前几代青年人相比，物质生活水平已经有了较大的提高，他们从小没有经历过物资短缺的时代，能够获得相对充裕的物质生活条件，基本上不会受到缺衣短食的困扰。物质条件的满足为他们培养相应的兴趣和爱好，追求物质之外的精神生活提供了一定的经济基础。还可以看到当代青年趣群化的产生与家庭条件有一定关系，在当代青年人所成长的家庭环境中，有相当数量的独生子女家庭。独生子女家庭由于往往只有一个孩子，他们所接受的教育品质有了较大的提高，在课程之外兴趣爱好的培养也要高于之前代际青年人，为趣群化的产生提供了比较好的前提条件。除了整个社会物质条件的改善和家庭教养品质的提升之外，这些青年进入社会之后，其本身相对较为优越的家庭条件也让他们不需要过度地困扰于生活和生存问题，一些家庭不但不需要子女在成年早期的时候对家庭进行反哺，甚至有一些家庭还能够给予已经成年的子女比较好的经济支持，这也使得青年人有更多的物力、时间和精力来从事所喜好的兴趣活动。同时，青年人也不太需要过度地计较从事兴趣、爱好等活动是否能够带来相应的经济回报，对他们而言，精神上的满足可能更加重要。

第二，技术条件的支撑。青年趣群化现象的出现需要技术的支撑，其中最首要的技术显然是互联网的发展。由于互联网的出现青年人才能够突破传统的血缘、业缘和地缘的限制，才能够把有相似或者相同兴趣、爱好的青年人方便地聚集在一起。尤其是对一些小众的兴趣和爱好，其本身喜欢人数数量可能并不多，如果仅仅只是局限在一定地区范围之内的话，参与者的数量可能并不足以成为一个完整的亚文化社区。互联网技术的发展，移动互联网和智能手机客户端的出现，让更多的青年人能够更加方便地参与到他们喜欢的兴趣和爱好中，特别是移动互联网的出现，为所有有兴趣、爱好的青年人提供了一个可以随时随地观察、学习、参与、娱乐的端口。智能手机作为随时随地参与的端口在两方面推进了趣群化的发展：一方面是青年人的参与感得到了较大提升，另一方面是，由于其交流沟通的便捷性，产生了相应趣群化空间青年人之间的黏性。趣群化空间黏性的出现是与其参与的便捷性紧密相连的，也只有智能手机的出现才能够真正地让所有的参与者同等地获得相应的信息和服务，平等地参与到趣群化空间中来。此外，还有一个不能忽视的因素是趣群参与的资费下降，因为在趣群化空间发展的过程中，最初的参与者可能需要较大的投入，才能够实现某种相应的兴趣、爱好所具备的工具。而随着参与青年人数增多，以及相互之间交流范围的扩大，趣群化空间能够为一些自身无法支付高昂费用的青年提供帮助，比如闲鱼中的一些鱼塘就有二手物品的买卖，这些二手物品的买卖价格相对较为便宜，也为一些支付能力有限的青年人提供了产品上的选择空间，帮助他们实现自己的兴趣、爱好。

第三，青年趣群化现象快速发展离不开当代中国社会文化极大丰富带来的多样性。在物资匮乏的年代，中国青年文化生活相对单调，带有少许新鲜元素的喇叭裤都有可能引发社会风潮。随着中国改革开放之后市场经济的发展与国际视野的不断扩大，不仅中国的传统文化元素，如汉服，占据了青年人文化的一席之地，外来文化的舶来品，比如说 cosplay，也同样占据了青年生活空间的一部分。中西文化交融、传统文化和现代文化交融，网络文化和线下文化的交融，都能够在青年人身上产生不同烙印。文化内容的丰富性还体现在青年人能够选择的文化内容增多，既有一些高雅艺术，也有一些简单的生活情趣，甚至是一些看似不起眼的漫画、游戏、音乐等聚集兴趣部落。丰富的文化内容对青年人趣群化生活产生了更加细腻的影响。通常而言，成人社会中文化分类是粗略的，而在当代青年人趣群化生活中不同形式文化内容细分。所谓的文化细分指的是传统的某一个领域内可能衍生出几种不同的文化趣群，比如说，就音乐而言，通常区分为高雅音乐和流行音乐，而在青年流行音乐中产生了一些细腻的分类：既有西方舶来的说唱 rap，也有土生土长的喊麦，甚至在主流社会难以博得喝彩的喊麦在青年人中能够产生数以千万计的粉丝。文化内容的细分让青年人在趣群化生活中有了更多的选择，由此引申出来的一个研究议题是趣群化反映出了青年人生活的丰富多彩，那么传统的青年群体亚文化的分析逻辑是否还成立？所谓的青年群体亚文化，在传统上认为是针对社会主流文化而言，由青年人创造、主导的文化类型，与父辈的文化、主流的文化之间存在着相互抗争的关系。但当代青年趣群化现象可以看到在文化产品丰富之后带来的趣群细分，青年人中并不存在统一亚文化类型，由于青年亚文化的分散性和趣群化，他们与主流社会文化之间的抗争并没有那么激烈，其衍生出来的众多趣群化群体，与主流文化更多的是平行的状态，而不是对抗或者是合作的状态，那么传统的从权力和对抗视角去解释青年文化类型的分析思路，可能也要由此产生转变。

第四，资本的力量。传统的青年的亚文化群体聚集往往带有一定的隐秘性，甚至在一些相对私密的空间内以增加仪式感。现在青年趣群化群体，不但不具有隐秘性，反而在社会中具有极高的曝光度，其背后的原因就是资本引导的作用。在互联网时代，社会当中最新鲜的活跃力量来自网络和资本的融合。互联网时代之前，人们倾向于认为社会当中最有力的消费者是成年人群体，而在互联网思维的主导下，青年人成为互联网社会当中最关注的人群。其原因在于青年人是互联网原住民，他们生活中的每一部分都不可避免地涉及网络，他们带来的消费力和关注度，容易引起资本的关注。由此，以青年人趣群化为主的网络平台就能获得资本的青睐。比如说，2018 年一个引人注目的事情，就是 B 站赴美上市，IPO 融资 4.83 亿美元。B 站是一个弹幕网站 bilibili 的简称，其特色是二次元文化和弹幕，号称在 2017 年年底便拥有 3160 万正式会员，这些会员 12 个月的存留率是 79%，其平均月活用户达到 7180 万，日均使用时长达到了 76.3 分钟。由于二次元文化在中国社会中属于非主流文化，有研究认为，B 站的用户群体是相对有限的，B 站的忠实用户群体可能只有 3000 万，与中国 14 亿的人口规模相比，3000 万人数并不是很高，但其估值已经远远超出了人们的想象。在 B 站的股东中可以看到，除了创始人之外，一些非常有名的资本都成为其主要机构投资者。B 站赴美上市延伸出的是中国青年人对资本的吸引力是非常强的。在 B 站的招股书中把 1990 年之后出生人群称为 Z 世代，宣称其 87.1% 的用户出生于 1990 年到 2009 年。Z 世代既是互联网的原住民，也是没有经历物资贫乏的年代生活，更有可能对精神和文化的文化消费的追求更加强烈。以 B 站为例，可以看到资本与青年文化相互融合的发展模式，进一步推动了青年人趣群化发展的特点。不仅仅是 B 站，在一些基于游戏、基于直播、基于短视频、基于漫画的互联网平台中都专门为青年人提供了相应的内容，其目的就是吸引更多的青年人关注。网络平台背后的资本力量反过来助推了青年人趣群化发展，尤其是他们能够关注到，一旦青年人在平台上产生了趣群化发展，其用户黏性和用户使用频率和时长都要远远高于没有趣群化发展的平台，也就为互联网平台提供了可持续发展的用户支撑。

第五，趣群化的门槛降低让青年人有了更多的参与机会。以往人们谈到基于青年人兴趣、爱好聚集起来，往往都与一定的才艺结合在一起，比如说在青少年时期接受某种才艺训练，这些有才艺的青年人群聚集在一起，才是基于兴趣、爱好的群体或者团体。传统基于兴趣、爱好的青年群体具有一定的专业性，带有特定的准入门槛，比如青少年乐团等，而当前青年人趣群化的发展对才艺的门槛有大幅度的降低，绝大部分网络上的趣群化青年团体并不要求参与者有相应的专业背景，或者是一定标准的才艺能力，反而更加要求参与者热爱某一项活动。网络的出现也让很多的普通青年人获得了向其他青年、向全社会展现自己某一方面特殊能力的机会。甚至一些本来被认为是不务正业的兴趣、爱好在网络中也能够获得其他青年人的共鸣而产生特定的青年人趣群，网络游戏就是一个非常典型的例子。在现实生活中大多数学校和家庭都认为打游戏是青年人不务正业的表现，但网络给游戏爱好者提供了一个展现自己的机会，也吸引了大量的青年人参与。如以游戏直播为主业的某直播平台几乎把主流的游戏品类都做成了相应的趣群聚集地，同一款游戏的爱好者可以在看直播的同时，通过弹幕进行交流，还培养出了一批游戏主播。以往这种特殊能力往往并不认为是才艺，所以在青年趣群化过程中，其兴趣和爱好的专业性和准入门槛降低了。

另外一个趋势是，趣群化所依托的兴趣、爱好泛化，不再是以往所谓的才艺。比如在短视频的平台上，一些拥有数十万甚至上百万粉丝的年轻人本身并没有特别才艺，可能是会玩滑板，也有可能是会健身，还有可能只是会做饭，但是他们可以在网络上展现自己，这种展现与专业性才艺几乎没有联系，却可以让更多的青年人从中获得共鸣。兴趣、爱好的泛化还有另外一方面的好处，体现在喜欢小众化的兴趣和爱好青年也能够通过网络连接起来。小众化的兴趣、爱好人数很少，又受到地域等各方面限制，其连接性和聚集性并不是很强，但是网络让拥有小众化兴趣、爱好的青年人可以方便地连接和聚集在网络社区中，这使得趣群化青年划分也更加精准，让更多的参与者获得共鸣。

第六，趣群化聚集能够满足青年人的心理诉求和内心表达。青年人的亚文化在社会中往往还是受到主流文化的排斥，在主流文化的排斥之下，他们的心理诉求和内心表达缺少一个通常宣泄渠道，这样会造成青年人亚文化与主流文化之间相互对立的情况。趣群化发展最大的特点是在亚文化群体内部形成了相互的理解和支持，并且能够组织起来与外部主流文化相抗衡。比较典型的代表是前些年的杀马特文化。杀马特文化在中国的流行并不是有占有优势经济社会地位的青年人所产生的，反而是在一群经济社会地位处于相对弱势的青年群体中产生，他们使用了外部人所不能够理解的文字和符号，用奇装异服把自己打扮成与整个社会格格不入的形象，并且主动地去抨击外部世界，如杀马特与反杀马特之间的抗争与较量。其实杀马特青年真正想表达的是内心诉求，想在整个社会当中引起他人的注意力，也能够希望通过杀马特风格去影响主流社会，获得主流社会的认同。另外社会多元化为青年趣群化发展提供了条件，当前从事单一职业的青年人在社会当中仍然是主流，也有一部分青年人同时从事多种职业，他们被称为斜杠青年。斜杠青年除了在社会大众熟知的主要职业之外，还从事其他与兴趣、爱好相关的职业活动，斜杠青年的出现顺应了社会多元化发展的潮流，也是当今青年生活更加丰富多彩和内心表达的体现。最后，小众文化被普遍接受增加了青年人趣群化发展趋势。很多时候青年人中最流行的语言、符号和文字都是从小众文化中延伸到青年群体，再被主流社会所接受。比如葛优躺和丧文化的出现后其特殊的文字和符号背后的意涵被大众所理解，大众对青年人的心理诉求和内心表达能够接受的时候，就有可能传播为广泛使用的文字和符号。还有光棍节最初的提出只是少数青年自我嘲讽的说法，也是体现了青年人的心理诉求和内心表达，会获得更多青年人的响应，甚至成为一个全民狂欢的购物节。

三、趣群化对网络生态的影响

青年群体趣群化发展不仅仅受到外部诸多条件的影响，也反过来对当前网络生态产生了巨大的反作用，可以简单总结为用户沉淀、关系沉淀、消费沉淀、内容沉淀、文化沉淀和情感沉淀六个方面。

（一）用户沉淀

所谓的用户沉淀指的是青年人在浏览网络的过程中，被内容所吸引并花费大量时间停留在网站或者应用上，最终转化为网站或者是应用的忠实用户。换而言之，用户沉淀是一个从路人到铁粉的转化过程。青年趣群化发展的重要特征之一就是会根据个人兴趣在网络空间中发生从路人到铁粉的转化。比如，在早期的网络社区中，一个回帖30万的帖子就已经极其罕见，而在QQ兴趣部落中，几乎每天都有评论超过10万的话题，而关注超过百万的群更多。这意味着在传统的以关系链为社交主渠道的场景下，以兴趣为基础社交仍然有很大的发展空间。这其中最重要的因素是在青年趣群化发展过程中更容易产生内容上、话题上、情感上的相互吸引，也更容易出现路转粉的用户沉淀。

青年人的用户沉淀一定程度上改变了互联网格局，基于青年人用户的平台始终能够维持一个比较稳定的用户群体，在QQ兴趣部落中，虽然大部分成年人都不会进入，但以青年人群体为主要用户的QQ兴趣部落的聚集程度还是比较高的。《2017青年人兴趣社交白皮书》显示基于兴趣聚集的青年人部落比例占到所有部落的41%，而其中的很多兴趣都是大众化的，无阶级差别的，比如自拍部落。在自拍部落中大约有180万的关注者，其中大部分自拍都是使用手机，而不是专业相机拍摄，因此，基本上可以视为无门槛的兴趣集合体。正是这种无门槛的兴趣集合体能够在青年人的网络生活中出现去阶层化的可能性，同时展现出了趣群化分布的倾向存在。

（二）关系沉淀

青年人在趣群化发展的过程中形成了基于兴趣的网络联系，这种虚拟世界的联系也可以逐步演化的线下的互动，在早期的网络社区和BBS中就有“版聚”的线下互动行为，而“版聚”的互动是基于话题性的讨论，其互动行为具有一定的时间和空间上的局限。在移动互联时代，青年人的线下活动显得更加丰富，如在以分享各自遇到的糗事为乐的糗事百科中就有天下糗友是一家的说法，而新近被封禁的内涵段子更是夸张地说：段友出征，寸草不生。

其实在糗友和段友之间具有极大的相似性，比如在早期糗事百科比较活跃的时候，有“一如糗百深似海，从此节操是路人”的说法，而当内涵段子兴起时，这句话变为了“一入段子深似海，从此节操是路人”。这种细微的改变只是在互联网时代和移动互联网时代不同青年群体的转移，甚至在内涵段子被封禁之后，糗事百科的创始人发布公告称欢迎段友到糗事百科中安家，并提示糗友和段友之间要和睦相处，这也证明了青年趣群化发展的特点被网络平台所掌握。在糗友和段友这样的青年人群体中会经常出现一些活跃人群的线下互动，如某地的糗友和段友聚会，就形成了青年人在生活中把网络联系沉淀下来并转化为线下真实世界中的社会互动，其中最为典型的是内涵段子特有的车贴，以及他们在行车过程中“嘀—嘀嘀”的暗号互动。这些互动的形式虽然简单，且一般不具有持续互动的模式，却能够证明青年人趣群化的发展趋势是真实存在的。

（三）消费沉淀

青年人是互联网时代的消费主力人群，网络中素来有“得年轻人者得天下”的说法，腾讯马化腾曾经说过，“最大的担忧，就是越来越看不懂年轻人的喜好”。可见，即便是中国顶级的互联网企业也是把青年人作为其最重要的用户群体，以及青年人背后的商机。当代的年轻人趣群化发展必然会带来一系列的商业机会，其中典型的变化就是直接和间接的消费沉淀。

所谓直接的消费沉淀指的是青年人在趣群化的网络平台中直接消费。在打着“分享经济”旗号的二手物品应用闲鱼中，卖家和买家就可能会被按照不同兴趣形成划分为不同的“兴趣鱼塘”，也就是闲置交易圈子，如“告别前任”“ht 可动人偶”等五花八门的鱼塘。而闲鱼主要用户的年龄分布集中在 18 ~ 35 岁，也就是 80 后和 90 后，甚至 00 后，他们能够快速接受新事物，但消费能力不高、对商品性价比比较敏感，不介意使用二手商品，从而闲鱼上青年人的聚集带来消费数额数以亿计。

所谓间接的消费沉淀指的是青年人在趣群化网络平台接触相关内容和信息，并按照内容和信息引导来的后续消费行为。其中最为常见的是游戏社区及其延伸，比如吃鸡游戏延伸出的产品不仅有相关的视频，还有与游戏装备相似的产品，淘宝上模仿的头盔卖出去好几万份。

青年人的消费沉淀对互联网世界的反向影响较大，尤其是在大部分互联网公司背后资本逐利需求迫切地要求平台的变现和盈利能力，青年人的消费沉淀对互联网平台发展往往能够发挥决定性作用，因此，某种意义上讲，青年人的消费沉淀会引导互联网的风口和网络流行的走向，比如直播的流行很大程度上与青年人愿意打赏买单有关。

（四）内容沉淀

青年群体的趣群化并不是只从网络上获取内容，而且会在网络中生产和沉淀内容，这种内容生产不是严谨意义上知识的生产，而是一种广义的内容生产，包括个人的观点、态度和情绪等，这些观点、态度和情绪等都以免费知识和信息共享的形式存留在网络空间里，其中典型代表的是豆瓣。豆瓣主打的就是兴趣与志同道合，其中最为有名的就是豆瓣电影，甚至衍生出了豆瓣电影排行榜，很多人都通过豆瓣得分来判断一部电影的好坏。

在豆瓣空间中，能够看到不是专业人士，而是普通用户左右了内容的生产和沉淀，在趣群化趋势下，青年人的聚集不再是以专业知识为基础，而是以兴趣和喜好为基础，比如一部电影的好坏，可能在专业影评人那里得分很低，在豆瓣上却有可能被一群“非专业、有偏好”的青年捧得大红大紫，这种内容沉淀逻辑就是从兴趣到知识生产，再从知识生产带来有偏好人群的聚集。而在趣群化聚集的青年人网络世界中，最重要的不是专业的知识，而是“同好”们的看法。所以，不能以正统的视角来看待趣群化发展形成的青年人内容沉淀，这些沉淀的内容不一定专业，也不一定客观、公正，更不一定是符合成人社会的逻辑，但这些沉淀的内容却是青年人最喜欢的，也是他们真实的、有感而发的内容。

（五）文化沉淀

早期分析青年人亚文化时，最常用的分析逻辑是反抗与阶层归属，这一点在中国青年人身上也有所体现，比如在网络中很早就开始流行从英语转化来的温拿和卢瑟，温拿是 Winner 的谐音，也就是胜利者的意思；卢瑟是 Loser 的谐音，也就是失败者的意思。这种看起来比较严格的对抗性词汇并没有流行多久，而真正流行下来的是“屌丝”文化。“屌丝”文化中并没有清晰的对抗，而更多反映的是一种自嘲的生活状态，这种自嘲的生活状态可以与任何的兴趣联系起来。比如在游戏部落冲突中，有一种打法就叫作屌丝流，指的是用最经济的模式来实现游戏的战略；在电影中有屌丝电影，在网络文学中有屌丝男士等。

可见，“屌丝”文化与一般青年亚文化最大的不同之处在于它的普遍性和与趣群化的可结合性，它并没有像温拿和卢瑟那样存在着明显的对立面，而是一种青年人的自嘲与自我认同，乃至于一些事业上、学业上小有成就的年轻人也以屌丝自居。“屌丝”文化再经过各种趣群化群体的传播，衍生出不同趣群青年群体都可以接受的“屌丝”产品，不论是电影、电视，还是网络文学、游戏等，屌丝都能与之相结合，从而形成了一种相对独立的文化内容。

（六）情感沉淀

在青年人趣群化发展的过程中，由于兴趣和爱好的使然，很多青年人自觉或者不自觉地在某些群体中投入了很多的情感，在现实生活中也有很强的代入感，在游戏、动漫、追星等领域都有比较强的体现，其中最典型的就是粉丝互喷。所谓的粉丝互喷指的是在网络中喜好某种活动或者某个明星的青年人，早期称之为追星族，都是以崇拜某一些明星为区分标准。但在网络时代，粉丝的概念开始泛化，看动漫有粉丝、打游戏有粉丝、看直播有粉丝，等等。这些粉丝不再以某个明星为区分标准，而更多的是以某一种活动或行为为区分标准。

青年人情感性的代入和沉淀在粉丝互喷中体现得最为明显。在游戏领域中，有 Dotaer 和 Loler 的粉丝互喷，前者认为后者的游戏过于简单；在动漫领域中有海贼与火影的粉丝互喷，这两者均有超过 15 年的播放时长，剧集数量已经超过 700 集；在直播领域的粉丝互喷就更多了。这些粉丝互喷其实并不是说两者之间存在着对与错，或者好与不好，而是一种情感的寄托和沉淀，一位知乎用户写道：不是海贼不好，只是我的青春已经给了火影。在青春背后的情感沉淀改变了网络的生态，一些持续火了十几年的内容还会在网络和现实生活中存有比较大的影响，比如 2017 年北京鸟巢一场《英雄联盟》决赛的门票可以被炒到上万元，被人戏称为替青春和情感买单。

四、青年趣群化未来的走向之讨论

在后工业社会，有工业社会延伸出的阶级或者阶层的分析思路对青年人本身的区别度和解释力下降，青年人趣群化发展的倾向值得关注，但趣群化并不意味着完全否定阶级化的分析路径，毕竟中国社会还是有明显的社会不平等的存在，社会流动随着工业化、城镇化趋于稳定而减弱，新的经济动能对社会结构、社会流动和社会分化的作用尚未完全显现，但如何划分青年群体是一个在新的后工业时代需要重新思考的问题。

趣群化之所以能够出现，根本原因在于互联网的发展打破了工业化时代社会资源分布的格局，虽然经济资源分布的不平等状况并没有得到根本性的改善，但是其他方面的资源，尤其是文化、娱乐、运动等方面的资源在互联网时代有更多的机会被分享。以往一些人们需要花费金钱才能够获得的内容在互联网时代都是以免费或者低成本的形式出现，由此也打破了在经济社会地位上占据优势社会阶层对兴趣、娱乐和爱好等生活方式的垄断和分隔。对于成年人而言，打破垄断和分隔让他们感觉到有更多的机会去获取经济社会收益，但是对于青年人而言，他们会选择释放自己的好奇心，按照自己的个性和兴趣来生活。某种意义上讲，这与马克思所强调的人的解放有异曲同工之处，贴近于人性的兴趣和爱好或许能够与经济社会地位一样成为划分人群的主要依据。

如果对比阶层化和趣群化，两者的演进路径是截然不同的。前者的基础是资源分布，占据不同的社会资源可能产生不同的社会生活方式，进而形成共同群体意识，也就是所谓的阶级意识或者阶层认同。后者的基础是相似的兴趣、爱好，带有相似兴趣、爱好的青年在网络中聚集，产生类似的社会是行为，进而形成共同群体情感。两者比较，资源分布 vs 兴趣爱好，生活方式 vs 行为方式，共同阶级意识 vs 共同群体情感，阶层化与趣群化在三个层面上差异比较来看，阶层化背后有事实和经验研究的支撑，而能够对趣群化形成支撑的实证研究还相对缺乏，故而难以说趣群化是一个完全独立的发展趋势，或许只是青年未来发展趋势特征的一部分。

趣群化最值得讨论的是这一发展趋势对青年人的行为是否具有预测能力。从社会文化视角来看，阶层化背后是有文化的对抗，文化及文化所塑造的行为规范或者行为规则对青年人行为是具有较强预测能力的。处于某种亚文化群体的青年，无论这种亚文化是否与主流文化发生激烈对立和抗争，亚文化所带来的归属感、信念和价值观都会产生行为预期，而行为预期在群体内部具有一定的强制性。但趣群化发展趋势本身，由于参与的青年人彼此不一定在现实生活中有明显的社会互动，所以其归属感、信念和价值观可能偏弱，行为预期也缺少群体内部的强制性，这就导致趣群化对青年人行为的预测能力可能不足。倘若趣群化不能够像阶层化一样产生相应的归属感、信念和价值观，以及可预测的行为方式，其持久性也需要后续研究持续观察。

刀锋舞者的身体控制、自我建构与群体认同

——青年亚文化中的自愿性风险透视

张 乐 周 红*

摘 要：青年亚文化流行的“刀刃工作”有其独有的风格：从事者游走在生死边缘，努力通过身体控制和技能训练来挑战不可能，实现自我。在这一自愿性冒险群体中，高危行为是其对外标榜精英身份的稳定方式；在内部，专业技术永远是第一位的，而技术协作则是维持并巩固成员关系的纽带。归根结底，自愿性冒险亚文化的流行源自一部分青年人对现代社会的风险规避主文化的反抗，它清除掉了日常劳动作业中按部就班的安全警告，成为人们在闲暇生活领域追求自我行动的替代品，并逐步演变为现代社会“成功逃离惯例生活方式的极端形式”。由于自愿性冒险行为有其内在的身心基础，也受到家庭、同辈群体等社会环境因素等影响。因此，全社会应该给予从事者以理解和耐心，尊重而不是压制这一人类天性，并提供适当的机会和场所，因势利导，让包括各类极限运动在内的各种自甘冒险活动不断丰富青年一代的闲暇生活。

关键词：自愿性风险；亚文化；自我认同；刀刃工作

2017年11月一则“国内高空挑战第一人失手坠落身亡”的消息刷屏各大媒体和朋友圈，人们纷纷对26岁青春年华的突然逝去倍感惋惜，同时也对那些没用任何防护措施的极限运动①所带来的风险给予了更多关注。或有人说，现代社会本已经充满风险，众多危险避之唯恐不及，为何还有人对此趋之若鹜，甚

* 张乐，山东大学法学院（威海）副院长、教授、博士生导师，研究领域为青年问题与青年政策；周红，山东大学法学院（威海）讲师、博士，研究领域为青年政策与公共政策。

① 中国极限运动协会认可的极限运动包括越野滑雪、山地速降、极限特技摩托、漂流、冲浪、跑酷、自行车攀爬、户外探险等16种运动项目，并不包括爬高楼。但实际上，国内外的极限运动实践要比现有的项目丰富得多，风险更高，危险性更大，不适合做比赛项目。

至是孜孜以求？这些“no 作 no die”人图什么？当“安全第一”早已深嵌大多数人的意识基底的时候，却依然有小众群体越发地摒弃了它，去心甘情愿冒险且乐此不疲。苛求活得“万无一失”和毫无顾忌地“自甘冒险”在现实生活中并存，这看似矛盾的奇异组合意味着什么？又反映了什么？本文通过对极限运动参与者的深度访谈和观察，结合社会学、社会学心理学视角对青年亚文化中的自愿性风险现象展开解析。

自愿游走在生死边缘，不断挑战人类生命极限的勇者被称之为“刀锋舞者”，美国社会心理学家利恩格（Lyng）称其为 Edgeworker，他们所从事的这项活动相应地被叫作 Edgework（刀刃作业或磨边工作）。利恩格的研究认为，现实生活中，并非所有的人都拒斥风险，总有一些人喜欢从事如极限跳伞、徒手攀岩、激水漂流、公路飙车、激烈冲浪等高风险活动，这些人挑战“不可能”，时常面临生死考验，他们通过向身体与技能的极限施压，探索“有序与无序，有形与无形”的边界的体验性活动。边缘（Edge）被描绘为一个圈，生命安全和技术安全位于圈内，不稳定、危险甚至死亡位于圈外，勇者游走在圈的边缘，大胆冒险，充满挑战①。

一、极度风险中的身体感受与控制

理解极限运动及其从事者的行为，首先需要了解他们所面临的风险程度以及这些高风险活动给亲历者所带来的生理变化。一位城市高楼攀爬爱好者坦言：“攀爬各大城市的地标性建筑物确实超有风险，那么高，顶上的风大得很，有些落脚点还是圆柱体或者不规则形状，人根本站不稳，一不小心就有坠落的危险！”笔者的一位亲属酷爱摩托车飙车运动，他谈到飙车风险时道：“高速行车，普通人都知道的，一个闪失就是车祸人亡，轻的也是骨断筋折，小剐小蹭都不值一提啦！”极限运动的风险主要分为两类：一是客观环境的超常性带来的危险，另外一类则是参与者因为自身原因导致的失控风险。前者是物理性的风险，几百米的摩天建筑、上百公里的驾车时速、高到缺氧的海拔山峰、汪洋中的惊涛骇浪等这些状况无一例外地都属于极度危险的环境。高度、距离、温度、速度超常规，这类环境的复杂性也随着物理指标升高而变得更加波谲云诡。环境的不可预测性大大增强，对人体的有害性和威胁程度也同样大为增加。第二类风险是人为的，表现为人在极端环境中的失感、失能和失控导致的身体伤害甚

① LYNG，S. EDGEWORK：A social psychological analysis of voluntary risk taking［J］. The American Journal of Sociology，1990，95（4）：851-886.

至是付出生命代价的可能性。速度太快、距离太高、温度太低、时间太长等物理变化对肉身的挑战极大，速度快到来不及反应、温度低到无法反应、时间长到忘记了反应是“刀锋舞者”常常挂在嘴边的感悟。物理环境变化无穷，风险无尽，而人体生理机能只能在有限范围内做出反应来确保安全，超出这个范围，自然危机重重。

极限运动极具危险性，这给参与者带来的不是“知难而退”，而是前所未有的生理与情感体验。正如Edgework描述的那样，极限运动者游走在生死的边缘：一念生一念死的情景令所有身处其中的人起初都会产生恐惧感①。高楼攀爬爱好者承认：“我喜欢登高，登高的目标不是望远，而是专注于脚下，站在距离地面几百米的城市建筑物俯视，脚下的一切都变得那么小。”“东方明珠塔去过吧，上面的玻璃观景台看过吧，第一次站在上面的时候，我跟大家一样，心跳加速、手心出汗，恐高与生俱来啊，这还是有保护的情况下往下看，想想在塔的外沿站着，是什么感觉？是不是很害怕？”“金茂大厦、上海中心大楼，一个比一个高，借助少许工具或者徒手爬到600米高楼的最顶端，站在建筑的外沿，不自觉地感觉一阵阵眩晕，心都跳到嗓子眼啦！”可见，面对超出一般水平的高度让参与者的肾上腺激素急速上升，人类本能的反应同样使得刀刃舞者感到了巨大的恐惧。只不过恐惧感不是唯一的体验，否则就没有人愿意一次次挑战不可能了。极限运动参与者在经历了前期的恐惧之后，一旦在恐惧中站“稳了脚跟”，随之而来的则是兴奋感：一种感到自己在面临巨大危险时的成就感随之而来。攀爬高度从100米进入200米，或者机车的速度从150码上升到220码，或是赛车下滑的坡度从40度不断增加到70度，这些数值的变化，意味着难度的增加，风险也越来越大，而刀刃舞者却在恐惧感中变得更加专注自己的“工作”，愈加娴熟地控制自己的身体。“机车速度极快，我的眼前出现了红色雾气，那一刻我失去了时间感，好像与外物融为一体。”这位飙车手的感觉恰如詹姆斯所言的“物质自我与精神自我的融合，一种对自己身体的深切的内在感受”②。用极速飙车者自己的话说，就是达到了人车合一的境界，自己就是机车的一部分，车随心动，心与车移。“跟你说了你也理解不了，这种体验难以用言语表达！”刀锋舞者总是声称这是冒险之美——风险美感包括了各种激动紧张、感官刺激与世界万物的统一，强烈的自我意识存在感，可以实现参与者期待的那些绝妙的

① Laurendeau J. Edgework：The Sociology of Risk Taking（review）// Edgework：The Sociology of Risk Taking［M］. Routledge，2006：386-388.

② ［美］乔纳森堡·布朗．自我［M］．陈浩莺，等，译．北京：人民邮电出版社，2004：2-3.

体验与宣泄。

当然，一个真正的极限运动玩家并非完全无视危险而一味寻求刺激，否则一次疏忽就会造成无法挽回的惨剧。越是成熟的极限运动者越明白其中的道理。从事高风险的活动不能靠运气，更不能心存侥幸。想要一次又一次地体验生死边缘而最终安全地回到生活世界，需要的不仅仅是勇气，更是驾驭这类运动的身体控制技能。在极限运动玩家群里，大家对没有任何防护措施的高危险的炫耀性展示活动并不认同，甚至是反对的。"我们有戴专业头盔、护膝和手套；我们会花费重金购买攀爬专用的绳索、腰带；我们会选择能见度高的时间尝试挑战……"某攀岩协会成员普遍认为，这些装备是运动的一部分，有没有专门的防护设备是专业极限运动员与业余玩家的主要区别。有装备却从不依赖装备，否则就失去了挑战"边缘"的意义。出色地完成刀刃工作全过程，最终还是依靠参与者自身对技能的良好乃至堪称完美的掌握得以实现。从事刀刃工作需要一些特殊的技艺，而且这技能不是谁都可以掌握的。极限运动者总说自己具有这方面的"天赋"，一种"站在锋刃上表演"，驾驭绝大多数人无法驾驭的情景的能力。该能力主要包括强大的意志力、克服恐惧感的能力、坚持训练的能力，以及优秀的情绪控制力。毫无疑问，这些能力都是对身心的控制。对于极限运动者来说，控制好肉身并最大化地发挥其潜能，展现自己的天赋，哪怕这个过程充满未知的风险也在所不惜。

二、高风险挑战下的自我定义与完善

极限玩家在跨越心理障碍时所获得的愉悦感、刺激感、成就感和满足感只是极限运动魅力的一部分内容，它能在青年群体中流行起来不单单靠刺激"圈粉"。访谈中，极限玩家说得最多的话就是"重新认识了自己，发现了自我"。通过梳理调查资料我们发现，刀锋舞者所说的自我包含三层意思：感觉自我、技术自我和角色自我。

如前文所述，超高的风险运动形式带来了极大的刺激感，人体极限在运动中面临挑战和冲击，从事者极其专注地"工作"从而达到与外物合一的状态才能发挥最佳水平。在上述过程中，一个刀刃舞者会越来越清晰地感觉到自我存在。"准备阶段，满眼都是外界的环境，随着行动的开始，我就得专注于自己的脚下，攀爬的速度与身体平衡最为重要"；"逐渐，眼前的事物不再是背景，而是我自己，刹那间，我觉得时间变慢了，周围啥也听不到，感觉身体越来越自由，这时已经没有机车的存在，我就是机车，想怎么开都行"。这些描述被称之为沉浸（flow）体验，它是挑战与技巧之间的平衡，行动与意识的整合。刀锋舞者专注于眼下的任务（摒除杂念的高度专注），自我控制感趋强，环境感消失，时间感歪曲。大多数极限运动玩家把沉浸叫作“享受在半途中”。更为重要的是，“感觉的自我”会在运动结束后充分地体现，玩家们坦言“运动后更加深切地感觉到自己的存在，从头到脚的真实的存在”；“每玩一次，就是一次新生，脱胎换骨，崭新的自我，我感觉自己活得更纯粹了”。深究起来，通过极限运动“刷自我”尤其社会背景。自我存在感的产生与确认源自学生族和青年上班族对现代社会压力的反应——长时间的学业和工作的压力很难找到合适的宣泄途径得以有效缓解，这有可能导致自我存在感的消失，“屌丝与佛系”心态就是表现。相反地，高生活压力也会造成“逆反”，用其他高压力重新“唤醒自己”。因此，通过参与极限运动，“玩一把心跳，来一次眩晕”的运动就像强心剂和醒酒汤，让原本浑浑噩噩、毫无生气的青年人再次感觉到了“自我”，从生理到心理的真实体验能有效确认自身存在的意义。

参与极限运动要有勇气、耐心并经过刻苦学训练，但专业玩家更为强调“天赋和特殊技能”。“技术自我”的形成与发展有赖于极限运动参与者对特定技能的掌握与开发。在危险中存活下来，必须掌握一些技巧，无法掌握的人没有资格自称玩家。一位从事裸身高空跳伞的青年人在其微博分享道：我在高空中不断调整自己的姿势，尝试强迫自己的身体进入正确的位置，我必须在快速下降的途中学会“思考”自己从A点到B点的存在方式，除非我已经达到完全舒展的状态，否则不可能做到这一点。生死攸关之际，刀锋舞者从来不依靠“运气”侥幸得生，他们通常不喜欢刺激性的赌博活动，因为“把大量钱财乃至人生交给骰子，太傻太天真”，那样会把自己置于无法控制的危险境地。他们认为，熟练掌握运动所需的技能才是关键。重视技能本身并不是高风险活动所特有的，很多休闲运动也都强调技能，比如海洋垂钓，但同样是在大海里活动，冲浪运动玩家高度重视自身处理巨浪危险的能力。这种能力涉及避免被恐惧所吓倒的毅力以及把动作集中在确保生存的注意力。技术自我的第二个层面有关极限运动新的技能的开发。简单重复前人的技术要点只是第一步，想让自己与众不同，自我形象更加鲜明，就得在熟能生巧的基础上“玩出花样”，在这个运动的发展史上留下自己的印记。像体操里的托马斯全旋、李宁交叉等以第一个做出此项动作的运动员命名的情形一样，极限运动玩家也努力在技术上有所创新，在危险的边缘做出别人认为不可能做出的动作且自身平安无事。这类技术创新被称为某某跳跃、某某空翻、某某时刻不一而足。总之，带有鲜明个性特质的技能让首创者成就感爆棚，带来了其他类型的技巧活动不能产生的更强大的能力感。高风险环境与自身的努力提供了恰当的技巧与机会的组合，这种组合让刀锋舞者觉得问题越困难，完美解决它的人越有能力，控制看似无法控制的混乱的能力强化了其对“自我”的更深一步的认知与认同。

极限运动者与普通人一样活在当下，他们同样扮演着各类社会角色，只不过通过参与极限运动有了新的体验，对自我的角色领悟又多了几分“光彩与荣耀”的成分。“这不是谁都能做到的”是他们亚文化圈子的口头禅。挑战不可能、强调特殊技能的目的其实是宣称自己的“社会精英角色”。① 在极为危险的环境和项目挑战中幸存下来，刀锋舞者会感觉自己有能力处理任何危险的情况，这无疑有助于他们对自我精英身份的定位。“精英角色自我”除了让参与者在技术上与众不同外，极限运动本身的成本也处处显示它作为的精英身份标示物的作用。“我的这些装备价值不菲，小到几千块，多的上万元，我们这个群里玩家要么是家里有点钱父母给的，要么是自己事业有成，挣得多的又喜欢挑战自我的人”； “几万块的铃木隼摩托车就是个初学者，坛子里有好几个开宝马K1600GTL的，四十几万人民币呢！”② 极限运动类型众多，但大多数今天流行的运动形式都特别强调专业性，而场地、装备的专业性是由其科技含量决定的，其价格远超一般工薪层所能承受。故而，装备齐全就是身份的象征，有些极限运动参与者也不讳言“我就是人民币玩家”③。装备的“门槛效应”抬升了部分刀锋舞者“社会上层精英身份”的自我认同，而通过自己的努力带着所需装备进入这个圈子的青年人，恰恰证明了他们“成功人士”的角色。如福塞尔在《格调》里分析的那样，在一个越来越注重品质和自我的社会里，我们极其渴望与众不同，生活方式尤其是休闲活动最能体现人们的阶级属性④。当然，高价格装备并非唯一的精英象征物，那些略带磨损的衣物、特定时刻的纪念性照片或冒险时获得的纪念品都是体现拥有者“资深”技术精英身份的主要标志物。角色自我的第三含义则是在经历了以上多重自我的重新建构后，某些刀锋舞者

---

① 对于社会精英的理解，本文使用了帕累托的广义界定，所谓精英特指那些在各项人类活动的领域取得突出成绩的冒尖人士。参见［意］维弗雷多·帕累托．普通社会学纲要［M］．田时纲，译．三联书店，2001：296-298.

② 通常，大部分公路赛车级摩托车价格都在几千元到几万元区间，而宝马 K1600GTL 原本属于高性能公路巡航旅行摩托车，只因其六缸发动机带来的 160 马力所营造的极佳驾驶体验备受玩家推崇，而高昂的价格也成为精英玩家的专属，身份象征意义更大。

③ 尽管户外探险、高空跳伞等运动确实需要一定的经济实力做后盾，但并非所有的极限运动都是“贵族”活动。这些年在城市大街小巷流行的跑酷运动基本不需要太多装备投入，一双 OLLO 品牌的跑鞋价格在 400 元左右，若将衣服、手套、手环和其他装饰物购齐，总价在 2000 元左右。

④ 保罗·福塞尔．格调：社会等级与生活品味［M］．梁丽真，等，译．世界图书出版社，2011：序言．

强化了自己对所扮演的现实生活中其他社会角色的认同。换言之，因为在极限运动中充分实现了自我，这种满足感、成就感和意得志满会扩散到从业者其他社会角色的领悟和扮演之中，起到积极的、正面的促动作用。“我的本职工作是基金经理，有一个时期事业发展得不顺利，上司对我的业绩不满意，我与同事的关系也变得紧张，那时感觉自己很失败……我喜欢潜水，尤其酷爱有挑战的水肺潜水运动，我是俱乐部的金牌指导，连我公司的副总都是我手把手教的……我的潜水纪录好几年无人打破，说来也怪，这项运动给我带来好运，做其他工作也顺畅了，副总更是对我刮目相看，给了我更多增加业绩的机会，我的自信回来了。”个体的角色丛集让各类角色相互影响，勇敢者的游戏既增加了自我完成困难任务的信心，也通过示范效应让角色伴侣认识到自己的其他天赋，爱屋及乌的“光环效应”让刀锋舞者的“角色自我”得以修复、完善和提升。

三、冒险事业中的群体认同

与其他亚文化群体一样，刀锋舞者也有自己的共同体。尽管在外人看来刀锋舞者确实有些特立独行，无所畏惧，大有高处不胜寒的意味，但他们大多不是孤独的游荡者。因为经常面临生死考验，刀锋舞者更愿意在特定的文化圈子里获得经验和指导，或分享自己的“高峰体验”以赢得共同体内部的地位。而且，正是由于外界普遍认为刀锋舞者的行事方式太多离奇，过度冒险的行动并不被社会看好，社会也对于这类人投以异样的目光和评价等社会文化环境的存在，刀锋舞者才更愿意组成内部共同体，以抱团取暖的方式“抵御”社会负面的评价。“你知道，我从小学习不咋的，为此没少遭老师同学白眼，爹妈早就认为我不会有啥出息了。幸好我车技不错，学了机车维修，还会改装，以前我骑着摩托车乱窜，街坊邻居都躲得远远的，都叫我二流子。”无论多么坚强的人，都无法无视社会的评价，在内心都希望得到社会认可，但他们异样的举止和品行让其难以融入主流的、传统的社会生活世界，而越发使用怪诞甚至是蓄意的行为引起社会关注。“自从加入了骑士团，一切都改变了，我不在讳言自己飙车党的身份，坛子里的哥们跟我一样皮衣皮裤，文身纹饰一个不少，我们有自己的行话，做什么都那么自然。”可见，与其独自遭受社会的不理解，不如形成自己的小群体，可以使得刀锋舞者远离“冒险者”的社会负面评价，又可以在共同体内部让他人评价与自我评价保持一致，有效地避免了“同一性危机”① 的蔓延。在共同体内部，简单的纹饰穿着并不能保证其获得并维持“刀锋舞者一分子”的身份。正如前文所述，新手加入团体，需要有必要的装备和通常极限玩家都应掌握的技能，除此之外，新手要想在共同体立稳脚跟，还应尽其所能，开发新的冒险路线、创造新的冒险动作，标新立异以博取共同体的认可。

作为一个组织结构松散但技术要求极高的共同体，极限运动诸协会对极限运动本身以及极限运动玩家而言都起着举足轻重的作用。一方面，极限运动协会这样的共同体凝聚了力量，产生了社会团结。几乎没有哪一类极限运动是单纯靠玩家自己完成的，它们都带有团体协作的明显特征。恶劣环境、超常的难度增加了造成重大伤亡的概率，而此刻若有同伴相互帮助，一起完成任务，则成功的可能性将会大大提高。“绝对信任伙伴的才华是一种应对风险的方式”，生死关头，把自己的性命交与同伴，这既需要勇气更需要对彼此的技术的无条件信任。“攀爬的时候，我们必须协调，单个人任何一个微小的失误都会连累团队，当我们动作趋于统一，伸展和蹬踩动作一致的时候，大家都感觉到了集体力量的强大，它是一次次冒险的源泉。”共同体成员一起攻坚克难，在这一过程里，彼此结下了牢不可破的友谊，这样原本就惺惺相惜的刀锋舞者更加深刻地理解“生死之交”的确切含义。志同道合的极限运动玩家在极度危险的环境中由于相互的协作而产生了一种“共同体验与情感”，深深地嵌刻在每一个参与者的内心深处。无论在什么时候再现、再述这些艰难的经历，他们都会产生情感上的共鸣。冒险时产生的情感共鸣拉近了人际距离，产生牢靠的社会纽带。更为重要的是，团队协作产生了深刻的群体认同，成员间彼此用“积极区分原则”② 给予鼓励和肯定，从而强化了群体内部的成员身份。

另一方面，冒险共同体内部的各种“仪式”增强了参与者对这项活动敬畏感和荣誉感，这成为群体意识和群体价值的源头。各类极限运动群体经常通过举办独创的“节日”庆祝活动来向社会其他群体证明自己的存在感。参与者穿统一的服饰、佩戴统一的装备、喊着或者唱着统一的口号曲子。“一辆摩托车轰鸣的声音微不足道，数十辆同时轰油门的声音更像是管道交响乐，我身处其中

---

① 同一性危机也称同一性混乱，是指人们在青少年期的发展过程中，往往伴随着种种危机和失败，表现为“过于自我”或“自我缺乏”。参见［美］埃里克森．同一性：青少年与危机［M］．孙名之，译．浙江教育出版社，1998：54、79.

② 在群体中，个体自我激励的动机会使个体在群体比较的相关维度上表现得比其他成员更出色，这就是积极区分原则。参见张莹瑞，佐斌．社会认同理论及其发展［J］．心理科学进展，2006（1）：475-476.

感到了集体的力量。”共同体创造了聚集、公开展示的机会，形成单一个体无法企及的规模和影响力。个人身份被包含在集团之中，扩大了对自我存在感的认知，进一步确认了从事冒险活动的价值。除了公开聚会仪式外，极限运动共同体会举行一些类似“朝圣”的仪式活动，借以向某些冒险纪录的前辈致敬，同时切磋技艺，挑战新的不可能，试图创造属于自己的新纪录。在“朝圣”仪式中，那些纪录保持者会受到“神”一般的崇拜，他们也会分享自己创纪录的经验和体验，而新手们则备受鼓舞变得跃跃欲试，每一个都以打破纪录为最高目标，包括纪录保持者本人同样如此。一位高空跳伞爱好者在博客中写道：“没有足够的尝试和超越，你会被排除在外，尊重是要靠学习前人并超越他们得来的。”通过此类仪式，冒险亚文化的精神内核得以再次彰显，冒险技能被分享，冒险故事和神话被广泛传颂，冒险的现实价值得以实现。有时候，极限运动的某些仪式是被刻意为之，成为获得群体认同和形成群体意识的工具。笔者曾参与过野外漂流的旅游开发项目。这个项目算是较为温和的“冒险游戏”，危险程度远不及真正的极限运动，但其中某些仪式过程却与极限玩家描述的类似：漂流游戏本身时间不长，但游戏前的准备工作相当耗时，每一位参与者拿到一份注意事项指南，导游和游戏向导一再强调路线的困难程度，多少急转弯、多少暗礁、落水的可能性有多么大等，为了确保安全，要求参与者无条件服从他们的指挥。实际上，该河段是安全的，这样的仪式增加了游客的焦虑，而导游和现场指导需要的恰是游客这样的焦虑。唯有如此，乘客才能服从命令，否则大部分游客将不必依靠向导的知识就能完成这些任务。可见，某些仪式起到了制造“风险”的作用，目的是提升群体内部某些技术人士的权威，方便他们的管理。

四、青年的自愿性风险行为探源与解析

朝气蓬勃的青年人敢为天下先，勇于挑战的群体性气质与这个群体的身心特征和社会文化因素有着密切的关联。现代神经科学和心理学的发展为解释青年的自愿性风险行为提供了新的视角。认知神经科学①及其分支学科社会神经科学的研究表明：人的认知功能必有其对应的神经结构，人的认知过程也有其对应的神经活动，人的社会行为受到其内在神经生理机制的影响。进入青春期以后，个体的神经系统及其神经递质会发生明显的变化，其中多巴胺系统的变

① 认知神经科学是系统神经科学和认知神经心理学交叉的产物。其基本原理是通过人脑神经活动观测记录技术对人脑神经活动进行探究，探索人类认知过程的神经机制。

化非常显著。多巴胺是脑内分泌的一种神经传导物质，主要负责大脑的情欲和感觉，将兴奋、愉悦的信息传递。人的情感和动机的神经过程主要发生在脑内的杏仁核、伏隔核、前额皮质、内侧前额叶皮质和颞上沟等区域①。这些脑内区域参与社会性认知、判断和推理过程。多巴胺会作用到上述区域，调节上述神经过程，进而影响到个体的情绪和认知。作为人体的“快乐奖励中心”，多巴胺系统在青春期至青年期这段时期发生重要变化，这一变化会进一步重塑个体的情绪与社会行为过程②。该变化主要表现为，多巴胺神经感应效应增强导致其活跃程度明显变强，对大脑的“奖赏回路”机制产生显著促进作用，青少年会更加关注冒险行为的积极方面，并对此类感觉的寻求动机更为强烈，做出更多的自愿性冒险决策。与多巴胺几乎同时起作用的还有荷尔蒙激素。青少年的身体发育和认知、行为都受到体内荷尔蒙的影响。研究发现，性腺类固醇会影响到边缘神经系统结构（如杏仁核）中荷尔蒙的受体增殖，进而影响个体的社会信息回忆和社会联系等机制③。相对于儿童和老年人，青少年面对相同情境或社会信息时，神经系统中的边缘系统、旁边缘系统和内侧前额叶活跃度增强，这使得他们的兴奋情绪更容易被唤醒，更在意他人的评价。与此同时，青少年的认知控制系统尚未发育成熟，他们自己不能对各种内外刺激进行有效调节。认知控制系统和社会情感系统间强弱力量的动态“较量”在这个时期会暂时性失衡，使得青少年在面对风险决策时，更容易受到“快乐奖励”的诱惑，从而更倾向于选择冒险而较少地兼顾到理性的判断，进而做出冒险行为。可以说，这种现象是人在青少年时期发育过程中的自然过程。因此，对于相当一部分青少年而言，“冒险”是其生活中不可避免的组成部分。

除了神经机制对青年的自愿性风险行为产生内在的影响外，各类心理过程也左右着青少年的冒险选择。社会心理学中有关感觉剥夺的实验表明，个体需要不断地刺激输入才能维持正常的心理过程，刺激的缺乏将引起一系列的心理障碍。祖克曼（M. Zuckerman）在论述“刺激—感觉”的关系时，提出感觉寻

---

① NELSON E. E., LEIBENLUFT E., MCCLURE E. B., et al. The social re-orientation of adolescence: a neuroscience perspective on the process and its relation to psychopathology [J]. Psychological Medicine, 2005, 35 (2): 163-174.

② CHAMBERS R. A., TAYLOR J. R., POTENZA M. N. Developmental neurocircuitry of motivation in adolescence: a critical period of addiction vulnerability [J]. Am J Psychiatry, 2003, 160 (6): 1041-1052.

③ RANKIN J. L., LANE D. J., GIBBONS F. X., et al. Adolescent Self-Consciousness: Longitudinal Age Changes and Gender Differences in Two Cohorts [J]. Journal of Research on Adolescence, 2010, 14 (1): 1-21.

求（Sensation Seeking）的概念，它是指个体有寻求那些对多变的、新异的、复杂的和强烈的感觉和紧张体验的本能冲动，人们有不断通过身体的、道德的、法律的和经济的冒险行为来获得这些感觉和体验的强烈意愿①。感觉寻求主要包括四个方面的内涵：一是兴奋与冒险寻求（Thrill and Adventure Seeking），个体通过参加极限运动如高空跳伞、蹦极、山地速降等有速度感的活动来获取兴奋感；二是体验寻求（Experience Seeking），个体通过某些直接体验刺激感官来获取新奇、怪异的体悟，如重金属音乐、行为艺术甚至是身无分文的“穷游世界”，也有通过反传统、超常规的社会行为获得，如接触甚至成为社会边缘群体的一员，尝试边缘危险行为，如嬉皮士的飙车、同性恋、危险性行为等；三是去抑制化（Disinhibition），个体通过参与集群性社交活动来获得在日常生活中被抑制的感觉需求，如聚众赌博；四是厌倦敏感性（Boredom Susceptibility），是指个体对平淡生活中重复性工作、劳动的忍耐到极致后的反抗，通过超越循规蹈矩的行为来获得新鲜感，如风险投资、不以侵占财物为目的的偷窃犯罪等。国内外的研究指出，尽管感觉寻求的冲动会伴随人的一生，但它在青春期到青年期过渡阶段会呈现上升趋势。随着年龄的增长，成年期之后个体的感觉寻求水平才会逐步下降。这一规律与青少年多发的自愿性风险行为基本吻合。另外，一些研究发现，青少年从事积极的冒险行为可以有效地抑制其从事其他消极冒险行为的发生②。总之，个体的感觉寻求与自愿性冒险行为之间高度关联。个体无论是从事积极的体育运动还是消极的犯罪活动，都有其内在的心理基础。所以，多方引导某些有意愿又有能力的青年，鼓励其从事一些积极的自愿性风险行为是符合他们这个年龄段身心发展规律的，可以有效地满足他们感觉寻求的需求，并在一定程度上减少他们从事消极的甚至是有害他人和社会的冒险行为。

青少年的自愿性风险行为也有其深刻的社会动因，家庭因素和同辈群体对青年自愿性冒险行为的影响不容小觑。在我们的访谈对象中，这些青年冒险者都会有意无意地提及自己目前的行为选择与成长环境有关。在个体生活经历的早期，父母等家庭主要成员对其教养方式会影响到青少年的冒险意愿及其行为方式，对自愿性风险行为存在明显的促进或者抑制作用。那些权威型（父母动辄严厉惩罚子女）和溺爱型（父母过度保护或者干涉子女）的教养方式会在一

---

① ZUCKERMAN M. The psychophysiology of sensation seeking ［J］. Journal of Personality, 2010, 58 (1): 313-345.

② Anoton Aluja, Óscar García, Luís F. García. Relationships Among Extraversion, Openness to Experience, and Sensation Seeking. Personality and Individual Differences, 2003, 34.

定程度上导致子女适应能力和判断能力减弱。青少年因此变得缺乏社会责任感，他们从事消极冒险行为（如公路飙车、危险驾驶）的可能性却会大大增加。这是因为，过分严厉或者过度溺爱的家庭氛围，会强化青少年摆脱家庭束缚的冲动，并用风险大、刺激程度高的活动向父母证明自己的选择是正确的。相应地，那些生活在民主型（父母对子女的选择给予情感温暖和理解）家庭环境中的青少年尽管也会从事自愿性冒险活动，但这种家庭环境成长起来的青少年追求新奇刺激生活方式的动机和愿望水平会明显降低。父母对子女的关爱和理解，让青少年在行动上有了选择的自由空间，也会让青少年对某些消极冒险行为的后果特别是社会性后果（危害公共安全）有了更为理性的判断。所以，他们即便是选择了从事自愿性风险行为，也通常会选择那些满足身心发展、促进健康人格形成的极限运动。正如前文所分析的那样，青少年的自愿性风险行为是嵌入在社会关系之中的特殊行为，群体尤其是同辈群体的影响至关重要。青少年在内群体中寻找自我、发现自我和重塑自我，青少年在亚文化群体中获得认同、接受经验、受到鼓励，进而不断做出新的冒险选择。他人在场效应是社会心理学中一个典型的影响机制，青少年在得到同伴的经验分享的同时，也会受到同伴的鼓励与刺激，激活了他们自身的社会情绪网络，自甘冒险的倾向会明显增强，从而激发出比青少年独处时更多的、更具挑战性的冒险行动。

说到底，自愿冒险的亚文化依然根源于现代性本身。风险是现代性的后果之一，它造就了一个失控的世界①。现代社会极力为人们提供更加高效、便利和安全的生活的同时，也制造了新的风险。与传统的风险类型相比，新兴风险规模更大、连锁反应更强、破坏性更大且更难以预测。因此，全球范围内都在努力规避风险，并在文化上形成了厌恶风险的社会心理。为了有效规避和减轻风险，社会开发出了各种工作操作安全流程、各类生活饮食起居健康指南、旅游手册等一系列安全说明书，用制度化的方式确保人们过着安逸的生活。这些安全说明囊括了工作和闲暇生活的方方面面，规定的步骤和操作方法细致入微，以至于人们无法选择，不得不按照这些要求去做来确保安全。主流安全文化的过度渗透，让一部分社会成员感到不自在，被操纵感让他们有了反抗和抵制的冲动。由于目前工作和劳动依然是谋生的手段而非目的，因此抵制工作中的安全规定既不明智也不现实。故而，努力地在自己的闲暇生活中做出反应就成为一部分青年人的时尚选择。这时，部分社会成员尤其是年轻人在追求自由、实

① ［英］安东尼．吉登斯．失控的世界［M］．周红云，译．江西人民出版社，2001：22-23.

现自我的动机促动下开始尝试新的冒险活动。极限运动或者刀刃作业兼具精确技能的要求——有意识、高度集中、身体和精神的熟练控制越是灵活变通——同时又完全清除掉了日常劳动作业中的按部就班的技能窠臼，变成了人们追求自发自我行动的替代品，并逐步成为现代社会“成功逃离惯例生活方式的极端形式”。刀锋舞者想要展示的是：既然很多风险无法避免，那不如坦然面对，用更积极的心态迎接风险，挑战自我，通过毅力、技能和出色的身心控制来驾驭风险，拥抱而不是逃避，控制而不是退缩！

五、顺应青少年的身心发展规律，合理引导自愿性风险行为

基于以上阐述，我们认为，青少年的自愿性风险行为并非他们的一时兴起而做出的鲁莽选择，该现象与其身心发展的内在机理有关，更与他们所处的社会环境密不可分。与其强行压制青少年不可能被泯灭的冒险“天性”，不如因势利导，顺应青少年自身的神经机制和心理感觉寻求需要，创造积极健康的生活环境，通过合理途径引导他们从事相对安全、积极的冒险行动。

第一，社会应该有足够的耐心。冒险行为的减少有赖于个体认知神经系统的不断成熟。通常，个体心智成熟伴随着冲动性降低、风险认知理性化、感觉寻求动机减弱、未来定向明确化和抵制同伴影响的能力增强等多个方面。这意味着，人类心智的成熟不能一蹴而就，需要一个过程。这个过程不是几个月，而是数年，甚至十几年。青春期的个体难以达到上述成熟度，面对16岁之前的青少年完全压制他们的自愿性冒险冲动是很难奏效的。是故，家庭、学校和社会主动提供一些机会，在风险可控的环境中鼓励青少年从事积极的、有一定安全防护措施的极限运动更为可行。随着年龄的增长，个体在30岁左右的时候，大脑及其认知神经系统日趋成熟，进行风险评估和理性控制的能力会大大增强，相应的冒险行为的内在驱动力会减弱。当然，承认认知神经系统的成熟过程不代表消极地等待青少年自己的成熟，那样只会放任他们的冒险。作为家长、老师和青年工作者，要充分认识到青少年自愿性冒险行为的“不可逆性”，不再一味对那些从事过或者有从事冒险行为情绪的青少年横加指责，不再以愚蒙、无知和无理性的标签评判他们，理解他们的冒险冲动的内在机理，这是科学合理引导这类现象的第一步。

第二，通过科学、正面的刺激形式满足青少年感觉寻求的内在需求。对于那些容易被情绪唤醒并持续兴奋的青少年，他们的感觉寻求动机更强烈，情绪容易失控而做出让人无法想象的鲁莽行动和草率决定。有鉴于此，减缓或者调整这类青少年的感觉寻求的内在动力比单纯的“这事有多危险”之类的说教更

为有效。既然相当一部分青少年总是试图通过冒险刺激获得存在感，那么把他们这些勇于挑战、勇于创新、充满好奇心的动机有计划分步骤地转化为“干预方案”或许更能满足青少年的内在需要。比如，学校、社团组织的极限运动训练计划、人生技能养成方案等，让有经验的成人导师为他们制订专项技能培养计划，采取分类指导原则，分阶段实现刺激感不断增加的主观感觉体验，用正面的奖励刺激代替负面的危险欢愉。通过鼓励青少年从事积极冒险行为来显著抑制其从事消极冒险行为的冲动。这样，既满足了青少年的感觉需求，又让风险相对可控，在一定程度上避免了他们因盲目从事冒险行为导致的自我伤害乃至危及公共安全等不可挽回的重大后果。与其到那时悔恨交加，不如一开始就因势利导。

第三，营造良好的生活环境，让青少年的冒险行为得到正确的引导。由于不同类型的家庭教养方式会导致不同的青少年冒险行为倾向，专制型和纵容型的教养方式，更容易使青少年误入歧途，沉迷于消极冒险中不能自拔；一定程度的权威型和适度的民主型的教养方式能使青少年走上正确的发展路径，其所参与的冒险行为也是利于其身心健康发展的。所以，父母等主要家庭成员的言传身教尤为重要。作为青少年模仿的榜样，父母要有积极健康的生活方式，尽量克服自身的不良嗜好，对于那些消极冒险行为如酒后驾车、聚众赌博等恶习要坚决改掉。同时，家长在身体允许的情况下，应该主动与青少年子女一起从事一些积极冒险行为，如速度滑雪、室内攀岩、户外登山等运动。陪伴式教育胜过千言外语的说教。要利用好同辈群体的影响，让青少年的自愿性风险行为处于可见、可控的范围。通过学校、社区等机构，建立积极冒险兴趣社团，用可控可管理的青年自组织的规范性力量，正确引导青少年从事极限运动类活动。在青年社团内，努力形成健康的亚文化氛围，倡导有保护措施的冒险运动，用青少年愿意接受的小群体规范约束个别莽撞的冒险冲动。

第四，主流文化要对青年亚文化继续采取宽容的文化态度，积极改善极限运动硬件设施，为青少年的健康成长保驾护航。无视自己和他人生命的极端行为不值得提倡，不尊重生命一味寻求刺激的“勇气”不值得赞扬。但是，冒险并非一无是处，它源自人类成长过程中的天性，也是人类适应激烈竞争环境做出的自然反应，只不过这种反应在青少年时期表现得更为明显而已。成年世界不能因为自身的激情消退而一味限制青少年的天性，了解并构建更加宽容的文化氛围，理解而不是指责，指导而不是抵制，参与而不是孤立是主流文化对自愿性风险亚文化的应有态度。宽容他们偶尔的冒险行为，在恰当的时机与其交流，循循善诱则是将他们纳入相对安全领域的良好开端。在此基础上，相关部门应该加大各种运动场所和设施的投入建设力度，适当增加极限运动类场馆的数量。并将极限运动纳入城乡基本公共体育服务建设规划中，面向广大中低收入家庭的青少年，向他们提供免费或者低收费服务，为他们提供安全指导和技术培训。

明知山有虎，偏向虎山行！自愿冒险从事挑战极限的活动，不可不谓之勇敢。或有人反诘这不是勇敢，是鲁莽。无论如何评价刀锋舞者的生存状态，他们都业已形成了独特的亚文化风格：游走在生死边缘、挑战不可能、实现自我。在自愿性冒险群体的文化定义中，高危行为是标榜其身份的稳定象征，只有不断地冲击新的高度和纪录，才能维持这种身份，这也是他们作为“技术精英”与普通人的主要界限。他们不再介意世俗的异样目光，甚至对社会对聚焦（哪怕是负面的评价）而感到沾沾自喜。更何况，在自媒体发达的今天，刀锋舞者拥有众多的粉丝，社会正向的激励远多于负面指责，自甘风险的活动吸引着越来越多的青年的加入，其亚文化群体的规模不断壮大。在群体内部，专业技术永远是第一位的，它是刺激参与者冲击新纪录的基础，也是成员维持群体地位的保证。与其他青年亚文化风格一样，自愿冒险群体同样需要文化标识来统一认识、增强归属感和凝聚力，只不过像有刮痕的衣物、特别的纹饰这些外显的文化符号背后都是以某些高风险个人经历作为后盾加以展示的，它既是勇者的荣誉，更是后来者需要企及甚至超越的目标。尽管对于自愿性冒险行为的社会评价褒贬不一，但越来越多的刀锋舞者的加入让此类青年亚文化风格日趋流行起来。只要善加引导合理开展，相信包括各类极限运动在内的各种自甘冒险活动都将会丰富青年一代的闲暇生活。

城市边缘青年群体的心理问题及其对策建议

邓希泉 邹宇春 郭元凯*

摘 要：城市边缘青年是因制度障碍和社会分层而产生的特殊青年群体，他们虽然为城市发展贡献着自身力量，但始终游走在城市的边缘，因工作、生活等一系列的压力使得他们极易产生心理问题。研究发现，城市边缘青年的心理健康水平低于全国平均水平，存在较多负面情绪，失业危机感强；他们对政策满意度、社会信任度和生活满意度评价较低；社会参与意愿较弱，社会参与行为欠缺；城市隔离感明显，身份认同较模糊，社会阶层地位的自我评价低；相对剥夺感比较严重，冲突意向渐趋强化，价值观念呈现不确定性；建议要进一步深化制度改革，为城市边缘青年提供公平正义的外部环境；要不断提升社会宽容度，消除城市居民对城市边缘青年的误解与歧视；要建立社会支持网络和社会交往平台，增强城市边缘青年的归属感；要重视心理健康教育和心理调适能力的培养；城市边缘青年应注重个人素养提升，增强心理抗挫折能力。

关键词：城市边缘青年；心理健康；社会融入

城市边缘青年群体主要包括新生代农民工、城市失业青年和城市闲散青年。城市边缘青年一般面临着工作环境较差、收入较少、职业地位和社会声望较低、生活质量不高等问题，同时在就业竞争、人际交往、社会融入、法律维权、子女教育、职业安全维护等方面也常常遇到困难和压力，容易产生心理矛盾或心理冲突并出现心理问题。2015 年，中国社科院在全国进行了中国社会状况综合调查（以下简称“CSS2015 调查”），其中有 1142 名城市边缘青年。本研究以

---

* 邓希泉，中国青少年研究中心青年发展研究所研究员、博士，主要研究领域为青年本体、青年现象、青年发展理论、马克思主义青年观；邹宇春，中国社会科学院社会学研究所发展社会学研究室主任、副研究员、博士，研究领域主要为社会调查研究方法、发展社会学、社会资本与社会信任；郭元凯，中国青少年研究中心青年发展研究所负责人、助理研究员、博士，主要研究领域为青年发展、青年政策。

这些青年为分析对象，对他们的主要心理问题做出分析。

一、城市边缘青年群体心理问题的主要表现

（一）心理健康水平低于全国平均水平，存在较多的负面情绪，失业危机感强

相当多的研究采用心理健康测试量表（症状自评量表 SCL-90）测定的结果显示，城市边缘青年的心理健康水平显著低于全国常模，即他们的心理健康水平低于全国平均水平。CSS2015 调查显示，城市边缘青年中存在负面情绪的比例较高。在"生气愤怒"的负面情绪方面，51. 1%的人有时有，14. 0%经常有；在"担忧害怕"的负面情绪方面，40. 6%的人有时有，10. 3%经常有；在"伤心悲哀"的负面情绪方面，34. 2%的人有时有，6. 7%经常有。

城市边缘青年的压力感明显。CSS2015 调查显示，城市边缘青年中超过三成（30. 9%）的人认为自己在未来 6 个月内有可能面临失业。近三成（29. 6%）人的 2014 年家庭总体收支情况是收小于支。在过去 12 个月中，他们及其家庭在生活方面遇到的主要问题：物价上涨，影响生活水平（55. 0%）；住房条件差，建/买不起房（35. 8%）；家庭收入低，日常生活困难（29. 6%）；家人无业、失业或工作不稳定（29. 6%）；医疗支出大，难以承受（24. 3%）；家庭人情支出大，难以承受（20. 2%）。因此，50. 6%认为"经常感到生活负担很重，压力很大"。

（二）社会心态欠佳，政策满意度、社会信任度和生活满意度均较差

社会信任度、政策满意度和生活满意度综合反映社会心态。CSS2015 调查显示，城市边缘青年的社会信任感较低，认为现在人与人之间信任水平的平均分为 5. 28 分（总分为 10 分）。具体来看，有 85. 0%的人对教师信任，75. 8%对同事信任，75. 2%对医生信任，68. 7%对法官信任，67. 5%对邻居信任，66. 0%对警察信任，51. 3%对党政机关干部信任，26. 1%对商人信任，5. 4%对陌生人信任。其中，对党政机关干部的信任度处在较低水平。

城市边缘青年对社会保障政策的满意度低。调查设定对社会保障政策按 10 分进行评价打分，他们在养老保障上的平均分为 5. 54 分，医疗保障为 5. 75 分，就业保障为 4. 95 分，城乡最低生活保障为 4. 95 分，政府提供的经济适用房等基本住房保障为 4. 78 分，社会保障状况的整体平均分为 5. 44 分。

城市边缘青年的生活满意度较低。按 10 分进行评价打分，他们在教育程度方面的满意度平均分为 5. 37 分，社交生活方面为 6. 05 分，休闲娱乐文化活动方

面为5.41分，家庭经济状况方面为5.77分，居住地的环境状况方面为5.8分，对生活的整体满意度的平均分为6.64分。

（三）焦虑感较强，社会参与意愿较弱，社会参与行为欠缺

城市边缘青年在现实和理想之间存在较大差距，容易加剧他们对现实处境和未来发展的焦虑。CSS2015调查显示，有21.9%的城市边缘青年“经常会感到很寂寞无助”，36.1%不认为“自己是一个幸福的人”。社会参与是构建积极社会心态的重要途径，但城市边缘青年的社会参与意愿较弱，社会参与行为欠缺。CSS2015调查显示，73.8%的人愿意参加自发组织的社会公益活动，但实际参加过的比例只有17.6%；64.7%愿意参加政府/单位/学校组织的志愿者活动，但实际参加过的比例只有16.1%；44.4%愿意参加村（居）委会选举，但实际参加过的只有16.0%；42.3%愿意给政府部门反映意见，但实际参加过的只有4.2%；39.2%愿意给报刊、电台等反映社会问题，但实际参加过的只有3.9%。

（四）城市隔离感明显，身份认同较模糊，社会阶层地位的自我评价低

城市边缘青年以聚群的生活方式为主，重视群内交往，缺少群际交往，他们的社会关系是以血缘、地缘、亲缘、业缘为主；与城市本地居民之间维持简单的礼仪交往，呈现出交往的表层性特征，并未有效缩小城市边缘青年与城市本地居民之间的社会距离，也并未有效打破社会空间区隔的既存状态。CSS2015调查显示，城市边缘青年社会阶层的自我评价低。近六成的人（59.4%）认为自己的社会经济地位在本地处于下层，认为处在上层和中层的比例分别为3.3%和37.3%；与5年前的社会经济地位比较，认为处在中层的比例提高了11个百分点，认为属于下层的比例降低了9.4个百分点，表明城市边缘青年整体上获得了向上流动的机会。但认为属于上层的比例降低了1.6个百分点，表明城市边缘青年获得城市精英岗位的难度加大，出现了比较明显的“社会流动天花板”现象。

（五）相对剥夺感比较严重，冲突意向渐趋强化，价值观念呈现不确定性

CSS2015调查显示，有19.8%的城市边缘青年受过教育歧视，10.2%受过户口歧视，14.9%受过家庭背景及社会关系的歧视；有44.3%的人认为社会上教育歧视严重，25.6%认为社会上户口歧视严重，44.8%认为家庭背景及社会关系歧视严重。在整体上看，认为现在社会的宽容程度的平均分仅为5.76分（总分为10分）。

从公平性评价看，有57.1%的人认为财富及收入分配不公平，56.7%认为

城乡之间的权利待遇不公平，45.6%认为工作与就业机会不公平，44.9%认为公民实际享有的政治权利不公平，41.7%认为养老等社会保障待遇不公平。

从社会冲突表现看，有62.5%的人认为穷人与富人之间的社会冲突严重，59.8%认为官员与老百姓之间的社会冲突严重，38.5%认为老板与员工之间的社会冲突严重，32.0%认为本地人与外地人之间的社会冲突严重。

在城市青年边缘群体看来，我国存在的最重大的社会问题分别是：看病难、看病贵（43.1%），食品安全问题（31.9%），物价上涨问题（31.3%），住房价格过高问题（31.2%），收入差距过大贫富分化问题（30.3%），就业失业问题（28.7%），以及贪污腐败问题（24.8%）。

城市边缘青年的边缘社会角色，使他们在多种社会身份中过渡，在双重甚至多重的价值系统中徘徊。他们希望具有公平公正的现代化过程，获得与市民平等的生存发展权、受教育权和社会保障权，但现实存在的制度瓶颈使他们长期被排斥在国家政治生活和社会保障体系之外。这种矛盾的现实，有可能使他们难以认同树立甚至怀疑排斥社会主义核心价值观和现代性社会价值观。

二、城市边缘青年群体心理问题的形成原因

城市边缘青年是青春期与弱势群体的结合体。青春期焦虑和弱势群体压力焦虑重叠，底层生活和人际关系的原子化生存状态交织，容易使他们陷入心理焦虑、情绪失调与心理失范的不利状态。

（一）社会转型期社会矛盾易发、突发、多发引发社会心理问题

社会转型期往往是社会矛盾多发期，也往往是社会心理容易失衡甚至动荡的时期。社会成员尤其是处于弱势群体的社会个体，容易遭受社会风险，产生相对剥夺感和社会不公平感。城市边缘青年更能感受到社会矛盾的易发、多发和突发，更易引发个体心理问题，共同的个体心理问题有可能构成共同的社会心理问题。

（二）制度区隔妨碍城市边缘青年的社会融入和社会认同

户籍制度、就业制度、社会流动制度等制度设计并由此形成的二元社会结构，使城市边缘青年与城市主流生活之间形成了制度屏障，造成了事实上的区隔。这种区隔的制度设计，容易产生强势群体的自我保护和既得利益固化的冲动，又容易产生对弱势群体的歧视并使其纳入制度化过程，反过来有可能激化弱势群体对制度的不信任甚至对立情绪。这种弱势累积的现实状态、消极情绪甚至对立情绪的社会心态，以及边缘化的社会角色，使城市边缘青年向上流动

难度加大，严重影响其城市融合进程和工作生活满意度。

（三）城市边缘青年的社会支持系统缺失

城市边缘青年的社会支持系统存在体系不健全、资源不充分、动员不及时、效果不显著等突出问题，主要表现在政策支持处于劣势，组织依靠弱，职业声望和社会声望低，个人资本和社会资本少，社会动员能力和自身能力差。他们所拥有的各类社会资源，如人力资源、经济资源、权力资源、能力资源以及信息资源等都比较匮乏，缺乏稀缺资源或特殊等价物参与到更广泛的社会交换之中以寻求自我发展的资源和机会，使得他们的风险抗逆力较差。

（四）家庭教育与学校教育缺位对城市边缘青年心理健康的负效应

相当一部分城市边缘青年，曾经是留守儿童或流动儿童，或者既有留守儿童又有流动儿童的经历。他们在幼儿期亟须父母关爱的时候却没有得到有效满足，给青春期的心理健康埋下了隐患。学校教育以及相应的教育培训，仍然延续着重生存、轻生活，重单一的技能培训、忽视整体素质提高的教育模式，对青少年尤其是针对城市边缘青年的社会心理健康教育涉及不多。他们既难以提升自己的心理应对能力，难以对心理问题采取合适的应对策略，又无法在遭遇心理问题的时候得到及时排解或宣泄，由此成为心理问题的高发人群，也成为有可能引发其他社会问题的潜在高危人群。

（五）城市边缘青年对生活缺少规划，对身心健康不太关注，心理自我调节能力较差，自我改变动力不足

城市边缘青年既不太关注身心健康，对生活也缺少规划，成为造成心理问题的又一根源。CSS2015 调查显示，近六成（59.4%）的人没有进行过定期体检，有 53.4%未能做到坚持健身。有 27.5%的人认为“我不规划我的生活，因为对我来说，很难提前规划什么”，32.4%“对未来一年到两年的生活有规划”，34.3%“会规划未来三年到五年的生活”，仅有 5.9%“会提前规划自己未来五年到十年的生活”。对于“即使生活可以从头再来，我也没什么想要改变的”这一说法，20.2%的人持“赞成”态度，13.3%持“一般赞成”态度。这就表明部分城市边缘青年缺乏自我改变动力。在遇到困难、挫折或问题时，他们不善于调整自我心态，相当多的人放任负面情绪的累积，或以极端的方式来进行发泄，引发城市边缘青年违法犯罪行为相对高发等新的社会问题。

三、解决城市边缘青年群体心理问题的对策建议

（一）深化制度改革，为城市边缘青年提供公平正义的外部环境

进一步深化户籍制度改革，推进积分落户制度和居住证制度，剔除附加在户籍制度上的各种不合理功能。完善社会保障机制，确保城市边缘青年尤其是新生代农民工群体平等享有所在城市的社会保障，解决心理问题，弱化冲突意向。推动教育培养制度改革，加大城市边缘青年社会能力的培训，增强其自我效能感，为该群体的人际交往搭建互动平台；既关注职业技能的发展，又注重有利于他们长远发展的人生技能的提升。建立基于城乡统筹发展下的公共文化服务体系协调机制，促进城乡基本公共文化服务标准化、均等化，使农村青年在进入城市之前就初步形成适应城市生活的思想观念、法制意识、行为方式和生活习惯等，有效减少因文化冲突而产生的心理健康问题。

（二）提升社会宽容度，通过各种途径消除城市居民对城市边缘青年的误解与歧视

城市边缘青年如果难以感受到社会的宽容，就无法缓解他们的心理问题，反而会加重他们的心理负担，引发心理疾病。CSS2015 调查显示，城市边缘青年对社会的宽容程度评分只有 5.76 分（总分为 10 分）。为此，要切实采取措施提升城市社会的宽容水平。同时，要通过各种途径尤其是政策宣传、大众媒体和互联网，共同构建起城市边缘青年尤其是新生代农民工的正面形象，加强市民认同，鼓励市民接纳。要塑造优秀典范，为城市边缘青年树立学习的榜样，帮助他们尽快融入城市，从社会边缘融进城市社会。

（三）建立社会支持网络和社会交往平台，增强城市边缘青年的归属感

要充分发挥社区的服务作用，将城市边缘青年尤其是新生代农民工群体纳入统筹安排的范围。搭建城市边缘青年城市融入的承接平台，通过形式多样的社交活动，加强市民同农民工的社会交往，缩小彼此的社会距离。帮助城市边缘青年在城市中建立完善社会支持网络，减弱其孤独感与被遗弃感，增强心理归属感。积极整合社会资源，在城市边缘青年聚集的地区，设立心理咨询机构或心理咨询工作室，主动了解其心理状态，开展免费心理咨询，及时疏导其不良情绪和消极社会心态。

（四）重视心理健康教育和心理调适能力的培养

在家庭教育上，城市边缘青年要树立正确的亲子关系理念，要与自己的父辈以及与自己的子女建立起健康积极的亲子关系，既要采取措施弥补自身早期

与父辈亲子关系不融洽的缺陷，又要避免与自己子女再次陷入亲子关系互动缺乏的泥淖。政府、社会以及企业要积极传播正确的家庭教育理念，积极关注留守青少年的精神需求和心理健康，充分利用教师家访、社会活动、舆论倡导等多种途径和方式，帮助留守青少年形成健康的社会心态，学会管控自己的社会情绪。各级学校要采取切实措施，确保农民工子女健康快乐成长，学会与人交往和沟通，学会集体活动和团体生活，对不合群或心理问题初步显现的青少年进行及时干预和治疗。

（五）城市边缘青年应注重个人素养提升，增强心理抗挫折能力

城市边缘青年尤其是新生代农民工要不断提高自我认识的能力，包括积极悦纳自我的能力和有效管控自我的能力。要从封闭狭小的生活圈中走出，积极参与到广泛的社会交往和社会互动之中，增强自己在城市社会中的适应能力。要积极发挥自我增能的作用，主动汲取心理健康方面的知识，阅读相关书籍，掌握调适技巧，有效提高心理健康水平，增强心理抗挫折能力，有效管控自己的心理问题，将心理问题带来的负面影响降至最低限度，尽可能形成健康的积极心态。

当代青年群体中“小而美”现象调研报告

邓希泉　郭元凯*

摘　要：作为一种个人心境或主体构想，“小而美”现象一直以零星的个体化方式而存在，因个体化、分散化、范围窄等特性，及其影响无关大局、未能达到一定规模、未能形成一种社会现象，从而未能进入社会结构前台而受到关注。通过对165536份问卷的调查分析，当前的“小而美”现象主要表现为青年的个体心境而非价值观念；虽然“小而美”现象获得了大多数青年的认同认可，并有着较大的潜在青年人群基础，但当代青年仍具有蓬勃的青春活力；“小而美”现象对青年发展兼具积极作用与消极作用，青年群体对“小而美”现象的作用判断未形成较统一的看法。鉴于“小而美”既具有时代的进步作用，也伴随着消极影响，建议要加强调查研究，科学分析“小而美”现象的本质，辩证科学系统地认识和正确对待“小而美”现象；要防止出现对“小而美”现象的污名化或美化的极化现象，确立符合我国宏大发展目标需要的“小而美”价值观；要引导“小而美”与“大而强”的无缝对接，实现两者同频互动和相互促进。

关键词：“小而美”；青年；价值观；社会主义核心价值观

随着我国经济社会、政治文化环境的变化，青年价值观呈现出多元化、层次化的新特点。“就价值目标而言，由理想主义向现实主义转化；就价值主体而言，由群体本位向个体本位转化；就价值评价而言，由排斥向宽容转化。”（范雷，2017）在国家大力提倡青年需要树立远大理想的背景下，部分青年由于受到工作、生活压力，开始倾向于追求身边微小而确定的幸福。“小而美”的价值

* 邓希泉，中国青少年研究中心青年发展研究所研究员、博士，主要研究领域为青年本体、青年现象、青年发展理论、马克思主义青年观；郭元凯，中国青少年研究中心青年发展研究所负责人、助理研究员、博士，主要研究领域为青年发展、青年政策。

观现象具体内涵是什么？当前青年中是否广泛存在这种价值观现象？该现象对青年发展以及对国家思想政治教育的影响亟须我们厘清。2017 年 5 月，中国青少年研究中心在全国 31 个省（市、自治区）开展了“当代青年群体中‘小而美’价值观现象研究”调查，课题组通过非严格抽样，对 17688 名 47 岁以下的中青年（1970 年以后出生）进行了问卷调查，其中，14~35 岁青年为 16536 人。基于调查数据和座谈访谈资料，形成了“当代青年群体中‘小而美’现象调研报告”。

一、青年“小而美”现象的总体状况与主要影响

作为一种个人心境或主体构想，青年“小而美”现象一直以零星的个体化方式而存在，因个体化、分散化、范围窄等特性，及其影响无关大局、未能达到一定规模、未能形成一种社会现象，从而未能进入社会结构前台而受到关注。但随着 80 后全面在职业角色中进入中坚角色，90 后全面进入职业角色，00 后主体意识开始崭露头角，青年代际变迁伴随社会变迁进程而使青年现象呈现出诸多变化，青年“小而美”现象就突如一夜春风后的千树万树梨花，成了一种凸显的青年现象。

（一）“小而美”现象在青年群体中已经呈现出一定规模的渗透效应，青年“小而美”价值观现象有着较大的潜在青年人群基础

青年“小而美”现象正在各个方面、各个层面、各个群体中或多或少地表现出现。在多个热词反映青年生活状态的多项选择中，有 27.5%的青年认为“小而美”是自己的实际状态。从青年群体的主观判断方面看，有 16.3%的青年认为自己的青年朋友中有一大半处于“小而美”生活状态，29.0%的青年认为自己的青年朋友中有一半处于“小而美”生活状态，认为有一小半或很少的青年占比分别为 22.1%和 10.0%，认为自己“说不清”占比情况的青年有 22.6%。从相对客观的量表测量方面看，本次研究通过对青年的以幸福为主要内容的人生观、家庭生活与事业发展的关系、最好生活状态的评价标准、工作评价标准、目标对人生的重要性、大城市工作成功的标志、生活环境与人生奋斗的关系这七个方面的价值观念，作为衡量“小而美”价值观的量表。调查问卷分别采用“生活上应该知足常乐”“家庭生活比事业发展更重要”“随心所欲、自由自在是最好的生活状态”“工作是否稳定、轻松是求职的首要标准”“人生不需要远大的目标，生活能够安逸舒适即可”“在大城市工作，有房有车就算成功了”“现在环境变好了，没必要像老一辈那样艰苦打拼”等 7 道观点题构成测量量表，每道题均用 1~5 分来测量，1 分表示非常赞成，5 分表示非常不赞成。量表

总分为 7~35 分。其中，7 分为已经具有“小而美”价值观，8~14 分表示基本形成“小而美”价值观，15~21 分表示传统价值观与“小而美”价值观并存，22~28 分表示传统价值观仍占主导地位，29~35 分则表示仍处在传统价值观之中。量表测量的结果显示，青年群体中已经具有“小而美”价值观（量表测量得分为 7 分）的比例为 1.2%，基本形成“小而美”价值观（量表测量得分为 8~14 分）的占比为 6.7%；也就是说，有 7.9%的青年表现出不同程度的“小而美”价值观。另外，传统价值观与“小而美”价值观并存状态（量表测量得分为 15~21 分）的青年占比为 50.4%，表明“小而美”价值观现象拥有较庞大的潜在青年人群基础；传统价值观占主导（量表测量得分为 22~28 分）和仍处在传统价值观之中（量表测量得分为 29~35 分）的青年比例分别为 39.3% 和 2.4%。

尽管“小而美”现象在青年群体中不断获得认同基础，但青年生活状态主流和主导价值观念仍是传统的，是与社会主义核心价值观相一致的，是符合党和政府以及全社会对青年的积极期待的。在青年对生活状态的自我评估中，选择比例最高的分别是“奋斗的青春”（69.0%）和“小目标”（62.6%）；其次，分别是“热血的青春”（44.9%），“小确幸”（38.9%）；单身狗（37.4%），奉献的青春（33.7%），吃瓜群众（31.0%），洪荒之力（29.3%），与祖国共奋进（26.7%），小而美（27.5%），葛优躺（20.4%），小确丧（微小而确定的沮丧）（18.7%），蓝瘦、香菇（17.8%），空巢青年（15.2%），蜗居（14.2%），老司机（12.6%）等，都有一定比例的青年选择。从中可以发现，“小而美”“小确幸”作为一种个人心境和生活状态，在相当大比例的青年中存在；另外，一些包括单身狗、吃瓜群众、葛优躺、小确丧等比较消极的情绪和状态也在一定范围内存在。这种情况也表明，“小而美”现象在青年群体中以不同方式、在不同方面得到了表现，但作为一种相对成熟固化的社会心态或价值观念，则尚未在社会结构中站稳脚跟。

青年之所以选择“小而美”的生活方式，主要是因为主动与被动的结合，有 48.8%的青年持这一观点；认为是主动选择的青年占比为 17.7%，认为是被动适应的占 14.7%，有 18.8%的青年对此“说不清”。对于“小而美”生活状态的发展趋势，有 49.8%的青年认为将“日益普遍”，有 16.3%的青年认为会维持现状，有 9.2%的人认为会逐渐减弱，对此“说不清”或判断不出发展趋势的青年占比为 24.7%。

（二）“小而美”现象获得了大多数青年的认同认可，但认为自己拥有“小而美”生活方式或价值观念的青年比例较低，当然青年仍然有蓬勃的青春活力

当代青年适应社会发展的进展是多方面的，对不同文化、多元价值观念都有越来越高的容忍度。调查显示，54.7%的青年比较认同“小而美”“小确幸”，持“非常认同”的比例为7.5%，“不太认同”和“很不认同”的分别占16.3%和2.7%，“说不清”自己态度的占18.8%。对于青年追求“小而美”“小确幸”这一现象，认为“值得推崇”的青年比例为8.3%，认为“可以接受”的占38.8%，认为“人各有志”的占39.4%，认为“不可接受”的占2.7%，对此“说不清”的占10.8%。

虽然“小而美”现象日渐扩大在青年群体中的领域，但大多数当代青年仍然葆有青春激情，并不安于现状，仍有努力拼搏的强烈意愿。调查结果显示，青年平常比较关注的方面主要是：社会热点（65.1%）、朋友动态（52.6%）、时政要闻（47.7%）、生活休闲（42.1%）、民生热点（39.7%）、人文历史（35.2%）、政治经济（27.7%）、明星八卦（26.5%）、购物美食娱乐（25.5%）、健康养生（22.7%）、科技互联网（19.7%）、趣味笑话（17.2%）、军事（14.7%）、旅游资讯（14.2%）。在对“青春”内涵的界定上，选择“热血奋斗”的青年占比为76.6%，其他分别是：责任担当（41.8%）、创新创造（35.3%）、享受快乐（34.3%）、自由随性（31.0%）、奉献社会（22.8%）、磨难坎坷（22.6%）、追求成功（19.6%）、稳定安逸（7.6%）、自我优先（4.7%）、减少风险（2.1%）、拒绝失败（1.4%）。

对于理想信念对青年发展的重要性，青年仍然有清醒的认知。调查结果显示，认为树立远大理想信念对自己很重要的占30.1%，认为比较重要的比例为42.9%，认为不太重要和很不重要的比例分别为13.6%和2.6%。在对改善自己生活状态的意愿方面，24.1%的青年改善意愿非常强烈，51.3%的青年改善意愿比较强烈，改善意愿不强烈和基本没有改善意愿的青年比例分别为10.1%和2.6%。对对改善生活状态的努力程度方面，14.2%的青年认为自己非常努力，认为比较努力的占52.7%，认为不太努力和很不努力的分别占21.9%和3.0%。

（三）“小而美”现象对青年发展兼具积极作用与消极作用，青年群体对“小而美”现象的作用判断未形成较统一的看法

“小而美”以及“小确幸”现象的存在，从青年个体角度来看，它表现出其积极作用。因为它是一种形式多元的生活方式，可以有效凸显青年个体的主体性，同时青年采用“小确幸”的方式有利于缓解在紧张工作与生活中的压力，

缓解社会冲突，进而提升生活满意度。调查结果显示，青年认为“小而美”“小确幸”可能带来的积极影响主要是：增加生活趣味（49.2%）、缓解压力（43.2%）、提高幸福感（42.1%）、提升生活质量（41.5%）、凸显青年主体性（29.3%）、促进社会和谐（27.1%）、融洽人际关系（24.9%）、增强生活满意度（21.3%）、缓解社会冲突（13.3%）、形成多元文化（8.2%）。

“小而美”现象也有消极影响。青年在人生发展中，如果仅把“小而美”作为信条或价值观念，而忽视远大理想信念的树立，很容易造成人生道路预见性不足等问题的困扰。但是如果上升到整个青年群体，“小而美”以及“小确幸”就会表现出其弊端。一旦“小而美”现象成为一种青年群体的社会心态，形成普遍的群体价值观念。它会使青年逃避竞争，严重消解青年持续奋斗的动力，使青年过度关注个体的利益，安于现状，而不承担时代赋予他们的责任，进而否定集体主义，冲击主流的核心价值观。在青年看来，“小而美”“小确幸”可能带来的消极影响主要是：安于现状（63.6%）、缺乏理想和目标（56.7%）、消解青年奋斗的动力（40.6%）、成为一种人生麻醉品（25.8%）、不承担应该肩负的社会责任（21.9%）、人生格局受到局限（21.3%）、看不清青春的大意义（19.0%）、逃避竞争（18.3%）、冲击主导价值观（16.8%）、对集体主义的否定（16.0%）。

青年群体对“小而美”现象的利弊判断没有形成统一意见，各种意见纷争不下。调查结果显示，从整体上看，有35.6%的青年认为“小而美”“小确幸”给青年带来的影响是利弊相当，认为利大于弊的占30.2%，认为利小于弊的占9.9%，而对此“说不清”的占24.3%。因此，分析和解读“小而美”现象，一定要明晰其具体指向。既不能全盘否定“小而美”作为一种生活方式的价值，同时不能忽视“小而美”作为个人主义价值观存在导致青年难以树立远大的理想信念的危害。

二、青年“小而美”现象的本质与内涵

随着我国经济社会、政治文化环境的变化，青年价值观中的后现代性价值观开始发育形成。美国学者英格尔哈特在“世界价值观调查”中，对中国价值观进行了历史纵贯研究和与他国的对比研究，认为中国在21世纪初期尚未进入后物质主义价值观阶段，但在2007年已经出现了优先价值观的代际转变迹象，青年在淡化对物质主义价值观的强调而日益重视后物质主义价值观。当前，部分青年尤其是90后青年，既因为经济社会发展创造的价值观成长发展新空间，同时由于受到工作、生活压力，开始倾向于追求身边微小而确定的幸福，揭开了我国后物质主义价值观代际变迁的大幕。

（一）“小而美”价值观现象是“小而美”现象的重要方面，当前的“小而美”现象主要表现为青年的个体心境而非价值观念

“小而美”现象具有两层含义。首先，“小而美”是青年群体首倡和追求的生活状态和主体心境，是一种典型的后现代生活方式和生活标准。“小而美”并不是格局小，而是力求做到生活上的精细，以达到自己身心的满足。它是从个体的感觉出发，关注日常生活，凸显精神生活的重要性。其次，“小而美”是一种社会价值观，是后现代性价值观的重要方面，并成为一种为相当多社会成员所认可和遵从的普遍社会心理；作为经济社会发展和公民主体性凸显的一种必然结果，是社会经济发展达到相当高的水准、社会容忍度明显提升、多元价值观念并存下的尊重公民主体的自由发展的、充满后现代性的“个人主义”。调查结果显示，认为“小而美”现象是青年的个人心境（27.5%）、生活方式（18.4%）和生活状态（12.1%）的比例，共计达到了58.0%，有31.5%的青年则认为“小而美”实际上是一种价值观念。也就是说，大多数青年认为“小而美”是自己主观心态的反映，是自己的一种生存状态，或者是一种适应城市快节奏和职场竞争激烈的生活方式。可以发现，当代青年“小而美”现象，是“小而美”价值观现象与“小而美”生活状态现象同时存在、相互影响、共同缠绕的复杂青年现象。其中，作为当代青年的个人心境或生活状态的“小而美”现象，表现得相对充分；作为青年“小而美”价值观现象的方面，其表现并未充分展开。

对青年个体来说，“小而美”现象是个人心境和生活状态的结合；对青年群体来说，“小而美”现象则是价值观念和生活方式的结合。“小而美”现象反映当代青年的一种生活状态，也表现为少数青年的一种政治态度或青年文化。从内涵上看，当代青年将“小而美”现象界定为一种更重主观感受、个人体验和精神生活、回归主体本身和关注日常生活的生活方式。其中，“自我表现”“主体意识”或“自主意识”，是“小而美”现象的主体内涵，主要包括自由表达、参与决策、社会宽容、性别平等和环境保护等方面，强调社会主体的平等地位和作用发挥。在青年看来，“小而美”“小确幸”的内涵主要包括：“对自己负责”（58.1%）、主观需求的满足日益重要（42.4%）、不给自己设过高目标（40.4%）、凸显精神生活的重要性（36.0%）、从个人感觉出发（31.0%）、注重人际关系融洽（30.1%）、关注日常生活（29.8%）、不注重物质生活（9.6%）。从中可以发现，研究当代青年“小而美”价值观现象，必须研究当代青年“小而美”生活状态现象。当代青年“小而美”生活状态现象和个体心境

现象，是研究当代青年“小而美”价值观现象的钥匙。因此，课题组认为，要把当代青年“小而美”价值观现象和“小而美”生活状态现象这两个方面同时进行研究，统称为当代青年“小而美”现象研究，并且通过对当代青年“小而美”生活状态现象研究来更深刻地揭示青年“小而美”价值观现象的本质、影响与发展趋势。

（二）青年“小而美”现象是后现代性的重要方面，呈现为不可逆转的发展趋势

青年“小而美”现象是经济社会发展的必然结果，是一种不可逆转的社会发展趋势，有着深刻的经济、社会和制度等综合性成因。一是经济社会不断发展并进入高度发达水平，物质生活得到极大丰富以及后现代主义思潮，必然带来生活方式的转变，追求生活方式精细化会成为相当多社会成员的自由选择。二是青年主体性日益凸显，价值观呈现多元化，青年不再被禁锢在一元的价值体系之中，更加追求个体的自由与解放。三是经济社会转型速度加快，社会风险加大，生活不确定性日益增多，各种压力不断增大并形成压力累积，为了缓解心理压力和疏解负面情绪，青年采用“小而美”生活方式来进行心理调适和行为调适，是为了摆脱“不安定感”和“失落感”而进行的心理慰藉和行为释放。调查结果显示，青年认为“小而美”“小确幸”现象产生的主要原因是：“生活水平提升”（47.8%）、“寻求新的生活方式”（45.9%）、“压力大”（31.7%）、“青年主体性凸显”（31.5%）、“追求更高的生活品质”（24.2%）、“生活不确定性多”（22.2%）、“未来预期不明确”（21.2%）、“多元文化并存”（20.7%）、“心情烦躁压抑”（10.2%）、“不求成功拒绝失败”（9.5%）、“人际关系复杂”（8.3%）、“回归家庭的需要”（7.8%）“减少风险做平凡人”（7.3%）“改变命运的努力没有成效”（6.1%），以及“生活缺乏新鲜感”（5.7%）。从中可以看出，相当多的青年认为“小而美”现象是政治经济社会发展的积极成果，是对青年主体性凸显和生活水平提高的积极回应，也是当前青年发展主要困难的时代反映。从代际差异看，根据前述“小而美”价值观的量表测量结果看，70后中拥有“小而美”价值观的比例为7.8%，80后中的比例为6.0%，90后和00后中的比例则分别为8.1%和11.6%；从“小而美”价值观的潜在人群占比看，70后、80后、90后和00后的比例分别为39.0%、46.1%、52.2%和54.8%。可以看出，代际差异明显，表现出新生代中“小而美”价值观现象更加明显，成了一种历史发展的必然趋势。从现实经验和调查结果可以看出，“小而美”的产生是一种政治经济社会发展的必然结果，是青年发展困境的一种较好的应对方式，整体上表现为经济社会发展的正向结果。“小

而美”现象潜在的最大消极影响，就是容易成为一种淡化青年主体的奋斗性以及时代责任的价值理念。

（三）“大而强”决定“小而美”，“小而美”促进“大而强”，并非一对矛盾体

青年对“小而美”与“大而强”的关系认知以正面为主，强调两者相辅相成的关系，主张“大而强”决定“小而美”，“小而美”促进“大而强”，而不是将两者视为对立、看作一对矛盾。曾经有观点认为，当今的“小而美”是对“大”与“强”的切割与隔离，唯其“小”，才能保证其“美”。课题组经过调查研究认为，该结论有失偏颇，在理论上并不成立，在现实中也并非广大青年的真实想法和生动实践。调查结果显示，36.6%的青年认为只有“大而强”，才有“小而美”；36.8%的青年认为“小而美”可以促进“大而强”；只有6.9%的青年认为有没有“大而强”，“小而美”都有可能；有6.3%的青年认为只要有“大而强”，必定有“小而美”；认为“大而强”与“小而美”是一对矛盾的青年只占1.9%；持不在乎“大而强”，只在乎“小而美”观点的青年只占1.5%，认为“大而强”与“小而美”关联性不大的青年占3.1%。相当多的青年对“小而美”与“大而强”的关系有正确认知。他们深知，“小而美”与“大而强”并非相互对立，而是有机的整体，相互促进。正是有“大”和“强”作为强大基础而存在，才能体现出“小”与“美”的特殊与珍贵。调查结果显示，分别有44.4%和7.9%的青年认为“小而美”对“大而强”价值观念产生了一定强化和很大强化，分别有19.9%和8.9%的青年认为“小而美”对“大而强”价值观念产生了一定冲击和很大冲击。

三、青年群体“小而美”现象的特殊性

（一）青年“小而美”现象出现和初步形成超越了我国经济社会发展阶段，我国经济社会结构调整和社会主义核心价值观体系建设对此未能有效吸纳

“小而美”现象一般是经济社会高度发展后社会分化多元的一种必然结果，“小而美”价值观的本质是一种典型的后现代主义价值观。面对青年群体中以“小而美”和后物质主义为代表的后现代主义价值观，我国经济社会发展动力、主导价值观体系构建、全面深化改革进程等方面均未做好对接准备。正如我国老龄社会的到来超越了我国经济社会发展水平发展阶段一样，对于“小而美”价值观的到来，我们的经济社会发展水平、国家社会民族的发展目标及其实现路径，尤其是相应的主导价值观念并未做好准备，未能有效应对“小而美”价

值观带来的潜在负面效应。“小而美”现象尤其是“小而美”价值观，在我国表现出特殊性，是我国前现代性社会、现代性社会和后现代性社会并存而引起的不同时期主导价值观的相互缠绕问题。

（二）青年“小而美”现象尤其是“小而美”价值观现象具有减少消极作用的改进空间

“小而美”价值观并未在社会结构中得到稳固，尚在形成过程之中。调查结果表明，“小而美”现象在不同代际之间的差异非常明显。“小而美”现象的有些方面，在70后、80后这两个代际群体中先期有所巩固，但并未被90后和00后所认可和践行。调查结果显示，在把“小而美”现象视为一种价值观念方面，70后、80后、90后和00后的比例分别为36.6%、33.2%、31.8%和15.7%；把“小而美”现象视为一种个人心境方面，四个代际群体的比例分别为24.8%、26.1%、27.2%和31.3%；把“小而美”现象视为一种生活方式方面，四个代际群体的比例分别为18.0%、17.1%、18.4%和22.8%。从中可以看出，70后和80后倾向于把“小而美”视为一种价值观念，但90后和00后更倾向于将其视为一种生活方式或个人心境。同时，“小而美”“小确幸”存在青春后期化现象。也就是说，“小而美”价值观念或生活方式的相对稳定群体是青年群体中的高阶年龄段，是在25岁以后才更有可能表现出来的一种生活方式或价值观念。这种时间和空间，就为消减“小而美”现象的潜在消极影响提供了改进可能。

（三）青年“小而美”现象的传播路径呈现为梯级序列，存在“台湾式”和“底层式”两种变异情形

通过对调查数据的省际对比、文化程度对比、职业对比的结论可知，青年“小而美”现象传播路径，一般是从大城市到中小城市，从发达地区到欠发达地区，从知识分子青年群体到一般青年群体，从拥有工作相对稳定收入较高的职业青年到充满竞争和风险的职业青年。

当前青年“小而美”现象存在两种变异情形。一种状态的表现是追求价值的多元化，希望不改变现有状态，喜欢在一种生活模式中长期生活以及那些微小而确定的幸福。在欧美以及台湾地区的青年群体中普遍存在着“小确幸”状态，我国台湾青年中“小确幸”现象也相当明显。整体来看，这是一种缺乏国际视野、局促在小范围内的井底之蛙的生活方式，是一种变异的生活方式，必须摒弃。另一种是下层青年的得过且过的“小确幸”现象，下层青年或者丧失向上奋斗的动力，或者奋斗状态没有可持续性。这两种变异情形与青年发展问题累积形成负面的连锁反应。

四、青年群体“小而美”现象的工作建议

（一）加强调查研究，科学分析“小而美”现象的本质，辩证科学系统地认识和正确对待“小而美”现象

“小而美”是国家经济社会不断发展的必然结果，也是青年群体主体性不断凸显的表现；既具有时代的进步作用，也伴随着消极影响，整体上利大于弊。“小而美”现象既是一种个人心境和生活方式，也是一种社会心态和价值观念。当前对于“小而美”现象的判断，很多出于个案式的思辨式的结论，导致对这种新青年现象的认知与判断有可能产生误差。为此，必须运用现代科学调查方法、大数据方法来科学准确分析“小而美”现象，从而做出科学决策。要通过深入的分析研究，了解和把握“小而美”现象带来的积极作用，尤其是“小而美”现象与青年发展之间的内在机理与作用路径。同时，要深入分析“小而美”现象的潜在负面影响，尤其是要把握青年社会化过程中“小而美”作为一种个体心境或生活状态转变为价值观念现象的开闭条件与环节，通过及早地发现与预防，切实防止“小而美”现象成为当代青年的群体心态和主流价值观，从而有效避免青年“小而美”现象逐步滑向青年个人主义而冲击社会主义核心价值观。

（二）为“小而美”现象正名，防止出现对“小而美”现象的污名化或美化的极化现象，确立符合我国宏大发展目标需要的“小而美”价值观

青年“小而美”现象作为一种新现象，是适应历史发展的必然，但并不是好得很；虽然是洪水猛兽，但也不是坏得很。当前，由于对“小而美”现象不太了解，党和政府以及理论研究界是以担忧心态为主。社会对“小而美”现象的担忧，主要表现为“小而美”现象对政治结构、主导价值观、青年责任等方面产生的消极影响，认为“小而美”就是不要主流价值、与政治保持距离、鼓励青年不参与竞争，等等。这些看法也是部分理论研究者对“小而美”现象的一种本质界定。对“小而美”现象的这种误解，主要是基于预设立场、以固化思维和守旧心态而形成。调查结果显示，这些观点看法确系误解。在青年看来，“小而美”“小确幸”的内涵中包括“与政治保持距离”（8.1%）、“不要主流价值”（5.2%）、“不参与竞争”（4.9%）、“不必要对社会负责”（4.3%）的比例很低，与高达58.1%的青年认为“对自己负责”、主观需求的满足日益重要（42.4%）和凸显精神生活的重要性（36.0%）等方面相比，彼此间的差距非常大。因此，对青年“小而美”现象，必须给予科学的正名，不能采取全盘否定的态度，不要对其采取污名化的策略，也不要扩大其消极作用。尤其要注意对

“小而美”现象的恰当定位，阻断青年因逆反心理、猎奇心理或从众心理的影响而被动进入“小而美”状态的路径。为此，对“小而美”现象，有 69.2%的青年认为政府相关部门应该：正确引导“小而美”与“大而强”相结合，有 19.1%的青年认为要积极鼓励。在推进社会主义核心价值观建设进程中，要充分吸收“小而美”现象的合理性和积极因素，通过社会主义核心观的建设来引领“小而美”现象的优化。

（三）引导“小而美”与“大而强”的无缝对接，实现两者同频互动和相互促进

引导“小而美”与“大而强”的无缝对接，就是要推进“小而美”与“大而强”在内容对象、建设路径、青年榜样选树等方面进一步对接，防止“小而美”现象的意识形态泛化，使“小而美”现象只是作为一种个体心境、生活状态和生活方式而存在，不是作为一种价值观念而存在，更不能作为一种对主导价值观念造成冲击的非主流价值观而存在。一是要顺应后现代性不断发展下的、符合中国梦和社会主义核心观内在要求的当代青年幸福观，鼓励青年群体强化自我教育，勇于承担起国家和时代赋予的光荣使命。二是要善于利用新型媒体等现代教育媒介，传播正确的价值观念等，将青年自身的“小确幸”与国家发展的“大梦想”紧密结合起来，在追逐国家“大而强”的大梦的同时，成就自己的“小而美”。三是选树“小而美”与“大而强”无缝对接而成就自身的青年榜样，以青年榜样的价值认知和行为示范，给予那些具有“小而美”价值观的青年能够更好地融入实现“大而强”宏大发展目标的中国特色社会主义青年运动的历史进程之中，切实履行青春的时代责任。

大学生“小而美”现象的质性研究

徐洪芳　邓希泉*

摘　要：针对日渐凸显的大学生“小而美”现象，本文采用“是什么、为什么、怎么样”的逻辑框架，运用质性研究方法，探讨了大学生“小而美”现象的本质、成因与影响，认为大学生“小而美”现象是个体心境、生活方式、社会心态和价值观的结合，是时代变迁、互联网传播、理想与现实的差距，以及自我统合危机共同作用的产物。

关键词：大学生；“小而美”现象；质性研究

近年来，由商业模式发展而来的“小而美”现象日益渗透到社会生活之中，对越来越多的青年群体尤其是青年大学生的日常生活产生了明显影响，“小确幸”“葛优躺”“佛系青年”等成为大学生中的热词，《旅行青蛙》游戏等一度在青年大学生中风靡。因此，有必要深入研究大学生“小而美”现象，科学把握“小而美”现象的本质、成因与影响，为大学生的价值观塑造、政治引领、持久奋斗等提供有益借鉴。

一、大学生“小而美”现象问题的提出与研究方法

（一）问题的提出

当前，越来越多的大学生喜欢“小确幸”（微小而确定的幸福）和“小而美”的生活状态，从身边事、小事、正在做的事中找寻快乐，捕捉幸福感，渐次实现自我的人生大目标。有些大学生则想方设法摆脱“空巢青年”或“小确丧”（微小而确定的沮丧）带来的烦忧，以“小而美”作为自己的人生准则，

---

* 徐洪芳，北京电子科技职业学院辅导员，主要研究领域为大学生思想政治教育、青年社会学；邓希泉，中国青少年研究中心青年发展研究研究员、博士，主要研究领域为青年本体、青年现象、青年发展理论、马克思主义青年观。

满足于现状，失去了奋斗动力，以自我为中心，追求现实享受。对于大学生“小而美”现象，赞成与反对并行，认可与批判共存，污名化与神圣化同处。为更好地认清大学生“小而美”现象，本文采用“是什么、为什么、怎么样”的逻辑框架，主要运用质性研究方法，探讨大学生“小而美”现象的本质内涵、形成原因与主要影响。

（二）研究方法

研究采用半结构访谈的质性研究方法。访谈内容主要包括：个人基本情况，对“青春是用来奋斗的”的理解，对“小而美”或者“小确幸”的了解情况及其原因分析，“小而美”与“大而强”关系等内容。2017 年 10 月至 2018 年 5 月，本研究采用滚雪球的方式共对 17 位受访者进行了深入访谈。从性别看，共 8 位男生和 9 位女生；从专业看，6 位是理工科专业，11 位是人文社科类专业（见表 1）。

表 1　访谈对象简介

编码	年龄	性别	所在高校	专业
F-1	21	女	安徽某大学	电气工程及其自动化
F-2	23	女	广东某大学	法学
M-3	23	男	河北某大学	生物工程
M-4	22	男	河北某大学	电子信息工程
M-5	21	男	河北某大学	软件工程
F-6	22	女	安徽某大学	思想政治教育
F-7	23	女	河北某大学	生物工程
M-8	21	男	河北某大学	工商管理
M-9	23	男	吉林某大学	马克思主义中国化
F-10	23	女	广东某大学	法学
F-11	21	女	北京某大学	新闻
F-12	23	女	南京某大学	马克思主义基本原理
M-13	24	男	天津某大学	地理科学
M-14	23	男	河北某大学	生物工程
F-15	21	女	广东某大学	法学
F-16	20	女	北京某大学	新闻
M-17	21	男	北京某大学	新闻

（访谈编码方式为：性别+序号。男性编码为 M，女性编码为 F。）

二、大学生对“小而美”现象本质内涵的认知与判断

个体心境、生活方式、社会心态以及价值观念是层层递进的关系，其中价值观是最高层次的，也是最稳定的。一种新的文化形态的演变、某一思想的成熟都会沿着个体心境、生活方式、社会心态这一逐级上升的路径成为个人甚至国家主导的价值观念。这四个层级也是“小而美”现象本质内涵的研究逻辑。

（一）“小而美”式的个体心境

心境是一种比较微弱而持久的、使人的所有情感体验都感染上某种色彩的情绪状态①。一般来说，在不同阶段，人的心境是不一样的。心境不同是因为所处环境发生变化，不仅外在氛围发生变化，内在心理也发生变化。处于大学阶段，大学生面临着学习任务、人际交往以及对前途迷茫的压力，日常生活与中小学生活截然不同，“进入大学就相当于进入了半个社会”，真正的社会化已然从大学阶段开始了。正是由于这些方面的影响，大学生逐渐形成了一种“小而美”的心境，因此，“小而美”是大学生所有情感体验的情绪状态。

“小而美”大概是形容一种东西的状态或者一个人的心境吧……（F-1）

我觉得应该是形容精致而美丽的意思吧，是人的一种心境……（F-12）

在这种状态下，大学生会将各种压力暂放一边，从日常生活的小事中寻求快乐与幸福，并因这些小事而感到幸运与美好。心境分为积极愉快的心境和消极不愉快的心境，“小而美”则是一种积极愉快的心境，能够通过自身的努力而感知日常生活中微小而确切的幸福感、琐碎而真实的获得感，能够发现日常生活中的美好并以此为乐，这种积极愉快的心境能使人振奋，有助于发挥人的积极性。因此，这种“小而美”心境有助于大学生找到自我，形成正确的自我认同，帮助他们在困境中求得生存，并从中寻求生活的乐趣。

“小而美”大概是指小的美好的东西，具体也不太了解。“小”可能指的是平常平淡或者比较小的瞬间，意义比较重要，“美”就是生活中的某个片段会比较温馨或者有意义吧……（M-8）

我觉得应该是类似“小确幸”一类的词，懂得珍惜生活中每一点微小的幸福……（F-6）

① 裴娣娜，刘翔平．中国女性百科全书·文化教育卷［M］．东北大学出版社，1995：65.

（二）“小而美”式的生活方式

生活方式是“不同的个人、群体或社会全体成员在一定的社会条件制约和价值观指导下，所形成的满足自身生活需要的全部活动形式与行为特征的体系”①。一定社会条件的制约形塑了大学生的生活方式，使得他们形成了一种“小而美”的生活方式。

> 每个人心中都有一杆秤，都可以用来衡量生活中的美。我觉得只要适合自己正常的平衡的生活状态，使自己的身心都处于最佳的减压状态，时常保持开心的情绪，就是最好的生活方式。（M-9）

作为一种生活方式，“小而美”现象表现出后物质主义的生活标准，是当代大学生缓解外在压力的一种方式，“小确幸”就是其中的一个典型表现。大学生对生活方式的理解和理想中的生活方式，与现实生活中的生活方式有较大差距，特别是在他们面临着学业、就业等压力的情况下，真实状况大打折扣。“丰满”的理想在“骨感”的现实生活中已然变形，大学生在遭遇现实的骨感后，就只能慢慢改变自己理想的生活方式。生活的磨炼让他们形成了一种“小而美”的生活方式，认为小的也是好的、美丽的，不必强迫自己去追求那些超出自己能力所及的东西，做好身边点滴，偶尔去挑战一下“最近发展区”也是好的。在日常生活中，遭遇现实“骨感”后的大学生，调整了自己的心态，形成了一种适合自己的生活方式，一种他们自己的人生哲学。

> 应该是比较小范围之内的，属于描述个人生活的，不上升到国家……（M-3）

（三）“小而美”式的社会心态

社会心态是一段时间内弥散在整个社会或社会群体/类别中的宏观社会心境状态，是整个社会的情绪基调、社会共识和社会价值观的总和②。简单来说，社会心态是人们对现实社会持有的社会态度。时代决定心态，心态映照时代。人在不同发展阶段，由于外在环境的不同，社会心态也不一样。社会心态虽然产生于社会个体心理，但却以整体的形态存在，影响着整个成员的社会价值取

---

① 中国大百科全书总编辑委员会．中国大百科全书·社会学［M］．北京：中国大百科全书出版社，2002：369.

② 杨宜音．个体与宏观社会的心理关系：社会心态概念的界定［J］．社会学研究，2006：（4）．

向和行为方式，影响着国家经济政治和社会发展大局。心态有好有坏，良好的社会心态会促进个人、社会乃至国家的发展进步，是国家文化“软实力”的重要组成部分，是一种健康向上、催人奋进的国民心态。因而，社会心态可以作为改革发展的“风向标”、文化建设的“晴雨表”、社会稳定的“安全阀”。由此看来，良好社会心态的习成对个人、社会，还是国家都非常重要。

……大概是青年人的一种社会心态或态度吧……（F-12）

“小而美”式的社会心态，它是从一种“小而美”式的个体心境延展而来，经过生活方式的长期沉淀，逐渐成为社会群体的一种心态。“小而美”式的社会心态通过整个社会潮流、时尚、舆论和社会成员的生活感受、对未来的信心、社会动机等表现出来，其中，社会舆论是社会心态的重要表现形式。“小而美”式的社会心态通过社会认同、情绪感染等机制，对社会行动者产生模糊的、潜在的和情绪性的影响。这种心态尚未形成的时候具有比较明显的个性特征，但在逐渐的演变过程中，个性会渐渐模糊，同质性不断增强，从而成为一个群体的社会心态，得到群体成员的认同、模仿和实践。在去除个性化、增强同质性的过程中，社会主义核心价值观需要加强引导，使其成为积极向上、良好的“小而美”式社会心态。

（四）“小而美”式的价值观

价值观是社会成员用来评价行为、事物以及从各种可能的目标中选择自己合意目标的准则①。价值观通过人们的行为取向、对事物的评价和态度等反映出来，是驱使人们行为的内部动力，支配和调节一切社会行为。

个人价值观的提升，开始关注内心，追求小我……（F-15）

“小而美”价值观属于后物质主义价值观，是一种以自我为中心的价值观的表达，表明将自我摆在日常生活中的中心地位，自我的思想和行为都依其而行。与“小而美”相对应的就是“大而强”。有人认为“小而美”是对“大而强”的剥离，有人则认为两者是统一体的两个方面。

“大而强”可能是由很多“小而美”组成的吧，是小目标和大目标之间的关系。（M-8）

（“小而美”和“大而强”两者是）相互促进的关系，小而美为大而强

① 中国大百科全书总编辑委员会．中国大百科全书·社会学［M］．北京：中国大百科全书出版社，2002：113.

奠基，大而强为小而美开辟道路。(F-6)

在被访谈者中，大多数认为“小而美”与“大而强”是相辅相成、相互促进的关系，是矛盾对立的统一关系。由此可以看出，在多数大学生看来，“小而美”式的价值观利大于弊，有利于个人身心的调适，有利于社会发展进步。因此，“小而美”作为大学生舒缓压力的一种方式，不失为大学生积极健康成长的有利因素。

“小而美”侧重个人的享受和对现实的逃避，“大而强”则体现了对家庭、社会责任的承担，把个人感受置之于后。(F-2)

小而美与大而强，两者是对立的……（M-4)

但也有少数人认为“小而美”与“大而强”是对立关系，二者只能择其一。这方面“小而美”的潜在表现是个人的不思进取，满足于现状，没有人生的大目标等，如部分大学生终日以打游戏、看小说、睡觉、追剧等为乐。由此可以看出，“小而美”式的价值观中含有一些不利因素，不利于大学生正确价值观的树立。总体而言，需要对“小而美”式的价值观进行正确引导，将其与“大而强”有机结合，促成大学生正确价值观的形塑。

综上所述，从内涵上看，“小而美”是指“微小而确定的美好”，包含两方面的内容，一方面是指在一定自我规范的前提下，通过自身的努力而感知日常生活中微小而确切的幸福感、琐碎而真实的获得感；另一方面是指在现实中受挫后，转而寻求小的可以实现的目标，甚至满足于现状不思进取，并以此为乐的“小而美”式生活。从本质上看，当前“小而美”现象更多的是一种个体心境和生活方式，是后物质主义价值观在中国的一种表现形式，是一种后现代生活方式和生活标准，且尚未在群体层面上延伸到社会心态和价值观层面，但已存在个别现象，并有向群体层面蔓延的苗头。为此，我们需要做好防患于未然的工作，将其与社会主义核心价值观相结合，从中吸收合理内核，摒除不利因素，积极引导“小而美”现象，为大学生的积极健康成长创造条件。

三、“小而美”现象的成因分析

大学生“小而美”现象从萌芽到初步显现，是各方因素综合作用的结果。结合访谈材料，可以通过从以大到小，先宏观再微观的逻辑进行初步分析。

（一）时代变迁的映射

生产方式是人类社会发展的决定力量，制约着整个社会生活、政治生活和精神生活的过程。一定的生产方式就有与之相应的生活方式。虽然“小而美”的生产方式只是一定范围内的生产方式，但对人们生活的影响还是不可忽视的，一定范围内的生产方式一定程度上影响了人们的生活方式。正是有了“小而美”的生产方式，才使得“小而美”的生活方式有了存在的可能。总而言之，有了“小而美”的生产方式，自然而然就会演化出“小而美”式的生活方式。从经济领域延展到社会文化生活，只是时间先后的问题。随着社会生活加速发展，较发达城市和走在时代潮流前列的大学生中“小而美”的生活方式必然最先萌芽和初步形成。

在发达国家进入后现代社会以后，英格尔哈特发现：随着人们开始越来越强调自主、自我表现和生活质量，后物质主义价值观就出现了。这种转变与生存条件的改变有关——首先就是，先前，人们在成长过程中没有生存的安全感，后来转变为在成长过程中视生存为不成问题。从代际价值观的转变看，英格尔哈特提出了两个关键假设——匮乏假设和社会化假设。匮乏假设是指几乎所有人都渴求自由和自主，但是人们都倾向于赋予最紧迫的需求以最高价值。社会化假设是指物质条件和优先价值观之间的关系，不是能够即时调整的。价值观的转变主要是通过代际的人口更替实现的①。从这两个假设可推导出一些对价值观转变的预测。首先，匮乏假设说明，繁荣促进后物质主义价值观；而社会化假设则表明，基本价值观的转变是渐进的，而且在很大程度上，它的发生伴随着较年轻的群体在成年人口中替代较年老的群体。因而，后物质主义价值观最先在青年群体，特别是在大学生和发达城市的青年群体中出现。

> 我认为是社会水平的不断提高，人们的生活环境好了，可以追求自己喜欢的东西，加上眼界开阔了，受到其他国家观念影响，开始追求小众的，与人不同的，但有价值美好的东西。(F-10)

时间之河川流不息，每一代青年都有自己的际遇和机缘，都要在自己所处的时代条件下谋划人生、创造历史②。大学时代是青年最美好的时期，也是最关键的时期。在当前社会急剧变迁的环境下，社会生产力得到极大发展，人们的物质生活条件也得到了极大改善，后物质主义价值观的兴起是正在凸显的时代表征。对于大学生来说，稳定的价值观念尚未形成，加上世界的深刻复杂变

① ［美］罗纳德·英格尔哈特．发达工业社会的文化转型［M］．张秀琴，译．北京：社会科学文献出版社，2013.

② 中共中央文献研究室．十八大以来重要文献选编（中）［M］．北京：中央文献出版社，2016：2.

化，信息时代各种思潮的相互激荡，纷繁多变、鱼龙混杂、泥沙俱下的社会现象，学业、情感、职业选择等多方面的考虑，开始倾向于追求身边微小而确定的幸福，从而成为后物质主义价值观代际变迁中的一员，揭开了我国后物质主义价值观代际变迁的序幕，彰显了时代变迁的趋势。新时代大学生有着新的机遇与挑战，“小而美”的选择同样是机遇与挑战并存，关键在于他们如何看待并采取行动。

（二）互联网的传播效应

互联网日益普及，一切事物都变得相互联系起来，而不再是单个的孤立场域。在网络这个透视镜下，如今的地球是一个缩小版的地球村，“秀才不出门，尽知天下事”已不再是天方夜谭。作为生产方式的“小而美”也不仅仅停留在生产领域，网络像是“传送带”，携带着“小而美”式的“病毒”蔓延到人们的日常生活领域，影响着人们的日常生活，催生着“小而美”式的生活方式。互联网在青年群体中渗透率基本达到100%，大学生更是互联网能力最强的群体。青年最富有生机活力、最少陈旧观念、能快速吸收新思想、掌握新事物，大学生更是青年特征体现最为明显的亚群体。在互联网这个载体的作用下，青年的独特性尤其是大学生最易受到各种新思想、新事物的影响与冲击，“小而美”就是其中的一例。

> ……基本上受朋友圈的影响。（F-7）
>
> ……在网络上见过“小确幸”，尤其是支付宝。……生活行为和生活习惯的改变，以及外部思想的冲击。主要是生活行为的改变，科技的发展产生了一些新奇的东西，导致人们的生活习惯改变，由此产生一些新名词。（M-3）

在竞争激烈的现代化社会，不论是在职青年，还是处在校园之中的学生群体都面临着各方压力。心境在变化，加之外界因素的影响，特别是在互联网这个催化剂的作用下，作为一种生活方式的“小而美”初露痕迹。伴随着互联网成长起来的青年一代，不光享受了前所未有的极大便利，也承受了极大的成长与发展的压力。“小而美”成了青年缓解外在压力的一种方式。其实，从生产方式的“小而美”演化为生活方式的“小而美”，主要在于二者在理念上有相通之处，因为二者都倡导人的重要性、个性的重要性，都强调精美、别致，都注重“小”而不执着于“大”。基于相通的理念、互联网桥梁作用的发挥以及青年所处的现状，特别是在生产方式影响生活方式这个前提之下，社会生活领域中的“小而美”便最初在部分大学生身上表现出来。

（三）理想与现实的差距

身处“半个社会”中的大学生，需要在大学期间协调好“仰望星空”与“脚踏实地”的关系，确立合适目标及实施举措，为人生的发展做好相应的规划。

> 主要应该是源于对未来美好生活的无限向往与憧憬，而理想与现实所存在的差距往往会使人由大目标向小目标转化。（M-9）
>
> 我基本上是第一次接触这个短语，就我浅层次的了解的话，它如果作为我的目标的导向，我大概会觉得它和贴近生活这个短语比较相似，感觉就是比较实际的小事并对一个人的精神树立有很大帮助的小事。（F-1）

习近平总书记2018年在北京大学的讲话中激励大学生要立鸿鹄之志，做奋斗者，要将“爱国、励志、求真、力行”作为人生准则。大学阶段树立远大理想抱负于一生的发展是非常关键的。虽然理想在遭遇现实的时候，可能会使自我丧失信心，停下前进的步伐。但人生就是如此。在尚未入大学的求学生涯中，自我就是中心，万物围着“我”转；迈入大学后，似乎一切都变了，也才意识到自己的渺小，心理上的巨大落差是大学生必须协调的人生的“槛”。心态积极的人能够意识到尽管自己很渺小，但可以尽自己所能去做自己想做、可以做的事，“万一梦想实现了呢！”现实很残酷，但不能没有梦想，人每天醒来的目的不就是为了奋斗、为了实现梦想，不然每天醒来有何意义呢？青春只有一次，“现在，青春是用来奋斗的；将来，青春是用来回忆的。人生之路，有坦途也有陡坡，有平川也有险滩，有直道也有弯路”，“选择吃苦也就选择了收获，选择奉献也就选择了高尚”①。奋斗是使青春充满意义的灵丹妙药。

> 从外在力来看，很普遍的现象，高中时老师家长都会给你灌输各种观念，如等上了大学你就解放了，而在高中那段时间就会感觉特别紧张啊，很少松懈。从自己看，觉得自己上了三年高中已经很累了，而且自己对大学的概念定义和生活模式，还有考研什么的也不是很清晰。（M-8）

大学生活没有想象中的那么惬意、轻松，学业压力人际交往压力、甚至就

---

① 中共中央文献研究室．十八大以来重要文献选编（上）［M］．北京：中央文献出版社，2014：278.

业压力都在困扰着大学生的日常生活，专业不对口让他们对前途感到迷茫，高校毕业生就业人数有增无减，如此一来更不知未来的自己该何去何从。在理想与现实的撞击下，大学生选择了“小而美”式的生活，有了“小而美”式的心境体验。

现在的自己是努力学习的，但也会遇到一些挫折，就会想逃避，得过且过……感觉这种短暂的幸福会让人我们的生活过得更生动，更满足某些人的需求吧……短期目标的实现有助于远大目标的实现，只是阶段的问题……（M-13）

（四）大学生的自我统合危机

从大学生个人来看，“小而美”现象的形成是有其深层原因的，大致可从生理、心理、人生经历等方面来分析。大学阶段是身心快速发展的阶段，大学生不仅经历生理的成熟，而且还会经历心理、社会的成熟。按照埃里克森的“八阶段理论”看，当前大学生大约横跨八阶段理论中的第五和第六阶段，即青春期和成年早期。青春期是自我同一性和角色混乱的冲突时期，这一时期主体逐渐成长，在社会化的过程中，面临着新的社会要求和复杂的社会环境，这就使得大学生容易产生价值混乱，难以形成有效的自我同一性。成年早期主要是亲密对孤独的冲突时期，在这一时期主体渐次形成了牢固的自我同一性，并尝试与他人的同一性相融合。如果融合得好，就会形成亲密的人际关系，否则就会产生一种孤独感，不利于人际关系的健康发展。自我同一性危机以及亲密关系危机等自我认知与学业压力、人际交往压力等社会认知相碰撞，大学生容易遭遇综合性难题。处理得好，就有可能迎来今后美好的生活；处理得不好，带来的消极影响则是深远的。可以说，“小而美”是大学生处理这些难题的一种挑战性选择。

从访谈材料来看，大致可分为两类：对于那些性格开朗、心态好、有能力的人来说，这种选择就被视为明智之举，视“小而美”为人生的过渡、生活的调节器，最终目的是实现“大而强”的人生规划。

我觉得是性格，或者是人生经历，大起大落后长期形成……当我更能珍惜生活中的幸福时，才更有决心和毅力去树立或完成更远大的目标。（F-6）

一步一步慢慢来，先小目标，再大目标，开心生活，不要太大压力就行。（M-9）

反之，则是一种逃避现实的无奈之举，视“小而美”为人生目标，安于现状，不思进取。

对现在所处的环境的不满和对自己的放纵与宽容才有了这种认知吧……（F-2）

个人的人生经历也是影响其做此抉择的重要因素，特别是在生活受挫或者遭遇重大人生变故的时候。

“小而美”会对我有比较大的影响，有一次我在暑假偶然经历了一些比较细小的事情，回到学校以后精神状态就会发生变化，就会觉得不想再继续颓废下去，目标也会发生转化。（M-8）

此外，大学生中的“小而美”现象存在性别、专业差异。总的来看，相较于男性理科生，女性文科生更倾向于“小而美”，对其有更为生活化的理解与体验。男生对“小而美”现象能进行理性的分析，文科生则分析得更加透彻独到，理科生就了解较少；女生相较而言更为感性，理解得较为表面，易受互联网催生下的“小而美”影响。

四、“小而美”现象的影响及相应的对策

（一）“小而美”现象对当代大学生带来的主要影响

第一，从积极影响看，“小而美”现象的积极影响主要在于它作为个人心境、生活方式所带来的影响。作为一种个人心境和生活方式，它是人们对现实生活的一种调节，是在一定自我规范的前提下，通过自身的努力而感知日常生活中微小而确切的幸福感、琐碎而真实的获得感。理想与现实的张力常常使人们处于高压之下，生活也不是人们想要的生活，而是一种理想与现实之间的折中。在这种情况下，“小而美”式的心境与生活方式是人们缓解压力的一种有效方式，人们可以在高压的生活环境下找到自己的乐趣，慢慢体验生活中的美，从身边事、小事、正在做的事中找寻快乐，捕捉幸福感，渐次实现自我的人生大目标。在生活中、在正在做的事情中，构建自己继续前进的动力。在这过程之中，个人的享受、个人的生活是重要的。“人生就是一场旅行，重要的不是目的地，而是沿途的风景以及看风景的心情。”带着这种心境，去体验生活，去实现梦想，前进的路上才不会艰难无趣。

当我更能珍惜生活中的幸福时，才更有决心和毅力去树立或完成更远大的目标。（F-6）

感觉这种短暂的幸福会让人我们的生活过得更生动，更满足某些人的需求吧。（M-13）

第二，从消极影响方面看，“小而美”现象的消极影响则主要在于它作为社会心态、价值观所带来的不利影响。虽然不能一概而论说“小而美”式的社会心态、价值观就是坏的、消极的，但相较于个人心境、生活方式对人影响的层级，社会心态、价值观的影响就不能同日而语了，因此必须未雨绸缪。尤其是当大学生在现实中受挫后，转而寻求小的可以实现的目标，甚至满足于现状不思进取，并以此为乐。这种“小而美”式的生活一旦长久，累积成与此对应的社会心态、价值观，则其影响是不可小觑的。在社会心态、价值观层级上，“小而美”现象如若不能得到正确的引导，则有可能偏离主流，形成一种个人主义、自由主义，这不仅不利于大学生正确价值观的树立，而且冲击着社会主义核心价值观。一些大学生以“小而美”作为自己的人生准则，满足于现状，没有人生目标，如大学生中存在的一些安于现状、不思进取、逃避现实的人，他们以自我为中心，追求现实享受，“小而美”成了他们的口头禅。为防止“小而美”的这种现象成为大学生的群体心态和主流价值观，必须剖析其合理内核，做好防患于未然的工作。

现在人们认知的变化吧，感觉这个词，其实更像一个互联网的词语，词简单概括全面；太浮躁了；只有一颗上进的心，但却没有行动。（F-12）

（二）化解“小而美”现象给大学生带来消极影响的对策建议

第一，重视外在环境的营造。大学生的健康发展，不仅需要个体自身的努力，更需要学校、社会乃至国家的力量，需要为他们营造良好的成长环境。首先，要以社会主义核心价值观有效引领“小而美”的发展，把“小而美”与“大而强”实现有机结合。首先，把“小而美”的合理内核融入社会主义核心价值观的公民层面，引导其为大学生践行社会主义核心价值观而服务。其次，肃清社会风气，切勿让不正之风误导大学生，“校园贷”现象就是一个很好的反面案例，应从中吸取教训，引导“小而美”现象走上正确轨道。最后，帮助大学生处理好理想与现实、目标与举措的关系，通过讲座、实践活动来为大学生提供各种丰富的资源，让其在实践中体验真知。

第二，加大心理疏导与人文关怀力度。大学阶段的青年面临着多种困难和问题，特别在他们三观未定型、心智未成熟的情况下，这些困难和问题带来的消极影响比较明显，甚至影响深远。为此，要适应大学生的身心发展规律，做好大学生心理疏导工作，帮助他们构建健康积极的心态。同时，在对大学生进行传道授业的时候，要注重人文关怀。要以人为中心，将人文关怀带进课堂，与学生进行双主体的互动式教学，引导大学生找到人生的方向，体会人间的温情。要密切关注学生的日常生活，真正做到心理疏导和人文关怀，指导学生将所学与所用结合起来，贴近学生的现实生活，帮助学生真正做到学以致用。研究发现，“小而美”因人而异，对有的人是积极有效的，对另外的人则是消极有害的。全社会尤其是教育者和青年工作者要创造佳境，通过心理疏导与人文关怀，让青春之帆坚定航向、劈波斩浪，驶向社会主义现代化强国和民族复兴的美好未来。

第五篇 05

青年的社会年龄研究

青年法定年龄的国际比较研究

邓希泉*

摘　要：青年法定年龄主要表现为法律政策界定的青年年龄、选举投票年龄、议员（人大代表）参选年龄等，是国家的相关法律或政策对青年相应政治权利以及对青年的“完全成年人”权利等的强制性规定。本文通过收集、分析和整理“青年政策”官网中193个国家（含中国）青年法律或青年政策对青年法定年龄界定的资料，对青年法定年龄的主要表现进行了对比研究，总结出青年年龄界定的一般性规律。

关键词：青年；青年法定年龄；国际比较

青年年龄是一个具有绝对计量标准的社会概念，又是一个根据社会结构需求进行多类定义的相对概念。联合国虽然将青年年龄界定为15~24岁，但同时指出，“除了统计定义之外，‘青年’一词的含义在全世界不同的社会中是不同的，青年的定义随着政治、经济和社会文化环境的变幻一直在变化”①。世界各国的青年法律或青年政策对青年年龄的界定，都有一个本土化过程，既是对本国政治、经济和社会文化的直接反映，也是所在社会结构对青年发展规律的体认和把握。通过收集、分析和整理“青年政策”官网中193个国家（含中国）青年法律或青年政策的青年年龄界定的资料②，本文从青年年龄界定、选举投票年龄、议员（人大代表）参选年龄、承担犯罪责任年龄、结婚年龄等青年法定年龄进行对比研究，在全面了解世界各国青年年龄现状的基础上，揭示社会

---

* 邓希泉，中国青少年研究中心青年发展研究所研究员、博士，主要研究领域为青年本体、青年现象、青年发展理论、马克思主义青年观。

① 联合国秘书长．到2000年及其后世界青年行动纲领的执行情况（秘书长的报告）A/56/180号［R/OL］．联合国官网，2001-07-12.

② “青年政策”官网．http：//www. youthpolicy. org/nationalyouthpolicies/，“NATIONAL YOUTH POLICY OVERVIEW”专版。

结构对当代青年发展规律的制度化确认。

一、青年年龄与青年法定年龄

（一）青年年龄的分类

年龄是测量个人和群体的时间概念，内涵非常丰富。“年龄是以年为计量单位的人生尺度，表明一个人从出生到现在为止生存的时间长度。人口统计或人口普查要求以实足年龄为统计标准，是指某人实际存活的年数，取整数的下限。”① 年龄具有自然属性、生理属性、心理属性和社会属性等多重属性，可概括为四种相应的类型。一是年代学年龄或年代年龄，是指对社会成员按年月顺序排列计算从出生之日起到当下时间节点的大致估算或精确数值。二是生物学年龄或生理年龄，是指社会成员现有年龄在其生命历程中所处的位置或在潜在寿命中所达到的阶段，反映生命有机体的形成、发展到死亡的存续过程。三是心理年龄或发展年龄，是指以不同年龄阶段的适度行为能力为尺度并与之相适应的心理反应为依据，从个人在社会生活中的活动角度考察不同年龄段对应的认知能力、理解能力、判断力或记忆力，以及与年龄的生物学属性结合起来而形成的青春期心理、更年期心理等。四是社会学年龄或社会年龄②，是指基于共同年龄和经历共同社会重大事件的社会群体，在社会结构中经由社会制度对具体年龄阶段的社会成员不断建构而担当某种社会角色。

以年龄为标准界定的社会群体，是近代社会以来青年所属的一个主要社会群体，是一种常见的制度安排③。1968 年，联合国教科文组织对“青年”进行了三种界定：一是根据实足年龄方式确认 15~24 岁的年龄群为青年；二是把在学、未开始工作和未组建自己家庭的具有特殊“教育、社会和家庭状况”的社会成员定义为青年；三是将青年定义为一种精神状态，即将富有想象、具有勇气而不怯懦、更富冒险而不是追求享乐的人定义为青年④。根据年龄的四种形态划分，青年年龄同样划分为青年年代年龄、青年生理年龄、青年心理年龄和青年社会年龄，分别适用于不同领域、情境和目的。其中，生理学年龄和心理年龄更多属于研究性界定，在对青少年进行学术研究中应用更为广泛；劳动年

---

① 佟新. 人口社会学［M］. 北京：北京大学出版社，2000：208.

② 刘德寰. 年龄论——社会空间中的社会时间［M］. 中华工商联合出版社，2007：42. 佟新. 人口社会学［M］. 北京：北京大学出版社，2000：209-210.

③ 邓希泉. “90 后”新价值观研究［J］. 思想理论教育，2016（9）：24-25.

④ UNESCO. Report on Youth. UNESCO 15C/65 rev. General Conference. Paris. P3. 联合国教科文组织官网，1968.

龄、教育年龄、法律年龄、政治年龄等社会年龄，就是按照具有社会意义的年龄标识来进行的社会年龄分组①，在青少年政策法律制定及其权利义务方面得到广泛使用。"年龄地位与其他地位一样，是大部分社会制度中社会等级的基础。"② 以年龄为基础通过社会制度构建起来的社会差异，既是社会政策制定的依据，又因社会政策而得到强化。

（二）青年法定年龄的内涵与表现

青年法定年龄，或称青年政策年龄，是青年社会年龄的一种典型年龄类型，本质是通过法律、政策等制度化方式对青年年龄给予明确界定，是对青年群体本质的最直接把握及其呈现，是青年社会年龄中最核心、最基础、最具决定性意义的青年年龄界定，以社会结构对青年群体的制度化确认来体认对社会公众的强制力和约束力。青年法定年龄就是政治力量对社会结构进行强制性调整的重要依据，主要适用于青年法律、青年政策、政府青年项目和政府青年工作，同时可以作为青年年代年龄、青年生理年龄、青年心理年龄的参照和依据，但并不能完全替代和取消其他青年年龄的界定方式，青年法定年龄的合法性也不能否认其他青年年龄界定方式的合理性。

青年法定年龄"通常是强制性年龄：如入学，驾驶执照，参军，投选票和刑事或法律责任"③。青年法定年龄的基本表现，就是以法律或政策的形式对青年年龄及其相应权利与责任等的明确界定。选举权年龄、议员（人大代表）参选年龄、承担犯罪责任年龄、婚姻年龄等都是青年法定年龄的鲜明表现。本文着重从三个方面探讨世界各国青年法定年龄及其规律。

一是青年法律或青年政策规定的青年年龄。年龄"是社会权力和地位分配的重要基础，关系到个人的学习权、工作权、公民权和社会权，影响到参与、接近某些社会关系、权力地位、物质资源的机会"④。法律和政治中的青年年龄规定了青年群体的规模，年龄边界来源于法律或政策对青年群体标志的制度性确认，年龄地位决定青年群体的社会地位。青年法律或青年政策对青年年龄的界定方式，一般采用对青年年龄的下限、上限，或者年龄区间进行单一或复合的界定，也就是说，分别对青年年龄的下限、上限和年龄跨度进行精准界定，

---

① 佟新．人口社会学［M］．北京：北京大学出版社，2000：209-210.

② ［美］戴维·波普诺．社会学［M］．李强，等，译．北京：人民出版社，1999：329.

③ ［法］让-查尔斯·拉葛雷．青年与全球化 现代性及其挑战［M］．陈玉生，冯跃，译．北京：社会科学文献出版社，2007：366.

④ 邱天助．社会老年学——年龄、世代与生命风格的探究［M］．台湾：基础文化创意有限公司，2007：4.

以此确认目标群体以利于青年法律或青年政策的精准实施。

二是选举权年龄、议员（人大代表）参选年龄、犯罪责任年龄。年龄是政治力量对社会结构进行强制性调整的重要依据，年龄或青年群体便成为政治力量赋予的具有强制力量的阶层或社会群体的划分标准。“年龄是权力关系维度中的一个重要的因素，任何社会之组织和建构都有赖于此。同时，在一个不平等基础上，它还作用于对利益、财富和报酬的享有进行控制和调整。”① 对青年在政治权利方面的年龄界定，其本质就是通过制度设计来限定青年的权利和权力。其中，参与政治意义上的选举投票是对青年能力和青年作为个体的社会性肯定，是其承担社会责任和具备履职能力的一种制度性肯定。

三是是否经过父母同意的青年结婚年龄。性的基本成熟与基本具备成人责任，是界定青年结婚年龄的两大重要因素。结婚年龄是法律或政策对青年进入成年标志性事件中“成家”的政治性限定，是青年法定年龄中的典型年龄，对青年发展具有明显的影响。青年结婚年龄决定了青年性待业期的长短，影响婚前性行为的界定及其产生，影响学习生涯、职业生活与家庭生活的关系处理。在青年结婚问题上，法律或政策赋予父母一定的决定权，是否经过父母同意影响青年结婚年龄的规定。

（三）中国青年法定年龄的主要表现

一是关于青年法定年龄的下限、上限和年龄跨度。2017 年 4 月，由中共中央、国务院印发的《中长期青年发展规划（2016—2025 年）》（以下简称“青年发展规划”）指出，“本规划所指的青年，年龄范围是 14～35 周岁（规划中涉及婚姻、就业、未成年人保护等领域时，年龄界限依据有关法律法规的规定）”②。可以看出，我国青年法定年龄的下限为 14 岁，上限为 35 岁，年龄跨度为 22 年。

二是关于青年选举投票年龄、人大代表选举年龄。《中华人民共和国宪法》第三十四条规定：“中华人民共和国年满十八周岁的公民，不分民族、种族、性别、职业、家庭出身、宗教信仰、教育程度、财产状况、居住期限，都有选举权和被选举权；但是依照法律被剥夺政治权利的人除外。”③ 由此可知，我国选举投票年龄为 18 岁，全国人大代表参选年龄同样为 18 岁。

---

① ［法］让-查尔斯·拉葛雷．青年与全球化 现代性及其挑战［M］．陈玉生，冯跃，译．北京：社会科学文献出版社，2007：366.

② 新华社．中共中央　国务院印发《中长期青年发展规划（2016—2025 年）》［N］．北京：人民日报，2017-4-14：（1）．

③ 中国法制出版社．中华人民共和国宪法［M］．北京：中国法制出版社，2015：22.

三是关于犯罪责任承担年龄。《中华人民共和国刑法》第十七条规定："已满十六周岁的人犯罪，应当负刑事责任。已满十四周岁不满十六周岁的人，犯故意杀人、故意伤害致人重伤或者死亡、强奸、抢劫、贩卖毒品、放火、爆炸、投毒罪的，应当负刑事责任。"① 可以看出，我国犯罪责任承担年龄为16岁。

四是关于青年结婚年龄。《中华人民共和国婚姻法》第六条规定："结婚年龄，男不得早于22周岁，女不得早于20周岁。"② 由此可知，我国青年结婚年龄为男青年22岁，女青年20岁，是否经过父母同意不对青年的结婚年龄产生影响。

二、青年法定年龄下限、上限和年龄跨度的国际比较

（一）青年法定年龄下限的国际比较

绝大多数国家通过青年法律或青年政策对青年年龄做出了年龄下限和上限相结合的单一界定方式。在统计的193个国家中（见表1和表3），有187个国家通过国家的青年法律或青年政策（含国家青年发展项目或青年工作项目）对青年年龄做出了明确规定，即有96.9%的国家都有青年年龄的明确确定。"青年发展规划"是我国第一次以国家政策形式对青年年龄进行了明确界定，使我国跻身具有青年年龄明确界定的国家之列。在对青年法定年龄做出明确界定的国家中，至少都采用单一年龄下限和单一年龄上限的方式对青年年龄做出界定。当然，有国家在不同青年发展项目或青年工作项目中，对青年年龄做出了不完全一致的规定，这与该工作项目对青年发展的需求定位和要达到的政策目标或工作目标的定位不同有关。

表1 不同国家青年法定年龄下限的分布情况

年龄下限（岁）	国家数量（个）	所有参与统计国家占比（%）	有明确年龄下限的国家占比（%）
0	12	6.2	6.4
6	2	1.0	1.1
7	1	0.5	0.5
9	1	0.5	0.5

① 中国法制出版社．中华人民共和国刑法［M］．北京：中国法制出版社，2015：27-28.
② 中国法制出版社．中华人民共和国婚姻法［M］．北京：中国法制出版社，2005：2.

续表

年龄下限（岁）	国家数量（个）	所有参与统计国家占比（%）	有明确年龄下限的国家占比（%）
10	7	3.6	3.7
11	1	0.5	0.5
12	16	8.3	8.6
13	9	4.7	4.8
14	23	11.9	12.3
15	90	46.1	47.7
16	14	7.3	7.5
18	12	6.2	6.4
合计	187	96.9	100.0
无年龄下限	6	3.1	—
共计	193	100.0	—

绝大多数国家对青年法定年龄下限的共识定位在 14~15 岁。从青年法定年龄下限的分布情况看（见表 1），青年年龄下限界定为 15 岁的国家数量最多，有 90 个国家，占有明确年龄下限国家的 47.7%；其次是有 23 个国家界定为 14 岁，占 12.3%；数量排名第三的是 12 岁和 16 岁，国家数分别为 15 个和 14 个，分别占 8.6%和 7.5%；数量排名第四的分别是 0 岁和 18 岁，国家数均为 12 个，占比都为 6.4%。可见，把青年法定年龄下限界定为 14 岁或 15 岁的国家占比达 59.9%，表明青年法定年龄下限为 14 岁或 15 岁是世界大多数国家的共识。我国将青年年龄下限界定为 14 岁，与世界的大多数国家具有相似的共识和对青年年龄一般规律的把握。

表 2　世界不同地域的青年法定年龄下限众数、中位数和平均数的分布情况

世界地域划分	国家数量（个）	众数（岁）	中位数（岁）	平均数（岁）
阿拉伯国家	17（20）[a]	15	15	14.35
中欧和东欧	21（21）	15	15	13.43
中亚	9（9）	14	14	12.78
东亚	15（15）	15	15	13.87

续表

世界地域划分	国家数量（个）	众数（岁）	中位数（岁）	平均数（岁）
太平洋地区	14（14）	15	15	14.14
加勒比地区	14（14）	15	15	12.07
拉丁美洲	19（19）	15	15	14.00
北美和西欧	26（27）	13	13	11.04
南亚和西亚	9（9）	15	15	15.89
撒哈拉以南非洲	43（45）	15	15	14.02

a 注：括号内的数字表示参与统计的国家数量，括号前的数字表示有明确年龄规定的数量。以下同。

不同发展水平的国家对青年法定年龄下限的界定差异比较明显，发达国家的青年法定年龄下限起点较低。青年发展的长期事实表明，青少年身体发展速度受到经济社会发展的深刻影响。青年生理性发展遵循人的生长一般规律，青年社会性发展则因社会性质、社会环境和社会生态的不同而产生较大差异，并在相当大程度上影响青年生理性发展的效果。比如说，在许多欧洲国家，每过10年成熟的年龄就要提早3到4个月①。本文根据联合国教科文组织对各国全民教育地区的分类标准，对193个国家进行了世界地区分类，进一步比较不同经济发展、教育程度和文化背景下的各个国家对青年法定年龄界定的同异②。从世界不同地域的青年法定年龄下限的对比情况看（见表2），北美和西欧国家青年年龄下限的众数和中位数均为13岁，平均数为11.04岁，处于世界范围内青年年龄下限的最低线。这有可能缘于经济发展水平高使这些国家青少年更早地进入发身期和进入青春期，从而使这些国家的青年年龄下限最靠前。南亚和西亚国家的青年年龄下限的众数和中位数均为15岁，平均数为15.89岁，属于全世界青年年龄下限的最高区间。由此可见，经济发展水平在相当大程度上影响着所在国家对青年年龄下限的界定。

（二）青年法定年龄上限的国际比较

大多数国家对青年法定年龄上限界定在28岁以上。这是适应当代世界青年

① ［美］劳伦斯·斯滕伯格．青春期 青少年的心理发展和健康成长［M］．戴俊毅，译．上海社会科学院出版社，2007：41.

② 联合国教育、科学及文化组织．潜在危机：武装冲突与教育（全民教育全球监测报告2011）［R/OL］．联合国教育、科学及文化组织，2011：269. 联合国教科文组织官网.

的青春期任务加重、青春期延长和成年初显期日益普遍的新规律新现象的必然结果。从青年法定年龄上限的分布情况看（见表3），上限界定为29岁、30岁或35岁的国家较多，分别为45个、43个和44个国家，占有明确青年年龄上限国家的比例分别为24.1%、23.0%和23.5%；其次是18个国家和15个国家将青年年龄上限分别界定为24岁或25岁，分别占9.6%和8.6%。从总体来看，将年龄上限界定在28岁以上的国家所占比例为77.0%。比较特殊的是缅甸、以色列和英国这三个国家，青年年龄上限分别为18岁、18岁和19岁。从20世纪80年代以来，全世界尤其是发达国家中成年初显期现象日渐凸显，越来越多的青年人推迟进入成年人行列，“使许多社会不得不放宽对青年的年龄范围所下的定义”，将青年的范围扩大到那些不能完全承担起作为成年劳动者应负的责任，也不能充分享有相应权利的已经不再属于传统意义上青年群体的准成年人群体。因此，联合国教科文组织在20世纪80年代指出，不同国家在修正所在国家的青年年限时，“须考虑不同国家不同文化的情况而有所区别”，根据各国自己的情况把青年的年限提高到30或35岁①。当前世界各国青年年龄上限的实际情况，正是反映了20世纪80年代以来的青年发展趋势。

表3　不同国家青年法定年龄上限的分布情况

年龄上限（岁）	国家数量（个）	所有参与统计国家的占比（%）	有明确年龄上限的国家的占比（%）
18	2	1.0	1.1
19	1	0.5	0.5
24	18	9.3	9.6
25	16	8.3	8.6
26	4	2.1	2.1
28	2	1.0	1.1
29	45	23.3	24.1
30	43	22.3	23.0
31	1	0.5	0.5
32	1	0.5	0.5

① 联合国教科文组织．八十年代青年的动向——向联合国教育、科学及文化组织第二十一届大会提出的综合报告［M］．雷永光，等，译．中国对外翻译出版公司、教科文组织出版办公室，1982：20-21.

续表

年龄上限（岁）	国家数量（个）	所有参与统计国家的占比（%）	有明确年龄上限的国家的占比（%）
34	7	3.6	3.8
35	44	22.8	23.5
40	3	1.6	1.6
合计	187	96.9	100.0
无年龄上限	6	3.1	—
共计	193	100.0	—

“青年发展规划”将我国青年年龄上限规定为35岁，既与世界各国对青年年龄上限规定的一般规律相适应，更与我国当代青年成长新特征新规律新需求相适应。“青年时代总是意味着对家庭、学校和社会的依赖。”① 依赖来自家庭和社会的支持是青年发展的一个具有本质意义的方面。青年法定年龄上限的界定依据之一，就是青年发展基本摆脱对家庭和社会的依赖，个体已经可以承担起成人的应有责任。从我国现实情况看，当代青年减少对家庭和社会依赖的时间节点不断延后，是青年年龄上限提升的重要原因和外在表征。

表4 世界不同地域的青年法定年龄上限众数、中位数和平均数的分布情况

世界地域划分	国家数量（个）	众数（岁）	中位数（岁）	平均数（岁）
阿拉伯国家	17（20）	24[a]	29	27.65
中欧和东欧	21（21）	29	29	29.38
中亚	9（9）	30	30	29.89
东亚	15（15）	30	30	30.47
太平洋地区	14（14）	34	34	31.07
加勒比地区	14（14）	30	29.50	29.14
拉丁美洲	19（19）	29	29	29.53
北美和西欧	26（27）	29[a]	29	27.46

① 联合国教科文组织．八十年代青年的动向——向联合国教育、科学及文化组织第二十一届大会提出的综合报告［M］．雷永光，等，译．中国对外翻译出版公司、教科文组织出版办公室，1982：15.

续表

世界地域划分	国家数量（个）	众数（岁）	中位数（岁）	平均数（岁）
南亚和西亚	9（9）	29	29	31. 67
撒哈拉以南非洲	43（45）	35	35	32. 26

注：a 表示存在多个众数，显示最小值。

不同国家的青年年龄上限差异明显，经济社会发展水平与青年年龄上限呈较强的反相关关系。表 4 的数据显示，北美和西欧处于世界经济社会发展水平最高的地域，青年法定年龄上限的众数、中位数均为 29 岁，平均数为 27. 46 岁，均处在世界各地域的最低区间；撒哈拉以南非洲处于世界经济社会发展水平最低的地域，青年法定年龄上限的众数、中位数均为 35 岁，平均数为 32. 26 岁，均处在世界各地域的最高区间。由此表明，经济社会发展水平越高，青年年龄上限一般界定为 29 岁或 30 岁；经济社会发展水平越低，青年年龄上限则越高，采用 35 岁的年龄上限的可能性则越高。

（三）青年法定年龄跨度的国际比较

世界各国青年年龄跨度基本保持在 15~22 年的适度年龄区间。青年法定年龄既要强调青春期跨度的合适性，又要强调覆盖青年群体人口数量占总人口的比例合适，政策惠及的青年群体的社会地位和主要需求合适，与社会发展程度和速度比较匹配，不能滞后于社会发展，在一定程度上采取适度优先发展战略。具体来看，一是青年时期的跨度在个人的生命历程中的占比应该适度，一般占整个人生历程的 1/4~2/5；二是青年法定年龄界定的青年群体规模要保持适度，青年人口占整体人口的比例一般在 20%~40%。青年群体的人口占总人口比例畸高或畸低，都容易导致青年政策的失败。联合国确定 15~24 岁的青年年龄范围，并不是从年龄跨度合适的角度来考虑，而是作为界定青年群体的核心年龄，最明显的作用在于为青年群体的本质特征与成长规律确认基准线。通过对青年群体中核心群体的科学把握，确认青年群体最本质的需求、问题、特征与规律，并以此扩展各自国家的青年法定年龄。正是因为如此，只有 11 个国家执行联合国的青年年龄，分别是吉布提、卡塔尔、沙特阿拉伯、苏丹、也门、海地、牙买加、萨尔瓦多、爱尔兰、厄立特里亚、多哥。绝大多数国家都是以联合国界定的青年年龄为基础线，根据本国经济社会发展水平、本国传统文化对青年的理解、当代青年的新现象新需求，以及青年群体规模在本国总人口中的合适比例，确认本国青年年龄的年龄跨度。表 5 的数据显示，93. 6%的国家的青年年龄跨度在 10 年以上，其中，年龄跨度为 15～22 年的国家占比达到 69.5%。由此可知，15～22 年的年龄跨度是青年年龄的合适区间。

表 5　不同国家青年年龄跨度的分布情况

年龄覆盖范围（年）	国家数量（个）	所有参与统计国家占比（%）	有明确年龄跨度国家占比（%）
≤9	6	3.1	3.2
10	12	6.2	6.4
11～14	19	9.8	10.2
15～16	58	30.1	31.0
17～20	39	20.2	20.9
21～22	33	17.1	17.6
≥23	20	10.4	10.7
合计	187	96.9	100.0
无	6	3.1	—
总计	193	100.0	—

我国青年年龄跨度为 22 年，属于世界各国青年年龄跨度的适度范围和多数派。从国际对比看，71.3%的国家青年年龄跨度在 20 年及其以下，我国青年年龄 22 年的跨度无疑属于较长的区间类型。从世界各国青年年龄跨度的主流范围为 15～22 年的适度年龄区间看，我国青年年龄跨度在总体上属于国际青年年龄跨度的主流范围，并不是属于少数派，而是属于多数派。从我国现实情况看，我国青年年龄跨度覆盖青年人群是适度的，与人口结构相匹配。从 2015 年度人口统计数据分析看，如果设定我国青年年龄为 15～24 岁，那么该段青年人口只占全国总人口的 13.8%左右，青年人口比例过低；设定青年为 14～35 岁，该群体则占全国总人口的 32.5%左右，青年人口占总人口的比例处在适度区间。由此可知，我国青年年龄区间既与国际青年年龄界定的趋势一致，又与我国人口结构相匹配，青年人口保持在一个合理的规模区间，我国青年年龄界定体现出科学性、合理性和本土化等主要特征。

传统文化和经济社会发展水平对青年年龄跨度的区间大小都有重要的影响作用。从青年年龄跨度最短的世界地域看（见表 6），阿拉伯国家、拉丁美洲、北美和西欧国家的青年年龄跨度均较低，尤其是阿拉伯国家的青年年龄跨度最短，平均数只有 13.29 年；拉丁美洲国家的青年年龄跨度平均数为 15.53 年，北美和西欧的则为15.81年。从青年年龄跨度最长的世界地域看（见表6），撒哈拉以南非洲的众数和中位数均为20年，平均数达到18.23年，明显高出其他世界地域的国家。阿拉伯国家的青年年龄跨度最短，与“在传统的阿拉伯文化中，年青人或青年的概念一般只指未婚男青年”① 的伊斯兰文化有密切关系，北美和西欧国家的青年年龄跨度较短则与经济社会发展水平密切相连。也就是说，在不同国家，经济社会发展水平和本土文化传统在影响青年年龄跨度中发挥着不同程度的作用。

表6 世界不同地域青年法定年龄跨度的众数、中位数和平均数的分布情况

世界地域划分	国家数量（个）	众数（年）	中位数（年）	平均数（年）
阿拉伯国家	17（20）	9[a]	14	13.29
中欧和东欧	21（21）	14	14	15.95
中亚	9（9）	15	15	17.11
东亚	15（15）	15	15	16.60
太平洋地区	14（14）	19	19	16.93
加勒比地区	14（14）	14	15	17.07
拉丁美洲	19（19）	14	14	15.53
北美和西欧	26（27）	17[a]	17	15.81
南亚和西亚	9（9）	14	14	15.78
撒哈拉以南非洲	43（45）	20	20	18.23

三、关于青年履行政治权利法定年龄的国际比较

在青年履行政治权利法定年龄中，选举投票年龄是最基本的政治权利年龄，议员（人大代表）参选年龄是被选举权中最接近政治权力核心的权利年龄，犯罪责任承担年龄则是法律从反面确认青年具备承担相应责任的法定年龄，这三个方面年龄具有最基础和最典型的性质。

（一）选举投票最低年龄的国际比较

绝大多数国家的选举投票最低年龄规定为18岁。选举投票年龄是青年获得

① 联合国教科文组织．八十年代世界青年问题［M］．刘朴，等，译．中国对外翻译出版公司，1985：233.

最基本政治权利的制度性表征，也是确认青年具备准成年人素质的强制性标志，从法律地位上赋予青年拥有最重要的公民权利。“长期以来选举权已经成为法定成年人的标志，而且有史以来它就与法定年龄要联系。”在 20 世纪 60 年代，美国第 26 次宪法修正会上把享有选举权的年龄从 21 岁降低到 18 岁获得通过，该会议强调社会和政治因素在界定成年人地位中的重要性，而发展成熟度不应该是决定青年何时拥有选举权的核心因素。自此以后，美国在绝大多数情况下成年人的法定年龄被降低到 18 周岁①。1954 年 9 月 20 日第一届全国人民代表大会第一次会议通过的《中华人民共和国宪法》第八十六条规定：“中华人民共和国年满十八岁的公民，不分民族、种族、性别、职业、社会出身、宗教信仰、教育程度、财产状况、居住期限，都有选举权和被选举权。”② 由此可以看出，新中国自成立以来，我国就一直执行 18 岁作为选举投票年龄的宪法规定。表 7 的统计数据显示，在 188 个国家中，选举投票最低年龄介于 16~21 岁之间。其中，有 165 个国家的选举投票最低年龄都是 18 岁，在有明确选举投票年龄国家中的占比为 87. 3%，表明绝大多数国家对 18 岁作为选举投票年龄具有最大限度的共识。另外，阿拉伯联合酋长国的情况比较特殊，规定选举投票年龄为 25 岁；沙特阿拉伯、文莱、纽埃、索马里共四个国家没有对选举投票年龄进行明确规定。

绝大多数国家选举投票年龄高于所在国家青年年龄下限的 2~6 年。从各自国家的选举投票年龄与青年年龄下限的对比情况看（见表 8），绝大多数国家选举投票年龄一般高于所在国家青年年龄下限。在有明确的选举投票年龄和青年年龄下限的 184 个国家中，有 174 个国家的选举投票年龄高于青年年龄下限，占比为 94. 6%。其中，以高出 2~6 年为主，占比为 78. 8%；其中又以高出 3 年的比例为最大，占比为 44. 0%。在这方面有三个特殊的国家，一个是日本，选举投票年龄与青年年龄下限的差是全世界最大（20 年），这主要是因为日本的青年年龄下限为 0 岁，选举投票年龄为 20 岁；另两个国家是厄瓜多尔和尼加拉瓜，只有这两个国家的选举投票年龄低于所在国青年年龄下限，因为这两个国家的选举投票年龄均为 16 岁，青年年龄下限均为 18 岁，形成了选举投票年龄低于青年年龄下限的奇特现象。

① ［美］勒纳，［美］斯坦伯格．青少年心理学手册（第三版）［第 2 卷（中）］［M］．张文新，等，译．北京：北京师范大学出版社，2015：554-555.

② 中共中央文献研究室．建国以来重要文献选编（第五册）［M］．北京：中央文献出版社，1993：539.

表 7 不同国家选举投票最低年龄的分布情况

选举最低年龄（岁）	国家数量（个）	所有参与统计国家占比（%）	有明确选举投票年龄国家占比（%）
16	6	3.1	3.2
17	3	1.6	1.6
18	165	85.5	87.3
19	1	0.5	0.5
20	4	2.1	2.1
21	9	4.7	4.8
25	1	0.5	0.5
合计	189	97.9	100.0
无选举投票年龄	4	2.1	—
共计	193	100.0	—

我国选举投票最低年龄是18岁，比青年年龄下限14岁高出4年。从选举投票年龄看，我国的法律政策年龄界定与世界绝大多数国家一致。比青年年龄下限的高出值与排第一位的高出3年之所以有出入，是因为青年年龄下限定为15岁的国家数量更多。从总体来看，我国选举投票年龄及其与青年年龄下限的合适区间，是与世界大多数国家所遵循的规律相类似，表明不同国家青年在政治参与能力方面的发展规律具有较强的一致性。

表 8 不同国家的青年选举投票年龄与青年年龄下限的比较

年龄差（岁）	国家数（个）	所有参与统计国家占比（%）	有明确青年年龄的国家占比（%）
-2	2	1.0	1.1
0	8	4.1	4.3
1	3	1.6	1.6
2	12	6.2	6.5
3	81	42.0	44.0
4	20	10.4	10.9
5	12	6.2	6.5
6	20	10.4	10.9

续表

年龄差（岁）	国家数（个）	所有参与统计国家占比（%）	有明确青年年龄的国家占比（%）
7	1	0.5	0.54
8	7	3.6	3.8
10	1	0.5	0.54
11	1	0.5	0.54
12	2	1.0	1.1
14	1	0.5	0.54
15	1	0.5	0.54
16	1	0.5	0.54
18	10	5.2	5.4
20	1	0.5	0.54
合计	184	95.3	100.0
无明确规定	9	4.7	——
合计	193	100.0	——

（二）议员（人大代表、国会议员）参选最低年龄的国际比较

世界各国的最高权力机关有议会、国会、国民议会、协商会议、人民代表大会、最高人民会议等形式，普遍采用一院制或两院制的组织形式。本文为统计方便，一是把各国不同的最高权力机关统称为“议会”，议员、国会议员或人大代表均简称为“议员”；二是采用一院制国家的议员参选最低年龄均归入两院制中的下议院（众议院）议员参选最低年龄。

表9　不同国家下议院（众议院）议员参选最低年龄的分布情况

议员参选最低年龄（岁）	国家数量（个）	所有参与统计国家的占比（%）	有明确年龄国家占比（%）
17	2	1.0	1.1
18	49	25.4	25.5
20	1	0.5	0.5
21	61	31.6	31.8
23	6	3.1	3.1

续表

议员参选最低年龄（岁）	国家数量（个）	所有参与统计国家的占比（%）	有明确年龄国家占比（%）
24	1	0.5	0.5
25	57	29.5	29.7
26	1	0.5	0.5
28	3	1.6	1.6
30	10	5.2	5.2
35	1	0.5	0.5
合计	192	99.5	100.0
无明确规定	1	0.5	—
总计	193	100.0	—

下议院（众议院）议员参选年龄主要集中分布在18岁、21岁和25岁三个年龄点。议会是一个国家政治权力的中心，下议院（众议院）一般都由选民直接选出。因此，对下议院（众议院）议员参选最低年龄的限定，是一个国家政治权力中心的重要方面。从世界情况看，除了纽埃这个国家未有规定之外，192个国家对下议院（众议院）议员参选最低年龄进行了明确界定。从具体情况看（见表9），规定下议院（众议院）议员参选最低年龄为21岁、25岁和18岁的国家分别有61个、57个和49个，分列前三位，占比分别为31.8%、29.7%和25.5%；三者共占87.0%，表明绝大多数国家下议院（众议院）议员参选最低年龄主要分布在18岁、21岁和25岁三个年龄点。其中，朝鲜最高人民会议议员和东帝汶国民议会议员参选年龄均为17岁，是世界各国中对下议院（众议院）议员参选最低年龄规定最低的国家；安哥拉则要求35岁，是全世界国家中对下议院（众议院）议员参选年龄要求最大的国家。

表10　不同国家下议院（众议院）参选年龄与青年选举投票年龄的比较

年龄差（岁）	国家数（个）	所有参与统计国家占比（%）	有明确年龄的国家占比（%）
0	55	28.5	29.1
2	3	1.6	1.6
3	54	28.0	28.6

续表

年龄差（岁）	国家数（个）	所有参与统计国家占比（%）	有明确年龄的国家占比（%）
4	2	1.0	1.1
5	7	3.6	3.7
6	2	1.0	1.1
7	52	26.9	27.5
8	1	0.5	0.5
9	3	1.6	1.6
10	3	1.6	1.6
12	5	2.6	2.6
14	1	0.5	0.5
17	1	0.5	0.5
合计	189	97.9	100.0
无明确规定	4	2.1	——
合计	193	100.0	——

下议院（众议院）议员参选年龄的要求一般要高于选举投票年龄或至少呈持平状态。选举投票年龄对青年获得选举权的确认，议员参选年龄是对青年获得被选举权的确认。对获得被选举权的能力要求一般会要高于获得选举权的能力要求，表现在年龄要求上就是议员参选年龄一般会高于选举投票年龄。表10的数据显示，在189个国家中，有55个国家对选举投票年龄与下议院（众议院）议员参选年龄的要求一致，意味着29.1%的国家规定青年一旦获得选举投票权就同时获得了最高权力机关的被选举权。其次，分别有54个国家和52个国家对下议院（众议院）参选年龄要求高出选举投票年龄的3年和7年，占比分别为28.6%和27.5%。也就是说，下议院（众议院）议员参选年龄比选举投票年龄的高出值以3年或7年为主。另外，两种年龄差距最大的国家是安哥拉，主要是该国要求全世界最高的议员参选年龄，导致该国议员参选年龄与获得选举投票年龄的差为17年。

上议院（参议院）议员参选年龄是采取议会两院制国家才会出现的情况，对年龄的要求一般会高出下议院（众议院）议员参选年龄或至少持平。表11的数字显示，有75个国家对上议院（参议院）议员参选最低年龄进行了限定，最低年龄主要介于18~40岁之间。不同国家的上议院（参议院）议员参选最低年龄分布比较分散，其中，30岁（18个国家）、40岁（13个国家）、18岁（12个国家）、21岁（12个国家）、35岁（11个国家）是相对比较集中的年龄点。刚果（布）是唯一的把上议院（参议院）议员参选最低年龄规定为45岁的国家，位列全世界第一。在我国，规定45岁作为政治界定年龄的是对于国家主席和国家副主席在年龄方面的基本要求。我国宪法第七十九条指出，“中华人民共和国主席、副主席由全国人民代表大会选举。有选举权和被选举权的年满四十五周岁的中华人民共和国公民可以被选为中华人民共和国主席、副主席”①。

表11 不同国家上议院（参议院）议员参选最低年龄的分布情况

议员参选最低年龄（岁）	国家数量（个）	所有参与统计国家的占比（%）	有明确议员参选年龄国家占比（%）
18	12	6.2	16.0
21	12	6.2	16.0
24	1	0.5	1.3
25	6	3.1	8.0
30	18	9.3	24.0
33	1	0.5	1.3
35	11	5.7	14.7
40	13	6.7	17.4
45	1	0.5	1.3
合计	75	38.9	100.0
无明确规定	118	61.1	—
总计	193	100.0	—

（三）承担犯罪责任最低年龄的国际比较

绝大多数国家要求承担犯罪责任最低年龄为7~14岁。承担犯罪责任最低年龄的界定，既体现一个国家对一个社会成员是否进入青春期的认定标志，也是一个国家对未成年人的一种特殊权利保护，是对该社会成员生理心理发育不完善而不能承担完全责任的法律认定。有证据和研究表明，在青少年社会心理成熟度上，青少年犯罪与成年人犯罪的不同会影响青少年做出犯罪决定时的理解

① 中国法制出版社．中华人民共和国宪法［M］．北京：中国法制出版社，2015：42.

与决策，在胜任审判过程的能力上青少年能力一般不如成年人，因此要求青少年罪犯对所犯罪行承担全部责任就违背了界定公平刑罚的均衡原则①，为此需要合理界定承担犯罪责任的年龄。从全世界的情况看，除瑙鲁这个国家以外，192 个国家均对承担犯罪责任最低年龄做出了明确规定。在不同国家对承担犯罪责任最低年龄的规定中，最低为 0 岁，最高为 18 岁。这就意味着所有国家的承担犯罪责任年龄均在 18 岁及其以下。从具体情况看，有 4 个国家规定社会成员一出生就需承担犯罪责任，分别是尼日利亚、刚果（布）、密克罗尼西亚、马尔代夫。表 12 的数据显示，112 个国家规定承担犯罪责任年龄在 7~13 岁，占 58.4%；有 51 个国家的承担犯罪责任年龄为 14 岁，占 26.6%。这就意味着 85.0%的国家要求承担犯罪责任最低年龄为 7~14 岁。从单一年龄点看，14 岁、12 岁、10 岁、13 岁是较多国家采用的承担犯罪责任最低年龄。研究结果显示，青少年罪犯与成年人罪犯存在认知和社会心理差异，青少年社会心理能力的年龄差异遵循“U”形函数曲线，青少年中期（15~16 岁）成熟度的得分比青少年早期（12~14 岁）和晚期（17~18 岁）都要低②。这就能解释相当多国家选择承担犯罪责任最低年龄集中在青少年早期阶段的现象。

表 12 不同国家承担犯罪责任最低年龄的分布情况

承担犯罪责任最低年龄（岁）	国家数量（个）	有承担犯罪责任最低年龄国家占比（%）	所有参与统计国家的占比（%）
0	4	2.1	2.1
7	25	13.0	12.9
8	9	4.7	4.7
9	5	2.6	2.6
10	22	11.5	11.4
11	2	1.0	1.0
12	27	14.1	14.0
13	22	11.5	11.4

① ［美］勒纳，［美］斯坦伯格．青少年心理学手册（第三版）［第 2 卷（中）］［M］．张文新，等，译．北京：北京师范大学出版社，2015：572.

② ［美］勒纳，［美］斯坦伯格．青少年心理学手册（第三版）［第 2 卷（中）］［M］．张文新，等，译．北京：北京师范大学出版社，2015：575.

续表

承担犯罪责任最低年龄（岁）	国家数量（个）	有承担犯罪责任最低年龄国家占比（%）	所有参与统计国家的占比（%）
14	51	26.5	26.4
15	10	5.2	5.2
16	11	5.7	5.7
18	4	2.1	2.1
合计	192	100.0	99.5
无明确规定	1	—	0.5
共计	193	—	100.0

大部分国家要求承担犯罪责任最低年龄高于本国青年年龄下限，部分国家则规定承担犯罪责任最低年龄在青年年龄下限之下。在186个有明确的承担犯罪责任最低年龄和青年年龄下限的国家中，有39个国家的承担犯罪责任最低年龄比青年年龄下限还低，占21.1%；有29个国家的承担犯罪责任最低年龄与青年年龄下限相同，占15.6%；也就是说，有36.7%的国家规定的承担犯罪责任最低年龄低于或者等于青年年龄下限。其中，赤道几内亚和古巴的青年年龄下限为0岁，承担犯罪责任最低年龄为16岁，这两个国家的承担犯罪责任最低年龄比本国青年年龄下限高出值（16年）处于全世界最高水平。在承担犯罪责任最低年龄高于青年年龄下限的118个国家中，1年、2年、3年、5年和8年是分布国家较多的年龄点，相应的国家数量分别是22个、17个、16个、14个和14个。其中，马尔代夫和尼日利亚的青年年龄下限为18岁，但承担犯罪责任最低年龄为0岁，这两个国家的承担犯罪责任最低年龄比本国青年年龄下限低出值（18年）处于全世界最高水平。

表13　不同国家承担犯罪责任最低年龄与青年年龄下限的比较

年龄差（岁）	国家数（个）	所有参与统计国家占比（%）	有明确青年年龄的国家占比（%）
-16～-10	10	5.0	5.4
-9～-5	7	3.6	3.8
-4～-2	11	5.8	6.0
-1	11	5.7	5.9

续表

年龄差（岁）	国家数（个）	所有参与统计国家占比（%）	有明确青年年龄的国家占比（%）
0	29	15.0	15.6
1	22	11.4	11.8
2	17	8.8	9.1
3	16	8.3	8.6
4	9	4.7	4.8
5	14	7.3	7.5
6	11	5.7	5.9
7	4	2.1	2.2
8	14	7.3	7.5
9~18	11	5.7	5.9
合计	186	96.4	100.0
无明确规定	7	3.6	—
合计	193	100.0	—

四、关于青年结婚年龄的国际比较

青年结婚年龄是决定青年成家这一基本发展问题的法定基础。有的国家不但把青年结婚视为青年自身的权利，也在一定程度上赋予其父母一定的权利。为此，青年结婚年龄在有的国家会因是否经过父母同意而影响结婚年龄的法律界定。

（一）不经父母同意的青年结婚最低年龄的国际比较

在不经父母同意的青年结婚最低年龄方面，绝大多数国家采用 18 岁的法定规定。表 14 的数据表明，在男青年结婚年龄方面，有 6 个国家未做出规定，有 187 个国家做出了明确规定，占 96.9%。在男青年结婚年龄的明确规定中，最低的是 0 岁，分别是沙特阿拉伯和帕劳共和国；最高的是 22 岁，分别是我国和中非共和国；在 18~22 岁之间的有 169 个国家，占 90.4%；其中，绝大多数国家采用 18 岁的标准，共有 130 个国家，占 69.5%。在女青年结婚年龄方面，有 8 个国家未做出规定，有 185 个国家做出了明确规定，占 95.9%。在女青年结婚年龄的明确规定中，最低的是 0 岁，分别是沙特阿拉伯和帕劳共和国；在 18~

21岁之间的有149个国家，占80.0%；其中，绝大多数国家采用18岁的标准，共有121个国家，占65.4%。由此可见，绝大多数国家男、女青年结婚最低年龄都采用18岁的标准。

表14　不同国家不经父母同意的青年结婚最低年龄分布情况

男青年				女青年			
最低年龄（岁）	国家数量（个）	有明确规定国家占比（%）	所有参与统计国家占比（%）	最低年龄（岁）	国家数量（个）	有明确规定国家占比（%）	所有参与统计国家占比（%）
0	2	1.1	1.0	0	2	1.1	1.04
12	1	0.5	0.5	12	1	0.5	0.52
15	3	1.6	1.55	13	1	0.5	0.52
16	9	4.8	4.7	14	1	0.5	0.52
17	3	1.6	1.55	15	7	3.8	3.63
18	130	69.5	67.4	16	18	9.8	9.33
19	2	1.1	1.0	17	7	3.8	3.63
20	10	5.3	5.2	18	121	65.4	62.69
21	25	13.4	13.0	19	3	1.6	1.55
22	2	1.1	1.0	20	7	3.8	3.63
合计	187	100.0	96.9	21	17	9.2	8.81
无明确规定	6	—	3.1	合计	185	100.0	95.85
共计	193	—	100.0	无明确规定	8	—	4.15
—	—	—	—	共计	193	—	100.0

进一步分析发现，大多数国家不经父母同意的青年结婚年龄的性别差异并不显著，部分国家男、女青年结婚年龄的差距一般保持在2~3岁。表15的数据显示，146个国家的男、女青年结婚最低年龄是一致的，占78.9%，意味着大多数国家不经父母同意的青年结婚年龄没有区别；有33个国家的男青年比女青年结婚年龄高出2~3年，占17.9%。其中，喀麦隆是全世界国家中的唯一例外，该国男青年结婚年龄为15岁，女青年结婚年龄为18岁，是男青年结婚年龄低

于女青年的唯一国家。中非共和国则是全世界国家中男青年与女青年结婚年龄差异最大的国家，男、女青年的结婚年龄分别为22岁和18岁，两者相差4岁。从中可知，全世界通行男青年结婚年龄与女青年结婚年龄一致或高出2~3年。这一法律年龄的内在依据，就是男青年的性成熟相对较晚，以及家庭中男青年家庭责任相对较重的角色分工需要一个相对完全的成年男性来承担该社会角色。

表15 不经父母同意的男青年与女青年结婚年龄的比较

年龄差（岁）	国家数（个）	所有参与统计国家占比（%）	有明确青年年龄的国家占比（%）
-3	1	0.5	0.5
0	146	75.7	78.9
1	4	2.1	2.2
2	19	9.8	10.3
3	14	7.3	7.6
4	1	0.5	0.5
合计	185	95.9	100.0
无明确规定	8	4.1	—
合计	193	100.0	—

（二）经过父母同意的青年结婚最低年龄的国际比较

在经过父母同意的青年结婚最低年龄方面，绝大多数国家采用16岁的法律规定。青年结婚不仅仅是个人生活中的大事，也是家庭关系中的大事。因此，一些国家会因是否经过父母同意而对青年法定结婚最低年龄给予不同规定。法律赋予父母在抚养青少年并满足他们在成长发展过程中所需的基本权利和义务，父母也就有权在青少年发展的诸多方面具有一定的决定权利，当然这些决定权利随着青少年年龄增长会不断弱化。法律强调父母在青年结婚中具有一定的发言权，这也意味着把青年当成“未完全的成年人”，也表明青年在作为“未完全的成年人”在父母的允许下可以在性基本成熟这一标准下进入结婚的人生新阶段。表16的数据表明，在经过父母同意的青年结婚最低年龄方面，男、女青年结婚最低年龄的上限有所降低。在经过父母同意的男青年结婚年龄方面，最低的是0岁，分别是沙特阿拉伯和帕劳共和国；最高的降到18岁，有37个国家。其中，采用16岁标准的国家绝对数量最多，为60个国家，占50.8%。在经过父母同意的女青年结婚年龄方面，最低的是0岁，分别是沙特阿拉伯和帕劳共和国；最高的降到 18 岁，有 21 个国家。其中，采用 16 岁标准的国家绝对数量最多，为 59 个国家，占 48.0%。由此可见，相当多国家在经过父母同意的男、女青年结婚最低年龄方面都采用 16 岁标准。

是否经过父母同意不会改变男、女青年结婚年龄之间的正常差异。表 17 的数据显示，与不经父母同意的男、女青年结婚年龄差异的情况相类似，经过父母同意的男、女青年结婚年龄仍是以相同的占多数，在 116 个有相应法律规定的国家中，此类情况的国家为 87 个，占 75.0%；在存在年龄差距的国家中，同样以 2~3 年的居多，此类情况的国家为 24 个，占 20.7%。从中可以看出，是否经过父母同意并不是青年结婚年龄性别差异的重要影响因素。

表 16　不同国家经过父母同意的青年结婚最低年龄分布情况

男青年				女青年			
最低年龄（岁）	国家数量（个）	有明确规定国家占比（%）	所有参与统计国家占比（%）	最低年龄（岁）	国家数量（个）	有明确规定国家占比（%）	所有参与统计国家占比（%）
0	2	1.7	1.0	0	2	1.6	1.0
13	1	0.8	0.5	9	1	0.8	0.5
14	5	4.3	2.6	12	1	0.8	0.5
15	10	8.5	5.2	14	15	12.2	7.8
16	60	50.8	31.1	15	1	0.8	0.5
17	3	2.5	1.5	15	20	16.3	10.4
18	37	31.4	19.2	16	59	48.0	30.6
无明确规定	75	38.9		18	21	17.1	10.9
合计	118	61.1	100.0	17	3	2.4	1.6
—	—	—	—	共计	193	—	100.0
—	—	—	—	无明确规定	70	36.3	
共计	193	—	100.0	合计	123	63.7	100.0

表 17　不同国家经过父母同意的男青年与女青年结婚年龄的比较

年龄差（岁）	国家数（个）	所有参与统计国家占比（%）	有两个明确青年年龄的国家占比（%）
0	87	45.1	75.0
1	4	2.1	3.4
2	16	8.3	13.8
3	8	4.1	6.9
4	1	0.5	0.9
合计	116	60.1	100.0
无明确规定	77	39.9	—
合计	193	100.0	—

（三）是否经过父母同意对青年结婚最低年龄的影响

父母作为青年结婚事件中的重要一极，在许多国家主要体现为父母同意可以作为法定结婚年龄降低的依据。数据分析表明（见表 18 和表 19），经过父母同意能在一定程度上降低不经父母同意的男、女青年结婚的法定年龄。从男青年结婚年龄看，在有相关统计数据的 114 个国家中，只有 19 个国家并不会因为是否经过父母同意而使青年结婚最低年龄发生变化。但是，有 95 个国家因父母同意而使不经父母同意的男青年结婚最低年龄分别下降了 1~6 岁，占 83.3%；其中，以降低 2 岁的国家最多，有 58 个国家，占 50.9%；其次是 3 岁，有 24 个国家，占 21.1%（见表 18）。从女青年结婚年龄看，在有相关统计数据的 118 个国家中，只有 17 个国家的结婚年龄没有改变。但是，有 101 个国家的结婚年龄分别下降了 1~6 岁，占 85.6%；其中，以降低 2 岁的国家最多，有 53 个国家，占 44.9%；其次是 3 岁和 4 岁，分别有 18 个和 14 个国家，分别占 15.3% 和 11.9%（见表 19）。

表 18　不同国家男青年不经父母同意结婚年龄与经过父母同意结婚年龄的比较

年龄差（岁）	国家数（个）	所有参与统计国家占比（%）	有明确青年年龄的国家占比（%）
0	19	9.8	16.7
1	2	1.1	1.7
2	58	30.1	50.9

续表

年龄差（岁）	国家数（个）	所有参与统计国家占比（%）	有明确青年年龄的国家占比（%）
3	24	12.4	21.1
4	6	3.1	5.2
5	4	2.1	3.5
6	1	0.5	0.9
合计	114	59.1	100.0
无明确规定	79	40.9	—
合计	193	100.0	—

表 18 和表 19 的统计数据共同反映出大多数国家在经过父母同意的青年结婚最低年龄明显低于不经父母同意的年龄。这就表明，大多数国家秉持这样的理念：强调并赋予父母在子女结婚问题上一定的决定权，父母承担青年结婚事项的决策责任，意味着可以降低青年在结婚大事上的决策责任，也就是说可以降低青年结婚的最低年龄限制，进而将这些决策责任让渡给其父母而强调父母在子女结婚上的参与权和决定权。

表 19　不同国家女青年不经父母同意结婚年龄与经过父母同意结婚年龄的比较

年龄差（岁）	国家数（个）	所有参与统计国家占比（%）	有两个明确青年年龄的国家占比（%）
0	17	8.8	14.4
1	5	2.6	4.2
2	53	27.5	44.9
3	18	9.3	15.3
4	14	7.2	11.9
5	6	3.1	5.1
6	5	2.6	4.2
合计	118	61.1	100.0
无明确规定	75	38.9	—
合计	193	100.0	—

通过青年法定年龄的国际比较，可以看到我国青年法定年龄遵循青年发展

的一般规律，适应当代中国青年发展的新特征新需求新规律，顺应全世界青年法定年龄界定的发展趋势，具有普遍性、合理性、科学性和通用性。同时，通过探讨青年法定年龄的研究，可以更好地把握青年法定年龄对青年发展的全面构建和深度影响。为此，青年法定年龄研究可作为推动青年研究和促进青年发展的理论契机和工作抓手。

青年结婚年龄的国际比较研究

邓希泉*

摘　要：青年结婚年龄是一种典型的青年法定年龄。本文通过收集、整理和分析“青年政策”官网中193个国家（含中国）青年法律对青年结婚年龄界定的资料，对青年结婚年龄进行了对比研究，并对青年结婚年龄的确定及其社会影响进行了延伸探讨。

关键词：结婚年龄；青年人口；国际比较

青年年龄是一个具有绝对计量标准的社会概念，又是一个根据社会结构需求进行多类定义的相对概念。联合国虽然将青年年龄界定为15~24岁，但同时指出，“除了统计定义之外，‘青年’一词的含义在全世界不同的社会中是不同的，青年的定义随着政治、经济和社会文化环境的变幻一直在变化”①。世界各国的青年法律或青年政策对青年年龄的界定，都有一个本土化的过程，既是对本国政治、经济和社会文化的直接反映，也是所在社会结构对青年发展规律的体认和把握。通过收集、整理和分析“青年政策”官网中193个国家（含中国）青年法律或青年政策的青年年龄界定的资料②，本文对青年结婚年龄进行对比研究，并对青年结婚年龄的确定及其社会影响进行了延伸探讨。

---

* 邓希泉，中国青少年研究中心青年发展研究所研究员、博士，主要研究领域为青年本体、青年现象、青年发展理论、马克思主义青年观。

① 联合国秘书长．到2000年及其后世界青年行动纲领的执行情况（秘书长的报告）A/56/180号［R/OL］．联合国官网，2001-07-12.

② “青年政策”官网．http：//www. youthpolicy. org/nationalyouthpolicies/，“NATIONAL YOUTH POLICY OVERVIEW”专版。

一、青年法定年龄与青年结婚年龄

（一）青年法定年龄

青年法定年龄是通过法律、政策等制度化方式对青年年龄给予的明确界定，是政治力量对社会结构进行强制性调整的重要依据。青年法定年龄的基本表现，就是以法律或政策的形式对青年年龄及其相应权利与责任等给予明确规定并配以相应的强制奖惩措施，实质是以法定年龄方式对青年群体本质的最直接把握及其呈现，是以社会结构对青年群体的制度化确认来体认社会结构的强制力和约束力。青年法定年龄“通常是强制性年龄：如入学，驾驶执照，参军，投选票和刑事或法律责任”①，是青年社会年龄中最核心、最基础、最具决定性意义的青年年龄界定，也是对青年发展最具影响力的社会介入方式。

（二）青年结婚年龄

青年结婚年龄就是法定结婚年龄，是事关青年发展的一种重要法定年龄。一个国家的青年结婚年龄的确定，一般是对当时较长一段时间内主要的自然因素和社会因素综合考虑权衡的结果，青年结婚年龄的界定会对青年生理需求、生育行为、职业发展、婚内权利等众多方面产生明显影响，是青年发展的重要影响因素。从影响青年结婚年龄界定的因素看，自然因素是基础，主要依据是青年的身体发育、心理智力和社会情绪发展等方面的发展程度；社会因素是关键，根据政治、经济发展水平和人口发展情况，以及根据主要社会因素确定的人口政策，成为青年结婚年龄的最终确认因素。

结婚年龄是法律或政策对青年进入成年标志性事件中“成家”的政治性限定，是决定青年成家这一基本发展问题的法定基础。青年结婚年龄决定了青年性待业期的长短，影响婚前性行为的界定及其产生，影响学习生涯、职业生活与家庭生活的关系处理等方面。青年结婚年龄是以制度化方式对青年生理发展基本成熟、青年基本具备成年责任能力的制度化确认，是以强制性方式对青年性需求释放时间、释放方式、释放渠道等进行制度化规范。

青年结婚不仅仅是个人生活中的大事，也是家庭生活中的大事，是家庭生命历程中的重大事件。许多国家将父母是否同意作为结婚法定年龄的重要影响因素，会因是否经过父母同意而对青年法定结婚最低年龄给予不同规定。因此，

---

① ［法］让-查尔斯·拉葛雷．青年与全球化 现代性及其挑战［M］．陈玉生，冯跃，译．北京：社会科学文献出版社，2007：366.

许多国家将法定结婚年龄区分为不经父母同意和经过父母同意两种法定情形而分别做出界定。父母作为青年结婚事件中的重要一极，在许多国家主要体现为父母同意可以作为法定结婚年龄降低的依据。

（三）新中国成立后法定结婚年龄的历史变化

1950年3月政务院第二十二次政务会议通过、1950年4月中央人民政府委员会第七次会议通过、1950年5月1日公布施行的《中华人民共和国婚姻法》第四条规定："男二十岁，女十八岁，始得结婚。"① 由于未对结婚年龄采取周岁还是虚岁的明确界定，因此在执行过程中存在两种情形，有的按照周岁执行，有的按照虚岁执行。也就是说，有的执行男20周岁、女18周岁的结婚年龄标准，有的则执行男20虚岁（19周岁）、女青年18虚岁（17周岁）的结婚年龄标准，并在现实生活中更趋向于执行虚岁年龄的标准。1980年修订并于1981年1月1日起施行的新的《中华人民共和国婚姻法》第五条规定："结婚年龄，男不得早于二十二周岁，女不得早于二十周岁。"② 修改后的《婚姻法》明确了按照周岁执行，因此，当时青年法定结婚年龄比1950年的结婚年龄标准实际提高了3岁。2001年4月新修正的《中华人民共和国婚姻法》第六条规定："结婚年龄，男不得早于二十二周岁，女不得早于二十周岁。"③ 我国青年结婚年龄为男青年22周岁、女青年为20周岁的标准自此延续至今。同时，是否经过父母同意不对青年的结婚年龄产生影响，我国法律法规中也未对父母同意影响青年结婚年龄做出规定。

二、不经父母同意的青年结婚最低年龄的国际比较

（一）不经父母同意的青年结婚年龄分布情况

在不经父母同意的青年结婚年龄方面，绝大多数国家采用18岁的法定标准。表1的数据显示，在男青年结婚年龄方面，有6个国家未做出规定，有187个国家做出了明确规定，占96.9%。在男青年结婚年龄的明确规定中，最低的是0岁，分别是沙特阿拉伯和帕劳共和国；最高的是22岁，分别是我国和中非共和国；在18~22岁之间的有169个国家，占90.4%；其中，绝大多数国家采

① 中共中央文献研究室．建国以来重要文献选编（第一册）［M］．北京：中央文献出版社，1992：172.

② 法律出版社．中华人民共和国婚姻法［M］．北京：法律出版社，1980：3.

③ 中共中央文献研究室．十五大以来重要文献选编（下）［M］．北京：人民出版社，2003：1809.

用 18 岁的标准，共有 130 个国家，占 69.5%。在女青年结婚年龄方面，有 8 个国家未做出规定，有 185 个国家做出了明确规定，占 95.9%。在女青年结婚年龄的明确规定中，最低的是 0 岁，分别是沙特阿拉伯和帕劳共和国；在 18~21 岁之间的有 149 个国家，占 80.0%；其中，绝大多数国家采用 18 岁的标准，共有 121 个国家，占 65.4%。由此可见，绝大多数国家不经父母同意的男、女青年结婚法定年龄都采用 18 岁的标准。

表 1　不同国家不经父母同意的青年结婚年龄分布情况

男青年			女青年		
最低年龄（岁）	国家数量（个）	占比（%）	最低年龄（岁）	国家数量（个）	占比（%）
0	2	1.1	0	2	1.1
12	1	0.5	12	1	0.5
15	3	1.6	13	1	0.5
16	9	4.8	14	1	0.5
17	3	1.6	15	7	3.8
18	130	69.5	16	18	9.8
19	2	1.1	17	7	3.8
20	10	5.3	18	121	65.4
21	25	13.4	19	3	1.6
22	2	1.1	20	7	3.8
合计	187	100.0	21	17	9.2
—	—	—	合计	185	100.0

（二）不经父母同意的青年结婚年龄的性别差异

大多数国家不经父母同意的青年结婚年龄的性别差异并不显著，部分国家男、女青年结婚年龄的差距一般保持在 2~3 岁。表 2 的数据显示，146 个国家的男、女青年结婚最低年龄是一致的，占 78.9%，意味着大多数国家不经父母同意的青年结婚年龄没有差别；有 33 个国家的男青年比女青年结婚年龄高出 2~3 年，占 17.9%。其中，喀麦隆是全世界国家中的唯一例外，该国男青年结婚年龄为 15 岁，女青年结婚年龄为 18 岁，是男青年结婚年龄低于女青年的唯一国家。中非共和国则是全世界国家中男青年与女青年结婚年龄差异最大的国家，男、女青年的结婚年龄分别为22岁和18岁，两者相差4岁。从中可知，全世界通行男青年结婚年龄与女青年结婚年龄一致或高出2~3年。这一法律年龄的内在依据，就是男青年的性成熟相对较晚，以及家庭中男青年家庭责任相对较重的角色分工需要一个相对完全的成年男性来承担该社会角色。

表2　不经父母同意的男青年与女青年结婚年龄的比较

年龄差（岁）	国家数（个）	占比（%）
-3	1	0.5
0	146	78.9
1	4	2.2
2	19	10.3
3	14	7.6
4	1	0.5
合计	185	100.0

（三）不经父母同意的青年结婚年龄与该国青年年龄下限的比较

不经父母同意的青年结婚年龄一般高于青年年龄下限，高出年限一般为3~6年，其中以高出3年为最普遍。从男青年方面看，在182个国家中，只有4个国家的男青年结婚年龄低于该国青年年龄下限；有7个国家的两个年龄界定一样；有171个国家的男青年结婚年龄高于该国青年年龄下限。其中，结婚年龄比青年年龄下限高出3~6年的国家数量为132个，占比为66.4%；以3年的差为最普遍，有70个国家，占比为34.3%。从女青年方面看，在181个国家中，只有6个国家的女青年结婚年龄低于该国青年年龄下限；有12个国家的两个年龄界定一样；有163个国家的女青年结婚年龄高于该国青年年龄下限。其中，结婚年龄比青年年龄下限高出3~6年的国家数量为116个，占比为60.2%；以3年的差为最普遍，有64个国家，占比为33.2%。相比之下，我国男、女青年结婚年龄高出青年年龄下限分别为8岁和6岁，属于结婚年龄与青年年龄下限区间较大的国家。

表 3　不经父母同意的青年结婚年龄与该国青年年龄下限的差的具体分布

男青年			女青年		
两者年龄差（年）	国家数量（个）	占比（%）	两者年龄差（年）	国家数量（个）	占比（%）
-15、-2、-1	4	2.2	-15、-3、-2	6	3.3
0	7	3.9	0	12	6.6
1	3	1.6	1	9	5.0
2	8	4.4	2	12	6.6
3	70	38.5	3	64	35.4
4	23	12.6	4	21	11.6
5	11	6.0	5	9	5.0
6	28	15.4	6	22	12.1
7~21	28	15.4	7~21	26	14.4
合计	182	100.0	合计	181	100.0

三、经过父母同意的青年结婚年龄的国际比较

（一）经过父母同意的青年结婚年龄分布情况

在经过父母同意的青年结婚年龄方面，绝大多数国家采用 16 岁的法律规定。表 4 的数据表明，在经过父母同意的青年结婚年龄方面，男、女青年结婚年龄的上限有所降低。在经过父母同意的男青年结婚年龄方面，最低的是 0 岁，分别是沙特阿拉伯和帕劳共和国；最高的降到 18 岁，有 37 个国家。其中，采用 16 岁标准的国家绝对数量最多，为 60 个国家，占 50.8%。在经过父母同意的女青年结婚年龄方面，最低的是 0 岁，分别是沙特阿拉伯和帕劳共和国；最高的降到 18 岁，有 21 个国家。其中，采用 16 岁标准的国家绝对数量最多，为 59 个国家，占 48.0%。由此可见，相当多国家在经过父母同意的男、女青年结婚最低年龄方面都采用 16 岁标准。

表4　不同国家经过父母同意的青年结婚最低年龄分布情况

男青年			女青年		
最低年龄（岁）	国家数量（个）	占比（%）	最低年龄（岁）	国家数量（个）	占比（%）
0	2	1.7	0	2	1.6
13	1	0.9	9	1	0.8
14	5	4.2	12	1	0.8
15	10	8.5	14	15	12.2
16	60	50.8	15	1	0.8
17	3	2.5	15	20	16.3
18	37	31.4	16	59	48.0
合计	118	61.1	17	3	2.4
—	—	—	18	21	17.1
—	—	—	合计	123	100.00

有少数国家存在例外情况。利比亚、伊朗、阿尔巴尼亚、阿塞拜疆这4个国家规定男、女青年都必须征得父母同意才能结婚，不存在不经父母同意而可以结婚的法律规定；巴勒斯坦规定女青年必须征得父母同意才能结婚，不存在不经父母同意而可以结婚的法律规定。另外，在已有不经父母同意青年结婚年龄相关规定的基础上，新加坡、肯尼亚这2个国家只对经过父母同意后男青年结婚年龄做出规定，缅甸、阿富汗、伊拉克、索马里、汤加、波兰这6个国家只对经过父母同意后女青年结婚年龄做出规定。

（二）经过父母同意的青年结婚年龄的性别差异

是否经过父母同意不会改变男、女青年结婚年龄之间的正常差异。表5的数据显示，与不经父母同意的男、女青年结婚年龄差异的情况相类似，经过父母同意的男、女青年结婚年龄仍是以相同的占多数，在116个有相应法律规定的国家中，此类情况的国家为87个，占75.0%；在存在年龄差距的国家中，同样以2~3年的居多，此类情况的国家为24个，占20.7%。从中可以看出，是否经过父母同意并不是青年结婚年龄性别差异的重要影响因素。

表 5　不同国家经过父母同意的男青年与女青年结婚年龄的比较

年龄差（岁）	国家数（个）	有两个明确青年年龄的国家占比（%）	所有参与统计国家占比（%）
0	87	75.0	45.1
1	4	3.4	2.1
2	16	13.8	8.3
3	8	6.9	4.1
4	1	0.9	0.5
合计	116	100.0	60.1
无明确规定	77	—	39.9
合计	193	—	100.0

（三）经过父母同意的青年结婚年龄与该国青年年龄下限的比较

经过父母同意的青年结婚年龄一般高于青年年龄下限，高出年限一般为1~3年。从男青年方面看，在 115 个国家中，只有 9 个国家的经过父母同意的男青年结婚年龄低于该国青年年龄下限；有 12 个国家的两个年龄界定一样；有 94 个国家的男青年结婚年龄高于该国青年年龄下限。其中，结婚年龄比青年年龄下限高出1~3 年的国家数量为 63 个，占比为 54.8%。从女青年方面看，在 119 个国家中，有 17 个国家的经过父母同意的女青年结婚年龄低于该国青年年龄下限；有 16 个国家的两个年龄界定一样；有 86 个国家的女青年结婚年龄高于该国青年年龄下限。其中，结婚年龄比青年年龄下限高出1~3 年的国家数量为 60 个，占比为 50.4%。

表 6　经过父母同意的青年结婚年龄与该国青年年龄下限的差的具体分布

男青年			女青年		
两者年龄差（年）	国家数量（个）	占比（%）	两者年龄差（年）	国家数量（个）	占比（%）
-15、-3~-1	9	7.8	-15、-6、-4~-1	17	14.3
0	12	10.4	0	16	13.5
1	33	28.7	1	35	29.4

续表

男青年			女青年		
两者年龄差（年）	国家数量（个）	占比（%）	两者年龄差（年）	国家数量（个）	占比（%）
2	11	9.6	2	13	10.9
3	19	16.5	3	12	10.1
4	11	9.6	4	6	5.0
5	1	0.9	5	2	1.7
6	7	6.1	6	6	5.0
7~21	12	10.4	7~21	12	10.1
合计	115	100.0	合计	119	100.0

（四）经过父母同意的结婚年龄的世界区域比较

发达国家、较发达国家和地区更倾向于赋予父母在青年结婚事情上的参与权和决定权。根据联合国教科文组织在《全民教育全球监测报告（2011）》中对世界各国的区域划分方法①，本文将193个国家划分为十类。其中，阿拉伯国家有20个、中欧和东欧有21个国家、中亚有9个国家、东亚有15个国家、太平洋地区有14个国家、加勒比地区有14个国家、拉丁美洲有19个国家、北美和西欧有27个国家、南亚和西亚有9个国家、撒哈拉以南非洲有45个国家。表7的数据表明，拉丁美洲（89.5%）、中欧和东欧（81.0%）、太平洋地区（78.6%）、加勒比地区（78.6%）、北美和西欧（74.1%）的世界区域中对经过父母同意后青年结婚年龄做出明确法律规定的国家占比较高，这些世界区域的国家经济社会发展水平相对较高。

① 联合国教育、科学及文化组织．潜在危机：武装冲突与教育（全民教育全球监测报告2011）[R/OL]．联合国教育、科学及文化组织，2011：269．联合国教科文组织官网．

表7　世界不同区域的经过父母同意青年结婚年龄的国家分布情况

世界区域	经过父母同意的男青年结婚年龄		经过父母同意的女青年结婚年龄	
	国家数量（个）	所在世界区域占比（%）	国家数量（个）	所在世界区域占比（%）
阿拉伯国家（20个）	6	30.0	8	40.0
中欧和东欧（21个）	17	81.0	18	85.7
中亚（9个）	5	55.6	5	55.6
东亚（15个）	8	53.3	8	53.3
太平洋地区（14个）	11	78.6	12	85.7
加勒比地区（14个）	11	78.6	11	78.6
拉丁美洲（19个）	17	89.5	17	89.5
北美和西欧（27个）	20	74.1	20	74.1
南亚和西亚（9个）	2	22.2	3	33.3
撒哈拉以南非洲（45个）	21	46.7	21	46.7

四、父母在青年结婚事件的权利及其参与

（一）经过父母同意与青年结婚年龄的降低

经过父母同意能降低不经父母同意的男、女青年结婚的法定年龄。表8的数据显示，从男青年结婚年龄看，在有相关统计数据的114个国家中，只有19个国家并不会因为是否经过父母同意而使青年结婚最低年龄发生变化。但是，有95个国家因父母同意而使不经父母同意的男青年结婚最低年龄分别下降了1~6岁，占83.3%；其中，以降低2岁的国家最多，有58个国家，占50.9%；其次是3岁，有24个国家，占21.1%。从女青年结婚年龄看，在有相关统计数据的118个国家中，只有17个国家的结婚年龄没有改变。但是，有101个国家的结婚年龄分别下降了1~6岁，占85.6%；其中，以降低2岁的国家最多，有53个国家，占44.9%；其次是3岁和4岁，分别有18个和14个国家，分别占15.3%和11.9%。

表 8　不经父母同意的青年结婚年龄与经过父母同意的青年结婚年龄的比较

男青年			女青年		
年龄差（岁）	国家数（个）	占比（%）	年龄差（岁）	国家数（个）	占比（%）
0	19	16.7	0	17	14.4
1	2	1.7	1	5	4.2
2	58	50.9	2	53	44.9
3	24	21.0	3	18	15.3
4	6	5.3	4	14	11.9
5	4	3.5	5	6	5.1
6	1	0.9	6	5	4.2
合计	114	100.0	合计	118	100.0

（二）父母责任与子女权利的分配与让渡

在赋予父母在青年结婚事件上以重大参与权和决定权的国家，不但把青年结婚视为青年自身的权利，也赋予父母一定的权利。这种法律规定所秉持的理念表现为两个方面。第一，法律赋予父母在抚养青少年并满足他们在成长发展过程中所需的基本权利和义务，父母也就有权在青少年发展的诸多方面具有一定的决定权利，当然这些决定权利随着青少年年龄增长会不断弱化。法律强调父母在青年结婚中具有一定的发言权，这也意味着把青年当成“未完全的成年人”，也表明青年在作为“未完全的成年人”在父母的允许下可以在性基本成熟这一标准下进入结婚的人生新阶段。第二，强调并赋予父母在子女结婚问题上一定的决定权，父母承担青年结婚事项的决策责任，意味着可以降低青年在结婚大事上的决策责任，也就是说可以降低青年结婚年龄，进而将这些决策责任让渡给其父母而强调父母在子女结婚上的参与权和决定权。在发达和较发达的国家和地区，父母干涉尤其是暴力干涉子女婚姻自由的现象不多，父母把子女尤其是女儿作为谋取嫁妆等物质财富的手段的现象也不普遍，亲子关系相对平等民主，子女的主体性和自主权都比较强，因而能比较和平地并以较小的社会代价实现把青年婚姻自由中的某些权利让渡给父母。

（三）中国青年婚姻自由与父母权利

历史上我国父母在青年婚姻方面的权利过大，青年在自身婚姻大事上并无多大的发言权。即使新中国成立后推行了近 70 年的婚姻自由，在当今现实生活尤其是相对贫穷落后的地区，父母干涉青年婚姻自由的现象并不鲜见。因此，在我国对经过父母同意而降低青年结婚年龄进行法律规定并不可取。当前，我国仍要继续推行婚姻自由原则，继续强化父母并没有影响甚至决定青年婚姻的法定权利，对干涉他人婚姻自由的情形和情节绝不姑息。为此，《中华人民共和国刑法》第二百五十七条规定："以暴力干涉他人婚姻自由的，处二年以下有期徒刑或者拘役。"①

没有从法律上赋予父母在青年婚姻事件上的决定权或参与权，但并不否认从家庭建设和道德建设实践中承认父母的影响力和参与权。青年结婚或离婚，都是家庭生活中的重大事件，对家庭生活产生重大影响。对于我们看重家庭、看重亲情的传统，在青年婚姻大事上应该主动征求父母意见，通过亲情的良性互动推动和谐家庭的建设。同时，法律也赋予父母在青年婚姻中以帮助维权的权利。《最高人民法院关于适用〈中华人民共和国婚姻法〉若干问题的解释（一）》第七条中规定：有权依据婚姻法第十条规定向人民法院就已办理结婚登记的婚姻申请宣告婚姻无效的主体，包括婚姻当事人及利害关系人。利害关系人包括：（一）以重婚为由申请宣告婚姻无效的，为当事人的近亲属及基层组织。（二）以未到法定婚龄为由申请宣告婚姻无效的，为未达法定婚龄者的近亲属。（三）以有禁止结婚的亲属关系为由申请宣告婚姻无效的，为当事人的近亲属。（四）以婚前患有医学上认为不应当结婚的疾病，婚后尚未治愈为由申请宣告婚姻无效的，为与患病者共同生活的近亲属②。

五、进一步讨论的问题

法定结婚年龄到底是维持还是降低，一直是各界争论的焦点。对 193 个国家法定结婚年龄的比较分析可知，我国法定结婚年龄处在最高位之列。从国际法定结婚年龄的一般规律看，我国法定结婚年龄有较大的下降空间。在此基础上，本文就法定结婚年龄给青年发展带来的影响做出进一步探讨。

（一）法定结婚年龄与青年性待业期

青春期的生理发展和生理需求是一种基本需要，一般来说，女子 14 岁、男子 16 岁左右就基本发育成熟，性意识和性需求日益强烈，这就导致了青年往往面临着 6 年甚至更多时间的"性待业期"，即性成熟之后到法定结婚年龄并经由

① 全国人民代表大会常务委员会法制工作委员会刑法室．中华人民共和国刑法（2015 年编审版）［M］．北京：中国民主法制出版社，2015：97.

② 七五普法图书中心．婚姻法学习读本［M］．北京：中国法制出版社，2016：70.

法定程度登记结婚之前的这段时期中性需求处于被法律禁止的状态。统计结果显示，2000 年中国男人和女人发生第一次性关系的平均年龄分别是 23.34 岁和 22.21 岁，2006 年时分别为 23.44 岁和 22.58 岁。但在 2006 年 20~29 岁青年中首次性交的平均年龄为 21.88 岁，比 2000 年的 22.23 岁提前 0.35 岁①。青年往往面临着性成熟与缺乏合法性释放渠道的矛盾，难以合法地获得性方面的满足，由此带来青春期的特有问题。法定结婚年龄降低，有利于缩短青年性待业期，更好地保护青年在生理健康方面的基本权益。另外，法定结婚年龄降低有利于强化法定婚姻权利的保护。法定结婚年龄是划分违法婚姻与合法婚姻的年龄界限。合法婚姻才能拥有全部的法定权利，降低法定结婚年龄，有利于青年在需要时通过合法婚姻来获得法律对婚姻各项权利的法定保护。

（二）法定结婚年龄与初婚年龄和初育年龄

1980 年《中华人民共和国婚姻法》将法定结婚年龄提高 2 岁的一个主要原因就是要通过提升青年的初婚年龄和初育年龄来控制人口增长。但是该政策目标并未有效实现。研究结果显示，20 世纪 70 年代在“晚、稀、少”政策的引导下，青年平均初婚年龄从新中国成立初期的 21 岁提高到 23 岁，但是在 20 世纪 80 年代反而下降了 1 岁，基本上稳定在 22 岁。90 年代以来，平均初婚年龄持续推迟。2010 年全国第六次人口普查的结果显示，妇女的平均初婚年龄由 2000 年的 23.17 岁上升为 2010 年的 23.89 岁②。在北京，20 世纪 50 年代的平均初婚年龄由 40 年代的 18.17 岁迅速增加至 21.53 岁，60 年代进一步增加至 23.91 岁，70 年代进一步增加至 25.10 岁，但 80 年代有所下降，从 1979 年到 1982 年北京市男性和女性人口的平均初婚年龄分别下降了 1.09 岁和 0.80 岁，90 年代以来比 80 年代有所增加，进入 21 世纪以来则大幅提高，2010 年北京市常住人口平均初婚年龄为 26.61 岁，其中男性为 27.36 岁，女性为 25.83 岁③。从初育年龄看，在推行计划生育政策之前，中国妇女的平均初育年龄一般在 22~23 岁。20 世纪 70 年代以来，在计划生育政策的引导下，初育年龄不断推迟。1970—1980 年，平均初育年龄由 22.8 岁推迟到 25.3 岁，推迟了 2.5 年。但是在 20 世纪 80 年代反而又提前了 1.7 年。90 年代以来，平均初育年龄持续推迟，1990—2000

① 潘绥铭，等．中国性革命成功的实证全国成年人口随机抽样调查结果简报 2000 年与 2006 年的对照研究［M］．高雄：万有出版社，2008：58-59.

② 国务院第六次全国人口普查办公室．迈向小康社会的中国人口 全国卷［M］．北京：中国统计出版社，2014：91.

③ 马小红，尹德挺．当代北京人口（下）［M］．北京：中国人民大学出版社，2014：419-421.

年推迟了近1年，2000—2005年基本稳定，2005年中国妇女平均初育年龄达到24.6岁，2010年提高至25.7岁①。由此可知，法定结婚年龄并不是初婚年龄和初育年龄的主要影响因素，法定结婚年龄的变化对初婚年龄和初育年龄不断升高的趋势不会产生大的影响。

① 国务院第六次全国人口普查办公室. 迈向小康社会的中国人口 全国卷［M］. 北京：中国统计出版社，2014：91.